Dieses Buch ist Kirstin Warschau gewidmet,
ohne deren vielfältigen Beistand es in dieser Form
nicht entstanden wäre.

Geleitwort

Was an technisch-historischen Objekten bis in die 1970er Jahre erhalten geblieben war, wurde in dieser Zeit ausgemustert und regelmäßig der Verwertung zugeführt. Dies galt auch für Seeschiffe, zumal sie nicht als denkmalsfähig im Sinne der Denkmalschutzgesetze der Länder angesehen wurden. Vereinzelt wurde dann aber doch der Erhalt von historischen Seefahrzeugen angestrebt, wie es bei dem Flensburger Salondampfer „Alexandra" nach der Außerdienststellung als Fahrgastschiff 1975 und dem Kieler Tonnenleger „Bussard" nach 74 Dienstjahren 1979 geschah. Das 1976 außer Dienst gestellte Fahrgastmotorschiff „Stadt Kiel" wurde dagegen zunächst nicht als erhaltenswert angesehen und zum Verschrotten verkauft. Aufgrund einer Reihe glücklicher Zufälle blieb dieses Schiff, obwohl völlig heruntergekommen, bis in eine Zeit erhalten, in der erstmals ein Seeschiff als Kulturdenkmal anerkannt wurde. 1982 hatte der damalige schleswig-holsteinische Landeskonservator, Dr. Hartwig Beseler, den Eisbrecher „Stettin" als im öffentlichen Interesse erhaltenswertes Kulturdenkmal eingestuft. Nachdem er seine Bereitschaft zeigte, auch der „Stadt Kiel" diesen Status zuzuerkennen, fand sich eine kleine Interessengemeinschaft zusammen mit dem Ziel, das Schiff als fahrbereites Kulturdenkmal zu restaurieren und zu erhalten. Eine Verwirklichung dieses Plans wäre jedoch völlig irreal gewesen, hätte nicht der Eigner des Objektes, der Diplomingenieur und Schiffsmaschinenhändler Michael Rentsch, der Interessengemeinschaft dieses Schiff, das er zwecks Verwertung der Maschine und damit verbundener Verschrottung erworben hatte, unentgeltlich überlassen und sich auch entscheidend an den ersten Restaurierungsmaßnahmen beteiligt. Der dauerhafte Erhalt wurde schließlich durch die über vier Jahre dauernde Generalrestaurierung durch den Verein „Jugend in Arbeit", Hamburg, ermöglicht.

Das fahrbereite Museumsschiff „Stadt Kiel", das heute zum Kieler Hafenbild gehört, ist damit keine Selbstverständlichkeit, sondern basiert auf dem Wohlwollen verschiedener Persönlichkeiten. Seine Geschichte ist es wert, festgehalten zu werden, zumal es 1994 in das schleswig-holsteinische Denkmalbuch eingetragen und so unter Denkmalschutz gestellt wurde. Die Dokumentation des Werdegangs dieses Kulturdenkmals sollte aber keine Aneinanderreihung nüchterner Fakten werden, sondern den entscheidenden Faktor Mensch entsprechend berücksichtigen. Die interessante und lebendig wiedergegebene Darstellung von Tim Schwabedissen erfüllt diese Erwartungen in hohem Maße. Sie gibt gleichzeitig Einblicke in die Geschichte Kiels und des Kieler Hafens. Im Namen aller Gründungsmitglieder danke ich dem Autor vielmals für die mühevolle Arbeit und wünsche dem Leser viel Freude bei der Lektüre.

Kiel im Frühjahr 2001

Werner von Unruh
(Gründungsvorsitzender des Fördervereins MS „Stadt Kiel" e. V.)

Vorwort

Ich war, wenn ich zurückrechne, 15 Jahre alt, als es zu meinem ersten bewussten Kontakt mit dem MS *Stadt Kiel* kam. Meine Eltern hatten Karten für die Abschiedsfahrt unter KVAG-Flagge besorgt, doch ich muss gestehen, dass meine Erinnerungen an dieses Ereignis eher vage sind. Trotzdem war es vielleicht ein Schlüsselerlebnis, das dazu führte, dass mein Sinn für die Wahrnehmung des Schiffes geschärft war. Nach dessen vorläufigem Abschied aus Kiel dauerte es sechs Jahre, bis ich wieder vor ihm stand. Während eines Ausflugs an die Trave 1982 stieß ich unvermutet auf das rostige Häufchen Elend, zu dem der Veteran heruntergekommen war. Von der dazwischenliegenden, wildbewegten Bachmeier-Ära wusste ich in diesem Moment noch nichts. Nachdem die *Stadt Kiel* ein Jahr später glücklich in den Heimathafen zurückgekehrt war, sah ich sie im Rahmen ihrer öffentlichen Aktivitäten häufiger. In einer an historischen Zeugnissen armen Stadt ist der Anblick eines solchen Zeitzeugen auch immer etwas Besonderes. Während einer Besichtigungsfahrt in den geplanten Ostuferhafen fand ich die alte Fähre in einer ziemlich abgewrackten Ecke versteckt vor, ohne genau zu wissen, wie es um die Restaurierung stand. Als Laboe 1985 seinen neuen Rettungskreuzer *Berlin* erhielt, begleitete ihn auf dem Weg dorthin u. a. ein KVAG-Dampfer, von dessen Planken aus ich eindrucksvolle Fotos der hintendrein stampfenden *Stadt Kiel* machen konnte. Später war es meine Tätigkeit in der Kieler Kulturszene, die mich im Rahmen der so genannten Pumpenkreuzfahrt endlich wieder auf das Schiff selbst verschlug. Weil es ausverkauft war, schmuggelte ich kurzerhand eine Freundin jenseits der Gangway an Bord. Gemeinsam konnten wir die Darbietungen in diesem ganz speziellen Ambiente verfolgen. Über die Jahre kamen so einige Eindrücke und Bilder zusammen, und als das Schiff seinen 60. Geburtstag feierte, dachte ich, zumindest Letztere könnten für den Trägerverein von Interesse sein. Aus der lokalen Berichterstattung verband ich allein den Namen Werner von Unruh damit, ließ ihm einige Fotos zukommen und regte gleichzeitig an, dass die Geschichte der *Stadt Kiel* einmal festgehalten werden sollte. Nach der Lektüre einiger Bücher mit lokalem Bezug war mir mittlerweile bewusst, dass der Werdegang des Schiffes einigen Stoff hergab, sich vielfach mit der Stadthistorie verschränkte und nicht zuletzt durch Kapitel wie die Bachmeier-Episode außergewöhnliche Aspekte hergab. Die erste Reaktion war eher verhalten – was ich nicht wusste, war, dass von Unruh kaum noch etwas mit dem Verein zu tun hatte. Es vergingen Jahre, bis Ende 1998 bei mir das Telefon klingelte und er sich erneut meldete. Eigentlich hatte ich seinerzeit nur die Anregung geben wollen, die Geschichte festzuhalten. Er wiederum hatte mich so verstanden, dass ich das selbst tun wollte. Als er mich fragte, ob ich mir das vorstellen könnte, dachte ich spontan, warum nicht? Wenig später kamen die Dinge ins Rollen – von Unruh hatte schon früher eine Reihe von Kassetten mit seinen Erinnerungen an die *Stadt Kiel* besprochen, gemeinsam oder einzeln befragten wir weitere ehemalige Besatzungsmitglieder. Im Restaurant Seeburg arrangierte er ein größeres Ehemaligen-Treffen, und im Anschluss daran verfügte ich über Berge von Material, das es auszuwerten galt. Die wenigen Lücken, die danach noch blieben, ließen sich durch den Besuch von Archiven schließen. Nun liegt die Geschichte des Hafendampfers vor. Seit ich mich so intensiv in sie hineingearbeitet habe, sehe ich ihn mit gänzlich anderen Augen, wenn er über die Förde gleitet oder am Seegarten-Liegeplatz dümpelt. In jedem Winkel des Schiffes scheint Geschichte zu stecken, und dass die heute greifbar ist, dafür sollten die Kieler jenen, die sich allen Rückschlägen zum Trotz unermüdlich dafür engagierten, sehr dankbar sein. Ich hoffe, auch der vorliegende Text vermag ein wenig dazu beizutragen.

Tim Schwabedissen
Kiel, im Frühjahr 2001

8

Spurensuche – Ein Bügeleisen namens „Stadt Kiel"
und andere irritierende Namensschöpfungen

Wenn ein Autofahrer von Süden kommend Kiel erreicht, tauchen rasch etwas befremdliche Ortsbezeichnungen auf. Bei der Fahrt Richtung Zentrum bewegt er sich alsbald auf einer Straße namens Hummelwiese. Die letzten Hummeln müssen die letzte Wiese allerdings schon lange verlassen haben. Statt einer Wiese säumen eine Reihe trister Bürohäuser die Einfallstraße. Ein Stück weiter ist der Ziegelteich ausgeschildert, doch statt eines lauschigen Gewässers findet sich wiederum nur eine breite Autoschneise zwischen einem klotzigen Kaufhaus und einer großen Veranstaltungshalle. An diesem Punkt dürfte es den Fahrer nicht mehr weiter wundern, wenn er feststellt, dass die Altstadt fast ausschließlich aus Neubauten besteht. Dass der nahe gelegene Seegarten seinem Namen Ehre macht, wird er nach alledem wohl nicht mehr ernsthaft erwarten. Ein Garten war an dieser Stelle aber von jeher selten zu finden, dafür befand sich hier einmal die Helling der Segelschiffswerft Conradi und später eine öde Betonfläche, die die Nazis den Kielern zur Olympiade 1936 vermachten. Heute trifft unser Fahrer auf die gepflasterten Aufstellflächen einer Fähranlage im Schatten eines grobschlächtigen Ziegelbaus, der sich zwar euphemistisch Kieler Schloss nennt, mit diesem aber nur noch Grundmauern und Namen gemein hat. Immerhin aber eröffnet sich von dort einer der spannungsvollsten Ausblicke Kiels, denn was den Hamburgern ihre Landungsbrücken sind, findet an diesem Ort sein – wenn auch größenmäßig geradezu maßstäblich reduziertes – Pendant. Flankiert von einer schmucken, heute als Schifffahrtsmuseum genutzten Fischhalle mit Jugendstil-Schweifdach und dem modernen Terminalkomplex des Ostseekais samt mehrerer RoRo-Anleger, überragen die imposanten Bockkräne und Baudocks der gegenüberliegenden Howaldtswerft die Szene. Vier hölzerne Brücken springen ins Wasser vor, von denen die modernen Personenfähren der Fördeschifffahrt in mehrere Richtungen ablegen. An einer dieser Holzpiers dümpeln dem Schifffahrtsmuseum zugehörige Schiffsoldtimer, u. a. der Tonnenleger *Bussard* und das Seenotrettungsboot *Hindenburg*. Seit Jahren ihrer Antriebseinrichtungen beraubt träumen sie von den Zeiten, als sie noch taten, wofür ein Schiff da ist, nämlich zur See fahren. In den Sommermonaten gesellt sich die Replik einer mittelalterlichen bremischen Hansekogge hinzu, ebenso wie kleinere Charter- und Ausflugsschiffe. Und schräg gegenüber, auf dem anderen Fördeufer, glänzt die moderne Glasfassade des Norwegenkais genau an der Stelle, wo sich bis vor einigen Jahrzehnten die Kräne der Germania-Werft drehten. Dieser Ort hat einiges mit dem Objekt zu tun, das als nächstes ins Auge fallen könnte und dem sich dieses Buch widmen möchte.

An der nördlichsten dieser Seegarten-Brücken nämlich gibt es noch etwas Bemerkenswertes zu sehen: ein schwimmendes Bügeleisen. So jedenfalls sollen es Lästermäuler nennen, oder, schlimmer noch, Röcheleisen. Am Bug trägt es immerhin den stolzen Namen *Stadt Kiel*. Das Farbkleid sieht aus wie bei den heutigen Fördedampfern (die, am Rande bemerkt, natürlich auch längst keine Dampfer mehr sind, aber im Volksmund unverbesserlich so heißen), und in einem früheren Leben war dieses Schiff auch ein solcher. Das ist zwar schon etwas länger her, aber dennoch wirkt das Schiff, trotz seiner eindeutig altertümlichen Linien, dem scharf geschnittenen, steil abfallenden Bug und dem Kreuzerheck heute so aus dem Ei gepellt, als ob es gerade die Werft verlassen hätte.

So adrett hatte es sich allerdings längst nicht immer präsentiert. 1934 vom Stapel gelaufen, war die *Stadt Kiel* noch keine zehn Jahre alt, als sie zu einem trostlosen Häufchen verbogenen Stahls zusammengebombt wurde. Nach der Reparatur war sie auf einmal so wertvoll, dass sowohl die Russen wie auch die Dänen um den Besitz rangelten, doch letztlich kam sie zurück nach Kiel. Nach der feierlichen Ausmusterung als Abschluss von 30 Jahren Passagierfahrt folgte ein neuer Lebensabschnitt in Lübeck: Die später durch Selbstjustiz zu zweifelhafter Prominenz gekommene Marianne Bachmeier mit ihrem bunt schillernden Lebensgefährten Christian Bertholdt verwandelte den Hafendampfer in ein grelles Butter- und Wohnschiff. Was der *Stadt Kiel* erspart blieb, war eine Karriere als Pilgerschiff im Roten Meer, Hostessen-Angelkutter, U-Boot-Begleitschiff oder als aufs Land gesetzte Versinnbildlichung gestrandeter Jugendlicher bei einem karitativen Verein. Statt dessen degenerierte sie während langer Jahre der Vernachlässigung auf der Trave in einen schwimmenden Schrotthaufen, auf den nach einem erfolgreichen, letzten Einsatz als Bergungsschiff nurmehr der Schneidbrenner zu warten schien. Im letzten Moment tauchte aber ein Häuflein von Enthusiasten auf, die hinter der Rostfassade den historischen Wert des Schiffes erkannten. In einer Mischung aus Abenteurertum, durchaus nicht immer gerechtfertigtem Optimismus, Beharrlichkeit und gewiss noch einigen ungewöhnlichen Eigenschaften mehr bekamen sie den Seelenverkäufer wieder so weit zum Fahren, dass er dem Teufel knapp von der Schippe zu springen vermochte. Es folgte ein vorläufiges „happy end" mit der Rückkehr nach Kiel. Das Schicksal hielt danach zwar noch etliche weitere Tücken bereit, doch heute ist die *Stadt Kiel* Kulturdenkmal und fester Bestandteil der Hafenszenerie. Sie scheint jetzt einer absehbar gesicherten Zukunft entgegenzusehen. Wie ereignisreich und dornig der Weg bis hierhin war, was die Menschen, die sich zäh für die Rettung engagierten, alles zu leisten vermochten, davon wird ein Großteil der nun folgenden Geschichte erzählen.

Von frühen Arbeitsbeschaffungsmaßnahmen und Großwerften, die Peanuts bauen

Der Kieler Hafen ist erdgeschichtlich gesehen das Produkt einer Endmoräne. Als die urzeitlichen Gletschermassen sich über das heutige Norddeutschland schoben, hinterließen sie einen tiefen Einschnitt in der Moränenlandschaft, der sich nach dem Abschmelzen mit Wasser füllte. Es entstand eine Bucht, an deren Ende später die Stadt Kiel gegründet wurde. Entlang der Kieler Förde entstanden eine Reihe von kleineren Orten, die seit dem 19. Jahrhundert durch Schifffahrtslinien verbunden wurden. Mehrere Reedereien setzten im Lauf der Jahre Dampfer in Fahrt, die kreuz und quer über die Wasserfläche fuhren und so eine zunehmende Vernetzung der Stadt Kiel mit ihren Vororten ermöglichten. Eine von ihnen war die Hafenrundfahrt AG. Sie wurde in der Blütezeit Kiels nach der Ernennung zum Reichskriegshafen vom Reeder und Schiffsmakler Christian Ivers im Jahre 1905 gegründet. Die Gesellschaft hatte es sich offiziell zum Ziel gesetzt, zu erschwinglichen Preisen und mit hohen Sicherheitsstandards die Hafenplätze der im Zuge der Flottenrüstung rasant wachsenden Stadt zu verbinden. Im Fahrgastverkehr wurden in diesem Rahmen erhebliche Steigerungspotentiale erwartet. Tatsächlich spielte natürlich auch das Bedürfnis eine große Rolle, am Kuchen teilzuhaben, den bisher die Neue Dampfer-Compagnie als Fördeverkehrsmonopolist allein verspeiste. Das Fahrtgebiet der Hafenrundfahrt AG erstreckte sich vom Bahnhof am Ende der Förde über den Standort mehrerer Großwerften in Gaarden bis hin nach Mönkeberg knapp vor den Toren der Stadt. Allein, die erste Blütephase war von kurzer Dauer.

Die Folgen des verlorenen Ersten Weltkriegs gingen an der im Volksmund in Anlehnung an das Farbkleid ihrer Schiffe als „Weiße Linie" firmierenden Reederei nicht vorbei. Schiffe mussten verkauft oder anderweitig eingesetzt werden. Die einseitig auf Kriegsproduktion ausgerichtete Wirtschaft an der Förde war zusammengebrochen, und die einsetzende Weltwirtschaftskrise ließ sie zunächst ohne große Aussicht auf Besserung darniederliegen. Mit der Machtübertragung an Adolf Hitler 1933 änderte sich aber die Erwartungshaltung der Wirtschaft. Großbetriebe, wie z. B. die Germania-Werft, die die NSDAP auch finanziell stützten, erwarteten von veränderten politischen Verhältnissen wirtschaftlichen Aufschwung. Die Aussicht auf staatliche Unterstützung wiederum schlug sich bei der Hafenrundfahrt AG in dem Beschluss nieder, die Schiffsflotte zunächst um zwei moderne Einheiten aufzustocken.

Das politische Klima in Deutschland stand 1934 im Zeichen der Gleichschaltung und weiter zunehmender nationalistischer Aggressivität. Die gesellschaftlichen Zustände waren geprägt durch Armut als Folge des verlorenen Ersten Weltkriegs und der Weltwirtschaftskrise. Das als Kriegshafen besonders getroffene Kiel zählte in diesem Jahr 45 000 Bedürftige und wurde zur Notstandsgemeinde erklärt. Durch eine forcierte öffentliche Auftragsvergabe und die Schaffung eines zweiten Arbeitsmarktes erreichten die nationalsozialistischen Machthaber allmählich, dass die Wirtschaft wieder ansprang. Wechsel, Anleihen und Banknotendruck bei gleichzeitigem Preis- und Lohnstopp verschafften dem Staat die dazu notwendigen Finanzmittel. So konnte bei scheinbarer Prosperität auch das Geld für eine Fülle von zunächst allgemein volkswirtschaftlich ausgerichteten, später im Dienste der erneuten Aufrüstung stehenden Arbeitsbeschaffungsmaßnahmen bereitgestellt werden. Auf diese Art des verdeckten Staatsruins wurde z. B. der Bau von Autobahnen ebenso angeschoben wie der von Festungsanlagen an der Westgrenze. Und die Bereitstellung solcher Mittel sowie das Aussetzen von Dividendenzahlungen an die Hafenrundfahrt-Aktionäre führten dazu, dass am 26. 5. 1934 die „Kieler Neuesten Nachrichten" titeln konnte: *„Ein neues Schiff für den Kieler Hafenverkehr – Stapellauf des Motorschiffes Stadt Kiel auf der Germania-Werft".*

Die Germania-Werft wiederum war eine von drei in der Kaiserzeit entstandenen Kieler Großwerften. Wie eine Perlenkette am Ostufer aufgereiht, hatten sie nach Ernennung der Stadt zum Reichskriegshafen durch Wilhelm II. eine Blütezeit erlebt. So war Kiel bis 1918 in geradezu amerikanischem Maßstab gewachsen, weil der Flottenbau Heerscharen von Arbeitern anzog. Die Quittung kam mit dem Ende des Ersten Weltkriegs, als es ohne Rüstungsaufträge nichts Wesentliches mehr zu bauen gab. 1934 war auch noch nicht die Zeit, in der in fataler Wiederholung der Geschichte der reihenweise Bau neuer Kreuzer und Schlachtschiffe den Werften zu einer zweiten Blütephase verhalf. Die spätere Quittung dafür war im Zweiten Weltkrieg die vernichtende Bombardierung Kiels als wichtigem Rüstungsstandort. Der deutschen Kapitulation 1945 folgte zudem die Demontage der Werften, von deren vormaliger Existenz lange Zeit nurmehr weite Trümmerbrachen zeugten.

Es handelte sich also um eine Zwischenzeit, als sogar der Bau eines vergleichsweise winzigen Schiffes, wie es die Baunummer 532 mit ihren knapp 30 Metern Länge und etwas über sieben Metern Breite darstellte, ein medienwirksames Ereignis war. Politisch opportun wurde in der Lokalzeitung bejubelt, dass durch den Auftrag 100 Werftarbeiter für fünf Monate in Lohn und Arbeit stünden. Denn arbeitsintensiv war der Bau eines solchen Fahrgastschiffes allemal. Im Gegensatz zur heutigen Zeit mit computergestütztem Punktschweißen oder Just-in-Time-Sektionsbauweise war damals Schiffbau noch überwiegend Handarbeit. Vom Hämmern der Niete in den Rumpf, wodurch der typische „Werftsound" geprägt wurde, galt dies bis hin zur Bearbeitung der Scheuerleiste, deren schweres Eichenholz durch Dechsel mühselig in die richtige Form gebracht wurde.

Am 26. Mai 1934 feierte die Lokalpresse pflichtgemäß einen „*großen Tag für die Hafenrundfahrt A.G*". Bei sprichwörtlichem Kaiserwetter wurden die Haltetrossen des Rohbaus gelöst, die Stopper, die ihn auf der Helling hielten, weggeschlagen, und mit der Hakenkreuzflagge am Bug und der Werftflagge am Mast glitt die *Stadt Kiel* ins Fördewasser. Vorausgegangen war ein kurzer Festakt während einer Arbeitspause auf der Germania-Werft, zu dem sich neben Konsul Grimm als Reedereichef auch ein großer Teil der Werftbelegschaft eingefunden hatte. Der Werftdirektor hieß die Gäste willkommen und sprach seinen Dank für den Auftrag zum Bau der *Stadt Kiel* und ihres als Baunummer 533 bereits kontraktierten Schwesterschiffes *Heikendorf* aus. Hervorgehoben wurde, dass diese Schiffe die ersten auf der Kieler Förde sein würden, deren Rümpfe **und** Antriebsdiesel die Germania-Werft geliefert hätte. Neuerungen stellten auch das schnittige Kreuzerheck und die zahlreichen witterungsgeschützten Sitzplätze dar. Ansonsten ähnelte der Bautyp von der Gestalt her der *Strande* der Neuen Dampfer-Compagnie und in der Größe der *Gaarden* der Hafenrundfahrt AG. Die Ansprache schloss mit Wünschen nach Erfolg für Reederei und Schiff, Erholung für die Fahrgäste und nicht zuletzt dem jetzt bereits obligaten dreifach ausgebrachten „Sieg Heil", allerdings in feiner Differenzierung lediglich auf Stadt und Hafenrundfahrt AG. Anschließend nahm Kiels Oberbürgermeister Behrens die offizielle Taufe vor. In pathetischen Worten rühmte er den *„in die Tat umgesetzten Willen, am Aufbau mitzuhelfen und so zur Volksgesundung beizutragen"[1]*. Alter Ruhm der Reichsmarinestadt werde in diesem Werk verkörpert, und der Weg weise zu allein möglichem Aufstieg.

Am 14. 6. 1934, also nur knapp drei Wochen später, lief mit ähnlichem Zeremoniell das Schwesterschiff *Heikendorf* vom Stapel. Die *Stadt Kiel* lag unweit davon am Ausrüstungskai und war vom Geräusch des Hobelns, Nietens, Bohrens und Sägens erfüllt. Die vereinbarte Fertigstellung war vertragsgemäß erst für den 1. 7. festgelegt. Man hoffte aber im Stillen, die *Stadt Kiel* schon zum Segler- und Volksfest „Kieler Woche" Ende Juni einsetzen zu können. Diese Hoffnung erfüllte sich zwar nicht ganz, dennoch war die Werft mit der Ablieferung am 29. 6. überpünktlich. Zur Übergabefahrt fanden sich Vertreter der Reederei und Werftverwaltung an Bord ein, ebenso eine Gruppe von SA-Leuten, die, glaubt man der Überlieferung, nicht müde wurde, immer wieder in jubelnde „Sieg Heil"-Rufe auszubrechen. Nicht zuletzt waren am Bau beteiligte Werftarbeiter sowie Lehrlinge mit von der Partie, die ihr Werk vorführen konnten. Vom Hafeninnern, der Hörn, ging die Fahrt zunächst Richtung Laboe in der Außenförde. Hier kam es zu einem Treffen und dem Austausch von Flaggengrüßen mit dem gerade einlaufenden kleinen Kreuzer *Karlsruhe*, einem relativ neuen, 172 Meter langen Zweischornsteiner der Reichsmarine. Wer an Bord konnte ahnen, dass dessen Laufbahn zu diesem Zeitpunkt nur noch sechs Jahre bis zum Untergang vor Kristiansand währen sollte? Nach dem Queren des Fahrwassers ging die Reise am Westufer der Kieler Bucht entlang in die Eckernförder Bucht hinein. Bei dieser Gelegenheit wurden allerlei Maschinenmanöver gefahren und schließlich der Beweis geführt, dass es auch schon vor der Erfindung des Bugstrahlruders möglich war, „auf dem Teller" zu drehen. Als diese Fahrmanöver zur Zufriedenheit aller Beteiligten beendet waren, kam es zum Flaggenwechsel – die drei blauen Ringe der Germania-Werft wurden niedergeholt, die Farben der Reederei aufgezogen. In welchem Geist solche Zeremonien seit 1933 begangen wurden, macht der Bericht der „Kieler Neuesten Nachrichten" über dieses Ereignis deutlich: *„Namens der Reederei sprach Konsul Grimm der Bauwerft seine vollste Anerkennung aus und betonte, dass dies jüngste und beste Schiff der Kieler Hafenflotte Zeugnis ablege von dem neuen Geiste, der im neuen Deutschland herrsche. Es sei mit ganz besonderer Liebe geschaffen worden. Er schloss seine Ansprache [...] mit einem dreifachen ‚Sieg Heil' auf die Führer unseres Vaterlandes. Das Horst-Wessel-Lied beendete den schlichten Akt."[2]* Dann nahm die *Stadt Kiel* wieder Kurs

14

auf ihren Heimathafen und machte am Bahnhofskai gegenüber der Germania-Werft fest, wo gerade ein weiteres Schiff, die aus einem Schleppleichter zum Motorschiff umgebaute *Atio*, zur Werftprobefahrt auslief. Nun war es an den zukünftigen Fahrgästen, die *„zweckmäßig und ansehnlich"* eingerichteten Decks mit den Glaswänden, *„D-Zug-artigen Fenstern"[3]* und zur besseren Aussicht teilweise quergestellten Bänken und Tischen anzunehmen.

„Bequeme Treppen und freundliche Nischen" – die „Stadt Kiel" aus Ingenieurssicht

Ein Aufsatz von Dipl.-Ing. Prof. Dr. Heinrich Herner[4] beschreibt das neue Schiff so: *„[...] Die Konstruktion der Linien ist mit ausfallendem Steven und Kreuzerheck den neuesten Erfahrungen der Stromlinientheorie entsprechend durchgeführt. [...] Durch vier wasserdichte Querschotte ist der Unterwasserteil in die Vorpiek, den Wohnraum für die Besatzung, den Motorraum nebst den beiden Treibölbunkern, einen Inventarraum und die Achterpiek unterteilt. Der Schiffskörper ist nach den Vorschriften des Germanischen Lloyds für die Klasse +100 A k (e) gebaut. Die elektrische Schweißung wurde da eingesetzt, wo es sich mit Rücksicht auf den Fortschritt der Schweißtechnik empfahl. Die Eisenverstärkung ist über die Klassifikationsvorschrift hinaus weiter nach hinten geführt, und der Kielgang sowie die Platten in der Wasserlinie wurden ebenfalls über die Vorschrift verstärkt. Besondere Sorgfalt wurde auf die Einrichtung für die Fahrgäste verwandt. Das Schiff kann innerhalb der Linie Friedrichsort-Laboe etwa 500 Personen aufnehmen, 270 auf dem Hauptdeck und 230 auf Oberdeck. Für 400 Fahrgäste sind feste Sitzplätze angeordnet, für den Rest Klappstühle vorgesehen. Die vordere Kajüte des Hauptdecks reicht von Bord zu Bord. An ihrer Hinterkante befinden sich der Niedergang zur vorderen Unterdeckskajüte und je zwei Toiletten für Damen und Herren. Das Oberdeck erreicht man durch bequeme Treppen an beiden Seiten der Einsteigestellen. Während der vordere Teil des Oberdecks freiliegt und mit Bänken ausgestattet ist, wurde der sich daranschließende Rauchsalon ganz gedeckt und mit freundlichen Nischen, die einen bequemen Ausblick gestatten, versehen. Eine Anrichte befindet sich in der Mitte. Die seitlichen stählernen Schutzwände des Rauchsalons sind noch einige Meter nach dem hinteren, seitlich freiliegenden Teil des Oberdecks weitergeführt, der über den Bänken mittschiffs eine Wand* *und im Rücken der quergestellten Bänke mehrere solche mit Glasscheiben enthält. Es ist also in dieser sehr geschmackvollen Anlage und Ausstattung großer Wert auf Ausguckmöglichkeiten und Windschutz gelegt. Innerhalb des Rauchsalons gelangt man nach dem Steuerhaus auf das vordere Sonnendach. Für die Besatzung sind in der vorderen Unterdeckkajüte zwei seitliche Kabinen eingerichtet, die vom Unterdeck-Kajütraum aus zugänglich sind.*

Die Decksbänke auf dem freien Haupt- und Oberdeck sind Teakholzlattenbänke. Ein Teil der Sitzbänke ist kastenförmig ausgebildet und teilweise für die Aufnahme der Schwimmwesten eingerichtet, deren Hauptteil in Racks untergebracht ist. Die Möbeleinrichtung in den Kajüten und im Rauchsalon besteht aus poliertem Mahagoniholz. Die Fußböden sind mit Linoleum oder Korkplatten belegt, die Fenster mit Vorhängen versehen. Gepäcknetze und Huthaken vervollständigen die Einrichtung. Von der Küche aus geht ein Aufzug für Speisen zur Anrichte im Rauchsalon. Sämtliche Kajüten, der Rauchsalon, das Steuerhaus sowie der Raum für die Besatzung erhielten Warmwasserheizung. Der mit Koks befeuerte Kessel ist in einem abgeschlossenen Raum hinter dem Motorraum untergebracht. Die beiden mittschiffs auf dem Sonnendeck in Klampen untergebrachten Rettungsboote haben die Abmessungen 4,5 × 1,6 × 0,70 m.

Die Maschinenanlage besteht aus einem Krupp-Dieselmotor, Bauart Germaniawerft, Typ S II 6, einfachwirkend, Viertakt, 6 Zylinder, direkt umsteuerbar[5], kompressorlos, der rund 300 PSe leistet. Kühlwasser-, Schmieröl- und Bilgepumpen sind angehängt. Zwei Anlaßflaschen haben je 800 l Inhalt. Ein Dieseldynamo-Kompressor besteht aus einem 16 PSe-Dieselmotor und ist mit einer 7,5 kW-Dynamo und einem Kompressor von 24 cbm stündlicher Ansaugleistung gekuppelt. Die Wellen sind gegenüber den Vorschriften verstärkt. Die Schraubenwelle läuft in einem Ölbad. Die elektrisch angetriebene Reserve-Schmieröl-Zahnradpumpe hat eine Leistung von 3 cbm std. Als Treibölförderpumpe dient eine Frankonia-Handpumpe. Die selbstansaugende Lenzkreiselpumpe, die gleichzeitig als Reserve-Kühlwasser-, Feuerlösch- und Deckwaschpumpe verwendet wird, ist elektrisch angetrieben. Die Beleuchtungsanlage hat etwa siebzig Brennstellen.

Der Hauptmotor verbraucht 168g pro PSe und Stunde an Brennstoff, wenn ein Treiböl mit 10000 WE Heizwert verwendet wird. Der Schmierölverbrauch stellt sich auf 0,65 kg je Motorstunde.

Die Treibölbunker sind für einen Brennstoffvorrat von 180 Fahrstunden bemessen. Der Frischwassertank faßt 3 cbm.

Ausreichende Lüftung ist für das ganze Schiff vorgesehen: Besondere Vorrichtungen dafür haben der Rauchsalon, die Toiletten und die Küche.

Bei der Probefahrt der beiden Schiffe, die die Namen ‚Stadt Kiel' und ‚Heikendorf' erhalten haben, wurde eine Geschwindigkeit von 11 kn erreicht."

Dieser technisch gehaltene Aufsatz gibt einen guten, detaillierten Einblick in Ausstattung und Technik der zwei Hafendampfer, deren Annehmlichkeiten die Fahrgäste auf der Förde jetzt verwöhnen sollten.

Bombenkrieg und dänisches Asyl –
die erste Rettung der „Stadt Kiel"

Während am politischen Himmel zunehmend dunklere Wolken aufzogen, die Wirtschaft als Folge der Rüstungsprogramme eine Scheinblüte erlebte, neue mächtige Schlachtschiffe und Kreuzer die Hellinge der Großwerften verließen, die nicht mehr auf „peanuts" wie Hafendampfer angewiesen waren, zog die *Stadt Kiel* ihre Kreise auf der Förde. Genau genommen waren es auch keine Kreise mehr, wie sie die Hafenrundfahrt bis dahin tatsächlich mit oder entgegen dem Uhrzeigersinn beschrieben hatte, sondern schnellere Linienschifffahrt in einem über die bisherige Grenze Falckenstein hinaus jetzt bis nach Laboe reichenden Radius. So ein Hafendampferleben war normalerweise nicht sonderlich aufregend oder ereignisreich. Da wurden in vorgegebenem Takt die Seebrücken der Häfen angelaufen, manövrierte man zwischendurch nach Tonnen und anderen Seezeichen, Passagiere stiegen ein und aus. Irgendwann abends wurde am Hörnende, dem innersten Teil der Förde, festgemacht, aufgeklart und vielleicht noch Treibstoff gebunkert. Dann war Feierabend, und am nächsten Tag ging es von vorne los. Bei schönem Wetter fanden auch kleine Ausflugsfahrten nach Eckernförde oder Heiligenhafen statt. Tücken bot bei alledem höchstens die Navigation, an deren Methodik sich seit Columbus' Tagen noch nicht allzu viel geändert hatte. Zielsicherheit auch bei Nebel, Sturm und Regen bot nach wie vor am ehesten ein Ausguck. Kleinere Havarien waren von daher durchaus an der Tagesordnung.

1935 änderte sich auf allen Schiffen die Beflaggung – statt den Farben Schwarz-Weiß-Rot war auf Geheiß der Nationalsozialisten nurmehr das Hakenkreuz zu führen. Ab dem 11. 2. 1938 gab es – allerdings nicht aus politischen denn vielmehr wirtschaftlichen Gründen – einen neuen Reedereinamen: Nach Übernahme von Landbuslinien und später auch der Konkurrenz in Form der Neuen Dampfer Compagnie firmierte die vormalige Hafenrundfahrt AG jetzt übergreifend als Kieler Verkehrs

AG, ein Name, der noch lange Bestand haben sollte. Finanziert worden war diese Expansion durch den Erwerb eines großen Aktienpaketes durch die Stadt Kiel und entsprechende Kapitalaufstockung.

Weniger konstant als die Fahrroutine war das Erscheinungsbild des Hafens. Nachdem das Gros der Kaiserlichen Flotte nach England überführt und 1919 im Flottenstützpunkt Scapa Flow durch ihre Mannschaften selbst versenkt worden war, hatte sich das zwischenzeitliche Vakuum in den dreißiger Jahren wieder aufgefüllt. In zunehmender Anzahl schwoiten die Kriegsschiffe der neuen Generation an den schweren Ankerbojen unweit der Werften. Schiffbauplätze und Marineanlagen fraßen sich immer tiefer in die Hafenlandschaft und veränderten die Landschaftstopographie zum Teil erheblich. Entlang fast des gesamten Ostufers wurden Berge ausgehöhlt, Höhenzüge und Gebäude abgetragen, Kaianlagen vorgeschüttet oder Hafenbecken ausgehoben. Trotzdem war die Marine, die dafür hauptverantwortlich zeichnete, im September 1939 auf die Ereignisse nicht annähernd vorbereitet, die mit dem Ausbruch des Zweiten Weltkriegs ihren Lauf nahmen.

Im Dasein der 1939 bereits ein halbes Jahrzehnt in Fahrt befindlichen *Stadt Kiel* änderte sich indessen zunächst nicht viel. Ein herrlicher Sommer hatte mit zahlreichen Kraft-durch-Freude-Urlaubsgästen eine hohe Auslastung gebracht. Fördeschifffahrt blieb aber auch in den bald folgenden Kriegszeiten notwendig. Sie war anfänglich weniger erschwert durch die Feldzüge, die noch weitab geführt wurden, als durch den langen Eiswinter 1939/40. Die Kapazität der Fördeschiffe wurde zudem durch den Ausfall von Schiffen, die für Kriegszwecke requiriert wurden, und den gleichzeitigen Anstieg der Kieler Bevölkerung auf 300 000 Menschen an ihre Grenzen gebracht.

Zwar gingen ab März 1940 auch in Kiel gelegentlich die Luftalarm-Sirenen und fielen im Juni hier die ersten, zuerst noch bestaunten Bomben. Doch die Angriffe der britischen Luftwaffe konzentrierten sich zunächst auf Einrichtungen der Kriegsmarine wie die unterirdische Tankanlage Ölberg in Mönkeberg sowie auf die Verteidigungsanlagen in der nördlichen Einflugschneise. Ab 1941 wurde Kiel aber verstärkt Angriffsziel, und der später in furchtbarster Form komplettierte Schiffsfriedhof auf der Förde begann sich, z. B. durch die Bombardierung des Passagierdampfers *Monte Sarmiento* und des Schlachtschiffes *Gneisenau*, zu füllen. Mit dem Eingreifen der schweren amerikanischen Bomber zur Unterstützung der Royal Air Force sank Kiel ab 1943 zusehends in Trümmer. Der von Arthur Harris, genannt „Bomber-Harris", inszenierte uneingeschränkte Luftkrieg verschonte kaum eine Ecke der Stadt. Auch die Fördeschifffahrt litt zusehends unter Bombenschäden an Schiffen und Anlegebrücken. In diesem Jahr wurden nicht weniger als acht KVAG-Schiffe versenkt oder beschädigt, die Anleger Falckenstein und Schilksee waren nicht mehr zu benutzen. Strande, Heikendorf und Kitzeberg fielen wenig später ebenfalls aus. Ein Luftbild aus diesen Tagen zeigt ein Fördeschiff an der noch intakten Bahnhofsbrücke liegend, während große Teile der angrenzenden südlichen Innenstadt nur noch aus ausgehöhlten Ruinen bestehen. Und genau hier ereilte die *Stadt Kiel* am 14. Mai 1943 ihr Schicksal.

Ein herrlicher Frühsommertag war heraufgezogen, doch die Sonne sollte in Kiel nicht lange zu sehen sein, und 354 Menschen würden den Abend hier nicht mehr erleben. In einem der zwei schwersten Angriffe dieses Jahres flogen 30 britische Bomber die Stadt an und luden innerhalb von zehn Minuten 380 Spreng- und an die 6 000 Brandbomben ab. *„Als wir aus den Luftschutzräumen herauskamen, hatte sich der Himmel verdunkelt, die Sonne war durch den Qualm nicht mehr zu sehen. In Gaarden brannten ganze Straßenzüge, und das Feuer hatte einen Sturm entfacht. Das war der bisher größte Angriff auf Kiel"*[6]. Der damalige NDC- und spätere *Stadt-Kiel*-Kapitän Heinrich Lentsch erlebte das Inferno von der Germania-Werft aus: „Auf einmal war etwas in der Luft, als wenn Milchkannen gegeneinander klöterten und runterfallen: ‚Mensch, da sind ja de silbernen Vogels'. Das waren die Amis. Und dann lederte es den ganzen Kai lang, und da soff die *Stadt Kiel* ab". Eine Bombe war schräg in das Schiff eingedrungen und im Innern explodiert. Die siebenköpfige Besatzung, die nichts ahnend unter Deck gesessen hatte, war auf der Stelle tot – der Luftdruck hatte den Seelords die Lungen zerrissen. „Die hat's mit einem Wuppdich erwischt", schätzte Lentsch in seinem typischen Stil. Bei der späteren Bergung des Schiffes saßen fünf der Männer noch so auf den Bänken, wie sie unvermittelt vom Tod ereilt worden waren – es hatte vor dem Angriff keinen Luftalarm gegeben. Von den beiden Übrigen fand sich im Wrack keine Spur mehr.

Die KVAG verlor bei diesem Angriff insgesamt drei Schiffe – die *Möltenort* brannte an der Reventlou-Brücke aus, und auch die *Heikendorf* erlitt schwere Feuerschäden. Doch anders als in der Endphase des Krieges waren 1943 noch Kapazität und Willen zum Aufräumen vorhanden. Später wurde eigentlich nur noch resigniert zugeschaut, wie ein Schiffsleib nach dem anderen von Bomben aufgerissen im Hafenwasser versank, sich überall im Hafen ausgebrannte Rümpfe und zerfetzte Aufbauten in grotesken Formen zu einem der mit 242 registrierten Wracks größten Schiffsfriedhöfe der Welt vereinigten. Am 18. Mai hob der bekannte Schwimmkran *Langer Heinrich* die traurige Hulk, zu der die *Stadt Kiel* in Sekundenbruchteilen mutiert war, aus dem Wasser und setzte sie auf dem Trümmerfeld des Bahnhofskais ab. Viel ist nicht bekannt von der Bergung, die heutzutage zumindest lokal Aufsehen erregen würde. Aber in jener Zeit hatten die meisten Menschen drückendere Sorgen, und die Bergungsaktionen der Folgejahre stellten diese Hebung bei weitem in den Schatten. So wurde später z. B. der Hapag-Liner *New York*, der wie ein toter Wal als ausgeglühtes Gerippe im flachen Wasser vor Bellevue lag, mittels eines eigens daneben versenkten Frachterwracks als Kontergewicht wieder aufgerichtet (wobei der Frachter etliche Meter über den Hafengrund schlitterte). Der legendäre Bergungsschlepper *Seefalke* gar wurde in gesunkenem Zustand aus einem Hafenbecken geschmuggelt, das zugeschüttet werden sollte, und in einem stillen Winkel in Erwartung besserer Zeiten ebenso klammheimlich abgelegt. Taucher fahndeten im demolierten U-Bootsbunker Kilian nach geheimnisvollen Tarnfarben auf einem dort gesunkenen U-Boot, ehe die Sprengung des Bunkers dieses in einem Beton-Sarkophag für immer einschloss. Der gekenterte Kreuzer *Admiral Scheer* wurde hastig gefleddert, um zuerst Überlebende, später wertvolles Metall aus seinem umgedrehten Leib zu zerren, ehe man ihn in Trümmerschutt begrub. Da konnte das kurze, unspektakuläre Anpacken eines Schwimmkrans natürlich nicht mithalten. Immerhin hielt ein Fotograf fest, was dieser am Bahnhofskai den trüben Fluten entriss, nämlich einen Rumpf, der mit der vorherigen Schiffsform des Fahrgastschiffes *Stadt Kiel* nur noch entfernt zu tun hatte. Das Unterwasserschiff, das markante Heck und der Salon waren zwar bis auf Mittschiffshöhe erkennbar. Das sonstige Oberdeck aber war zusammengequetscht wie eine Blechbüchse, und die vordere Schiffshälfte bis auf Höhe der Wasserlinie eigentlich gar nicht mehr existent. So hatten sich der Zustand der Stadt Kiel und der des nach ihr benannten Schiffes weitgehend angeglichen, beide waren im Frühjahr 1943 Trümmerhaufen.

Das Schiff *Stadt Kiel* erholte sich derweil erheblich rascher als sein Heimathafen. Schon Anfang Juni 1943 war das Wrack so weit abgedichtet, dass es wieder zu Wasser gelassen werden konnte. An Fahrbetrieb war jedoch noch lange nicht zu denken. Zwischenzeitlich waren aber immerhin Hauptmotor und Hilfsaggregate als reparaturwürdig eingestuft und ausgebaut worden, sie hatten die Bombardierung im besser erhaltenen, tief gelegenen Schiffsteil leidlich überstanden. Der *Stadt Kiel* kam zugute, dass in dieser Kriegsphase zwar keine zivilen Neubauten mehr möglich, Reparaturen aber erlaubt und angesichts der dramatischen Verluste ja auch dringend vonnöten waren. Im September des Jahres konnte der Dampfer das immer mehr in Schutt und Asche versinkende Kiel verlassen und verholte über die Ostsee nach Svendborg im be-

20

setzten Dänemark. Wahrscheinlich war dies ein wichtiger Schritt zum weiteren Erhalt des Schiffes, das sich dem Bombeninferno so entziehen konnte. Während Dänemark vergleichsweise wenig beschadet aus dem Zweiten Weltkrieg hervorging, war Kiel am Ende eine der am schwersten zerstörten deutschen Städte. Ungefähr 90 Prozent des Baubestandes in der Innenstadt waren vernichtet. Die Förde war dermaßen von toten Schiffsleibern übersät, dass noch Jahre nach Kriegsende ein kleines Motorschiff unbemerkt auf ein bis dahin nicht bekanntes Wrack auflief und versank. Charakteristisch für diese Gefahren ist die Geschichte von einem Fördeschiff, das bei der Kollision mit aus dem Wasser ragenden Teilen einer gesunkenen Baggerschute knapp oberhalb seiner Wasserlinie im Vorschiffsbereich leckschlug. Damit die Fahrt weitergehen konnte, musste sich der Festmacher außen auf die Scheuerleiste stellen und dem Kapitän aussingen, bei welcher Geschwindigkeit die Bugwelle Wasser ins Loch zu spülen drohte, und dieser drosselte daraufhin entsprechend die Fahrt.

Zu diesem bedrückenden Szenario hatte die *Stadt Kiel* in der beschaulichen Hafenstadt Svendborg erstmal eine sichere Distanz. Hier ging sie in die Werft, die nicht nur eine vorläufige Reparatur durchführte, sondern das Schiff dabei gleich um drei Meter verlängerte. Äußerlich wiederhergestellt bot es hinterher ein gegenüber dem „Urzustand" etwas modifiziertes Bild. Das Salondeck war jetzt komplett geschlossen bis auf einen kleinen Austritt am Heck, die Fenster waren nicht mehr im oberen Bereich eckig, sondern mit elegantem Schwung versehen. An Stelle der Bootsdavits war ein Schwingbaum an einem neu aufgesetzten zweiten Mast angebracht. Leicht vergrößert zeigte sich das neue Ruderhaus, und das Vorschiff war etwas weiter ausgezogen. Doch trotz dieser Veränderungen blieb das gute alte Bügeleisen in seiner Grundform durchaus wiedererkennbar.

Der Krieg ging unterdessen zu Ende, die Siegermächte machten sich daran, die Beute aufzuteilen. Im Seefahrtsbereich war davon auch ziemlich alles betroffen, was nur halbwegs schwimmfähig und verwendbar war. Natürlich waren alle kriegsbeteiligten Länder so geschädigt, dass jedes Wirtschaftsgut eine hochwillkommene Erleichterung darstellte. Und da die *Stadt Kiel* halt gerade in Dänemark war, sahen die Dänen sie als legitime Kriegsbeute an. Die Chancen standen zunächst nicht so schlecht, das Schiff unter dem Danebrog in Fahrt bringen zu können, wären da nicht die Russen gewesen. Als Ausgleich für entstandene Kriegsverluste forderten sie die Auslieferung von vier Fördeschiffen. Doch wenn zwei sich streiten, freut sich bekanntlich der Dritte, die Briten, und in diesem Fall auch der Vierte, die KVAG. Kiel war Bestandteil der britischen Besatzungszone, und obgleich die Zukunft der Stadt zu dieser Zeit sehr unklar war – es gab Bestrebungen, sie zum Fischerdorf zurückzustutzen – so waren die Engländer dennoch an einer zügigen Wiederaufnahme der Fördeschifffahrt interessiert. Sie mischten sich nachdrücklich ins Gezerre um die *Stadt Kiel* ein mit dem Erfolg, dass sie am 20. September 1946 in vergleichsweise frischem Zustand zurückkehren konnte. Drei Jahre waren vergangen, seit sie das sterbende Kiel als Schrotthaufen verlassen hatte. Etliche Jahre mehr gingen ins Land, bis Trümmer und Schrott die Stadt selbst nicht mehr dominierten. Zu den Bombenschäden der Kriegsjahre kam bis 1950 die Demontage der Kriegs- und Industrieanlagen in großem Stil hinzu. So gehörte zum Bild der Förde, die die *Stadt Kiel* in der Folgezeit befuhr, der Anblick in Detonationswolken gehüllter, umstürzender Kräne, zerberstender Kaimauern und zusammenbrechender Gebäude. Die Germania-Werft als ehemalige Rüstungsschmiede blieb von der Tabula rasa natürlich nicht verschont. Die charakteristischen Schiffbauhallen, aus denen in den Kriegsjahren serienweise U-Boote ins Wasser gerauscht waren, fielen. Die Hellinge wurden mit Sandaufspülungen und eigens gegossenen Betonblöcken unbrauchbar gemacht. Bis in die neunziger Jahre hinein bot die Geburtsstätte der *Stadt Kiel* einen desolaten Anblick mit provisorischen Uferbefestigungen, jenem Schrottplatz, an dem 1979 das Schwesterschiff *Heikendorf* sein Ende fand, und anderen Kümmernutzungen. Erst dann trieb ein ehrgeiziger Stadtbaurat hier den Bau einer neuen „Kai-City" voran, deren eines Teilstück eben der elegante Norwegenkai, ein anderes ein neues Wasserbecken mit dem bezugsreichen Namen Germania-Hafen ist.

Zurück in die Heimat – Fördeschiffe als Naturalienbomber

Solche Entwicklungen waren 1946 natürlich nicht im Mindesten absehbar. Die Kieler Innenstadt lag zerbombt darnieder. In den Straßen wurden schmale Gassen freigeräumt, durch die Lorenbahnen zogen, die ihre Trümmerschuttladungen meist zum Wasser brachten und dort abkippten. Der einst so lebendige Hafen war, so berichten Zeitzeugen, nun tot. Nicht nur, dass erheblich mehr Schiffe unter als über Wasser lagen, auch die vorher bis aufs Westufer weithin hörbaren Geräusche des Schiffbaus waren verstummt. Von den ehemals drei Großwerften wurde es lediglich den Howaldtswerken ab Juni 1945 von der britischen Admiralität zeitlich begrenzt gestattet, Schiffsreparaturen im Auftrag der Royal Navy durchzuführen. Dadurch kamen eine Reihe von Spezialisten der erloschenen Deutschen Werke und der Germania-Werft zu neuer Beschäftigung. Hauptsächlich wurden auszuliefernde, in den letzten Kriegstagen beschädigte, deutsche sowie ausländische Beuteschiffe der Kriegsmarine instandgesetzt. Dies war angesichts eines Zerstörungsgrades von 80 Prozent der Gebäude und 60 Prozent des Maschinenparks ein mühseliges Unterfangen, und bis September 1946 drohte auch Howaldt die endgültige Schließung und Demontage, wie sie trotz Protesten der Kieler Bevölkerung und Stadtverwaltung auf den anderen Werften betrieben wurde. Als die *Stadt Kiel*, äußerlich instandgesetzt, aber innen zurückgeführt auf den Rohbauzustand, im Schlepptau von Svendborg kommend ihren verwüsteten Heimathafen erreichte, hatte die Militärregierung die Howaldtswerke gerade von der Reparationsliste gestrichen. Dadurch bestand endlich Planungssicherheit für die Wiederherstellung gleich einer ganzen Reihe von Fördeschiffen, wie insgesamt natürlich kein Mangel an Reparaturaufträgen herrschte. Drei Monate später war die Innenausstattung der *Stadt Kiel* wiederhergestellt, und die Fähre hätte eigentlich in Betrieb genommen werden können. Auf vier anderen Schiffen der KVAG kam es in diesen Tagen aber zu einer bösen Überraschung. Sie waren bereits wieder in Fahrt gesetzt worden, als es für die überraschten Besatzungen hieß: „Ihr müsst runter, die Russen stehen vor der Tür." Was zwar nicht hieß, dass die Rote Armee in die britische Besatzungszone weitermarschiert wäre, sondern dass die Fahrzeuge Hals über Kopf – „man kaum, daß die Passagiere noch von Bord kamen"[7] – als Reparationsleistung eingefordert wurden und umgehend gen Osten davondampften. Hier erkannten später deutsche Kriegsgefangene den einen oder anderen Dampfer als „Kieler Jung" wieder, und die ehemalige *Schilksee* sichtete ein Fahrensmann sogar noch 1968 in Polen mit dem neuen Namen *Grazyna*.

Nachdem die Briten aber so energisch beim Svendborger Werftdirektor interveniert hatten, waren sie durchaus nicht gewillt, die *Stadt Kiel* am Ende in die Sowjetunion davonziehen zu lassen. Als die Russen nach geeigneten Schiffen Ausschau hielten, wurde sie diskret zu einer „Fahrt ins Blaue" ohne Passagiere in Richtung Eckernförder Bucht geschickt, bis die Luft wieder rein war. Das Versteckspiel war erfolgreich, und so konnte das Schiff alsbald in die zunächst aus vier Einheiten bestehende Hafenflotte eingereiht werden. 1946 wurden damit je nach Witterungslage pro Tag schon zwischen 16 und 20 Rundfahrten auf der Förde absolviert. Scharen von Tagelöhnern, die aus der Stadt in die ländliche Umgebung gelangen wollten, um sich dort gegen Naturalien in der Landwirtschaft zu verdingen, stellten die Nachkriegsvariante früher Berufspendler dar. Auch das Rotationsprinzip wurde bereits damals erfolgreich eingeführt. Am Ende der letzten Tour gegen Mitternacht – von solchen Fahrplänen lässt sich heute in der Fördeschifffahrt nicht einmal mehr träumen – blieb jeweils ein Dampfer in Strande und einer gegenüber in Laboe liegen, wo die Besatzung auch übernachtete. Die anderen Schiffe machten in der Hörn fest. Am folgenden Morgen um fünf Uhr wurde das Karussell erneut in Gang gesetzt. Auf diese Weise konnten 808 000 Personen allein im August 1947 befördert werden, eine Zahl, die in den heutigen automobilen Zeiten phantastisch anmutet. Dafür war es umso misslicher, wenn, wie im Folgewinter geschehen, Eisgang lange Zeit die Schifffahrt stark einschränkte. Als die Förde zufror, konnte sich die *Stadt Kiel* als Eisbrecher bewähren – wochenlang war sie das einzige Fahrgastschiff, das sich überhaupt einen Weg durch den Hafen zu bahnen vermochte. Darüber hinaus machte sie schwächeren Dampfern den Weg frei. Neue Wege gingen in der Zeit etliche Küstenbewohner – in der Heikendorfer Bucht hatte das Eis die Aufbauten der bei Kriegsende hier in flachem Wasser versenkten Kreuzer *Emden* und *Admiral Hipper* umschlossen. Für ein paar Wochen konnte man zu ihnen hinüberwandern und die wertvollen Materialien, die z. B. in den kilometerlangen Kabelsträngen der Wracks zu finden waren, relativ bequem über die Eisfläche abtransportieren. Sogar ein imposanter Maschinentelegraph lag eines Tages neben der *Hipper*, erwies sich aber anscheinend als zu schwer zum Abtransport. Ob er bei Tauwetter versank, ist nicht bekannt. Die unteren Sektionen des mächtigen Schiffes wurden auf jeden Fall beim späteren Abwracken, anders als bei der *Emden,* nie geborgen, sondern versandeten im Lauf der Jahre.

Nicht unerwähnt bleiben sollte der Beginn der Strandfahrten nach Falckenstein. Der „Verein Kieler Jugenderholung" (das heutige „Jugendaufbauwerk") organisierte für Kinder 1945 erstmals solche später zur Tradition gewordenen Ferienfahrten. Das Gesundheitsamt suchte besonders unterernährte, elende Kinder aus. Sie sollten die zerbombte Stadt vorübergehend hinter sich lassen und in Falckenstein ein wenig aufgepäppelt werden, z. B. mit guter Milchsuppe, die als kräftiges Mittagessen galt. Nicht weniger als 500 ausgemergelte Kinder stachen mit der *Stadt Kiel* bei der Premiere in jenem Sommer in See. Als die Not später nicht mehr so groß war, wurden die Fahrten als „Sommerfrische" für Kinder, deren Eltern nicht verreisen konnten, durchgeführt. Kreative Feriengestaltung und soziales Lernen ergänzen sich in diesem noch heute bestehenden Konzept. Bis 1976 beförderte die *Stadt Kiel* in diesem Rahmen

Tausende von Kindern zum Strand hinaus, danach übernahmen Busse die Aufgabe – was sicherlich kostengünstiger, jedoch erheblich weniger aufregend für die Kleinen ist als eine Schiffsfahrt zum Ferienauftakt.

Der technische Zustand der Schiffe und ihrer Ausrüstung war natürlich angesichts der Belastung, der Materialknappheit und manchmal des reinen Alters wegen nicht der Beste. Da konnte schon mal jemand unversehens im Motorenraum umkippen, besinnungslos geworden durch austretende Abgase undichter Leitungen. Dies fiel zu dessen Glück spätestens dann auf, wenn die Brückenbefehle im Maschinenraum nicht mehr umgesetzt wurden und das Schiff ungebremst ins nächstbeste Hindernis rauschte. Auch der *Stadt Kiel*-Maschinist Erich Edel, der uns später wieder begegnen wird, wurde damals Opfer von einem durch Materialschwäche hervorgerufenen Unglück. Er erhielt eines Tages den Auftrag, in der Kapitänskajüte ein Bulleye herauszubrennen. Weil gerade niemand sonst Zeit hatte, stieg er, was man bei solchen Arbeiten grundsätzlich nicht tun sollte, allein hinab. Kaum war der Schweißbrenner angesetzt, rutschte dessen poröser Schlauch von der Gasflasche. Eine Stichflamme schoss durch den Raum und verbrannte die Hände des Mannes schwer. Zu seinem Glück hörte der Kapitän die Hilferufe, stürzte hinzu und löschte die Flammen. Das Schlimmste konnte durch das schnelle Eingreifen zwar abgewendet werden, doch von den Händen Edels hing die verbrannte Haut in Fetzen herab, und er musste umgehend in die nahe Lubinus-Klinik gebracht werden.

Das deutsche Flaggschiff kommt aus Kiel – der erste Butterfahrer wird „vom Winde verweht"

Zurück zu den Howaldtswerken – dort lag zu dieser Zeit ein weiteres großes KVAG-Schiff, die *Laboe*. 1907 war sie von der Werft als bulliger Zweischornsteinschlepper erbaut worden, 1929 hatte am selben Ort ihr zweites Leben als „Tourendampfer" begonnen. Wie die *Stadt Kiel* befand sich auch die *Laboe* bei Kriegsende sicher in Dänemark. Dort wurde der Ex-Schlepper überaus weitsichtig so lange liegen gelassen, bis absehbar war, dass keine Auslieferung als Reparationsleistung mehr drohte. Flugs verholte er daraufhin zu Howaldt und wurde so umgebaut und vergrößert, dass er mit seinen 40 Metern Länge, einem Speisesaal und Zweibett-Kabinen für einige Zeit das Flaggschiff der deutschen Handelsflotte darstellte. Zunächst wurde die *Laboe* sehr erfolgreich in die Ausflugsfahrt gebracht. Bis 1948 gaben die Menschen ihre wertlose alte Reichsmark in Erwartung der Währungsreform mit vollen Händen aus. Davon hatte auch die KVAG mit über sieben Millionen Fahrgästen pro Jahr gut. Nachdem es mit der D-Mark wieder „richtiges" Geld gab, gingen die Beförderungszahlen aber vornehmlich in der Ausflugsschifffahrt drastisch zurück. Die *Laboe* konnte damit nicht mehr lohnend eingesetzt werden. Für eine Nutzung als reiner Hafendampfer hatte sie aber zu viel Tiefgang – die meisten Brücken waren für sie nur bei Hochwasser erreichbar. So ist überliefert, dass eine Gruppe von Gästen des vornehmen Hotels Bellevue, die an der dortigen Dampferbrücke aufgenommen werden sollte, einen Fußmarsch zur Reventloubrücke antreten musste – die *Laboe* war etliche Meter vom Bellevue-Anleger entfernt schon auf „Schiet" gelaufen, und keine Gangway war lang genug, die Distanz zu überbrücken. Im Frühjahr 1951 ergab sich eine bessere Nutzungsmöglichkeit für das Schiff in Dänemark. Dort hatte sich unvermutet eine Marktlücke aufgetan, deren Zustandekommen heute kaum mehr vorstellbar erscheint: Auf der anderen Sundseite nämlich, im nahen Schweden, war die synchronisierte Fassung des Filmes „Vom Winde verweht" in die Kinos gekommen. Dieses cineastische Großereignis wollten sich die Dänen nicht entgehen lassen, und postwendend lohnte sich ein mit der gecharterten *Laboe* rasch eingerichteter Fährdienst von Kopenhagen nach Helsingborg und Landskrona. Zu Tränen gerührt zu werden, war den Dänen immerhin 50 Kronen wert. Damit nicht genug: In Schweden lag das Preisniveau erheblich unter dem dänischen, und unterwegs auf dem Öresund gab es die Möglichkeit, sich vor allem mit dem schon damals in Dänemark teuren „Snaps" zollfrei einzudecken. Das war die Geburtsstunde der Butterfahrten, die im Dänischen mit dem Begriff „Snapsruten", zu Deutsch Schnapsfahrt, wohl erheblich treffender bezeichnet wurden.

Im Öresund und im Kanal – die „Stadt Kiel" geht fremd

Mit dem Abgang der *Laboe* war die *Stadt Kiel* wieder das schmuckste Schiff auf der Förde. Bis dahin war sie ausschließlich in der Hafenfahrt tätig gewesen, jetzt erweiterte sich ihr Tätigkeitsfeld auf den Bereich der so genannten Sonderfahrten, also die Schifffahrt nach Eckernförde, Kappeln, Flensburg, Burg auf Fehmarn oder einfach rund ums Feuerschiff Kiel. Die Beliebtheit dieser Fahrten bestätigt die stolze Zahl von 10 000 Ausflüglern, die sich in dieser Zeit über die Ostsee schippern ließen. Da sich aber nach und nach zwischen den Häfen beidseitig des Öresunds ein ganzes Netzwerk von „Snapsruten" zu etablieren begann, lag es nahe, auch die *Stadt Kiel* in die gewinnträchtige Sundfahrt gehen zu lassen. Mit dem dänischen Lebemann Jürgen Jensen war alsbald ein interessierter Reeder gefunden, der das Schiff zunächst vom 4. November 1953 bis zum 21. März 1954 und schließlich bis zum Sommer desselben Jahres für diese feuchtfröhlichen Fahrten eincharterte.

Danach konnte man die *Stadt Kiel* auf Abwegen sehen. Sie schleuste in den Nord-Ostsee-Kanal ein und nahm, allerdings nicht in Vorwegnahme der späteren Ausflugsfahrten der KVAG, Kurs auf Rendsburg. Vielmehr machte sie am Kai der Kröger-Werft fest, wo als Folge eines Zylinderrisses in Kopenhagen das letzte Stündchen des alten Krupp-Motors schlug. Dies hatte mehrere Gründe: Zwar war die Maschine ein anerkanntermaßen guter Guss und überaus solide und funktionstüchtig, aber seit seiner Verlängerung kam das Schiff nicht mehr über knapp 10 Knoten Fahrt hinaus. Das mochte zwar für die Hafenfahrt reichen, wurde aber bei den längeren Seetörns der Sundfahrt zusehends zum Zeit raubenden Problem. Zum anderen gab es nach 20 Jahren keine Ersatzteile mehr, sodass bei Reparaturen aufwändige Einzelanfertigungen vonnöten waren. Und schließlich platzierte die KVAG bei der MaK Kiel gleich einen Sammelauftrag von sechs neuen Motoren für ihre Flotte, was sie sich natürlich mit Mengenrabatt belohnen ließ. So wurde für 100 300 DM ein aus Platzgründen in zwei Teile zerlegter, brandneuer Mau-423-Diesel in den Schiffsbauch gewuchtet und dort unten zusammengeschraubt. Mit seinen 520 PS (bei 375 Umdrehungen pro Minute) vermochte er das um 76 BRT auf 253 BRT „gewachsene" Schiff fortan auf fast 12 Knoten Geschwindigkeit zu bringen. Nach dieser Verjüngungskur begann am 5. Juni 1954 eine neue Charter für die Skandinavisk Linjetrafik auf den bewährten „Snapsruten" im Öresund sowie für die Viking-Rederi Kopenhagen ein Einsatz zwischen Landskrona und Helsingborg im Wechsel mit der *Laboe*. Für diese lag damals auf dem Grund von Tuborghavn – dem eigenen Hafen der Tuborg-Brauerei – eine starke Trosse, die beim Auslaufen jeweils aufgenommen wurde, damit das schwerfällige Schiff im engen Becken manuell herumgehievt werden konnte. Die Strömungen, die der Propeller erzeugte, hätten es dort manövrierunfähig gemacht.

Der Winter 1954 brachte die *Stadt Kiel* zurück in den Heimathafen, ab dem 5. April 1955 folgte eine weitere Charter der Skandinavisk Linjetrafik, die mit einer kurzen Unterbrechung bis Weihnachten lief. Einem Vierteljahr Pause bis zum 27. März 1956 folgte wieder eine Charter der

Hansen-Linie, und so ging es im Prinzip die nächste Zeit weiter. Für die heimatlichen Gewässer bedeutete dies, dass die *Heikendorf*, eigentlich seit 1952 für den Viehtransport umgerüstet, zum Fahrgastschiff zurückgebaut wurde und ab 1954 die Rolle ihres Schwesterschiffes im Sonder- und Ausflugsverkehr übernahm.

Snapsruten und Sturm –
wenn Butterfahrer handgreiflich werden

Als Erwin Jacobi, späterer zweiter Vorsitzender des „Fördervereins MS *Stadt Kiel*" und bei deren Restaurierung „einer der ersten Männer an der Spritze", 1961 im Alter von 22 Jahren frisch von der Steuermannsschule kam, bewarb er sich bei der KVAG. Schon vorher war er bei ihr als Matrose gefahren, und sie wusste offenbar seine bisherigen Dienste zu schätzen. Er fand sich umgehend eine Etage höher auf der Brücke der *Stadt Kiel* wieder, die gerade in einer Charter auf den Routen Kopenhagen–Helsingborg bzw. Landskrona fuhr. Er erinnert sich gerne an die Zeit der „Sauftouren". Der Dampfer war seefest, gut zu fahren und hatte dank der kräftigen, neuen Maschine gute Manövriereigenschaften. Die Arbeitszeiten von morgens um sieben bis abends um elf mögen zwar auf den ersten Blick frühkapitalistisch erscheinen, jedoch trügt dieser Schein. Tatsächlich brachten sie der Crew gutes Geld und reichlich Überstunden bei angenehmen Arbeitsrhythmen. Denn einem zweistündigen Seetörn folgte eine einstündige Hafenliegezeit, und während der Kapitän oder der Steuermann auf der Brücke standen, konnte der jeweils andere normalerweise ruhen. Ähnlich war es mit dem Deckspersonal – ein Matrose hatte von 8 bis 12 Uhr Ruderwache, für den anderen bestand lediglich Rufbereitschaft. Er konnte oftmals sogar, wenn auch im Arbeitsdress, „Matratzen-horchen". Das änderte sich natürlich, wenn das Wetter nicht mitspielte, bei Nebel oder anderweitig schlechter Sicht wurde er als Ausguck gebraucht. Wenn die „Suppe" allerdings zu dick wurde, half in den Zeiten vor der standardmäßigen Einführung des Radars nur eines: raus mit dem Anker und abwarten. Von der *Heikendorf* wird sogar erzählt, dass sie nach einem Kompassausfall mitten im Nebel zufällig passierende Segler nach dem Standort fragen musste. Kein Wunder also, wenn in dieser Zeit Schiffe der KVAG häufiger in den Seeamtsakten auftauchten.

Es gab allerdings auch Zwischenfälle durch andere Wetterunbilden: Obwohl sie schwere Seegang eigentlich gut abreiten konnte, drückte Seeschlag auf der *Stadt Kiel* einmal gleich mehrere der großen Scheiben ein. Der Kapitän war nach dieser Fahrt, so heißt es, fertig. Andere Probleme hingen im Ergebnis vielleicht weniger mit Rasmus' Launen als mit der speziellen Charakteristik der Butterfahrten zusammen. Eines Tages lief das Schiff trotz stürmischen Wetters zunächst planmäßig von Sonderburg nach Eckernförde aus. Als Lehre aus den vorhergegangenen Erfahrungen mit Glasbruch brach die Schiffsführung die Tour, als der Seegang immer bedrohlicher wurde, auf halber Strecke ab. Da hatten die Fahrgäste allerdings schon ihre Duty-Free-Ration eingekauft. Weil aber der obligatorische Landgang nun einmal definitiv nicht stattgefunden hatte, bestanden die dänischen Zöllner bei der Rückkehr der *Stadt Kiel* – durchaus korrekt – auf der Rückgabe der Waren. Bereits bei dieser Gelegenheit zeigte sich, dass Duty-Free-Einkauf nicht leichtfertig verboten werden sollte – das Recht auf zollfreien Einkauf wurde von der Kundschaft sehr direkt mit fliegenden Fäusten verteidigt. Schon damals obsiegten indessen übermächtige staatliche Kräfte, und der gute Schnaps wanderte zurück in die Regale.

Ein Schiff ist hier zu viel – die „Laboe" sticht die „Stadt Kiel" aus, weil die „Tom Kyle" kommt

1961 passierte einiges bei der KVAG, was nicht ohne Auswirkungen auf die *Stadt Kiel* blieb. Die *Laboe*, einstiges Aushängeschild der KVAG, kam allmählich etwas in die Jahre und wurde den steigenden Publikumsansprüchen nicht mehr gerecht. Seit einigen Monaten hielten die Reederei-Oberen Ausschau nach einem moderneren Ersatz. Es spielte ihnen daher in die Hände, dass sich die dänische Obrigkeit nicht mehr länger mit ansehen wollte, wie auf den „Snapsruten" die landeseigenen, hohen Zölle munter umgangen wurden und sich die dänischen Reeder stattdessen reihenweise goldene an den roten Nasen ihrer Fahrgäste verdienten. Also wurden die Zollbestimmungen dergestalt verschärft, dass sich die Butterfahrt für die Reedereien nicht mehr im bisherigen Umfang lohnte. Das traf beispielsweise auf die Orange Linjen zu – erst zwei Jahre vorher hatte sie mit der *Orange Sun* und *Orange Moon* zwei elegante, schnelle Schiffe in Fahrt gebracht, die sich jetzt nicht mehr rechneten. Gleichzeitig drückte der mit den neuen Gesetzeseinschränkungen entstandene Tonnageüberhang die Preise, was der KVAG die Chance auf ein echtes Schnäppchen eröffnete. Für 1,6 Millionen DM erstand sie mit dem einen der 62 Meter langen 1000-Tonner ihr bis dahin größtes Schiff, das sie unter dem Namen *Tom Kyle* sofort mit großem Erfolg auf dem Ausflugsmarkt platzierte.

Die *Laboe* war jetzt endgültig das Schiff zu viel in der Flotte. Dies wiederum entging dem dänischen Charterer nicht, der mit ihr und der *Stadt Kiel* gleichermaßen ein Schiff über hatte. Er bot der KVAG an, das größere Schiff ganz zu übernehmen, wenn er im Gegenzug die *Stadt Kiel* vorzeitig aus der laufenden Charter zurückgeben könnte. Gesagt, getan, das eine Schiff kehrte in seinen Heimathafen zurück, das andere sollte ihn nie wiedersehen. Nach weiteren elf Jahren Öresund-Buckelei ereilte die mittlerweile *Knud Viking* getaufte ehemalige *Laboe* ihr Schicksal in Kopenhagen, wo sie im Winter 1972 auflag. Obdachlose hatten sich an Bord geschmuggelt und wollten sich ihre eigene Heizung in Form eines Lagerfeuers schaffen. Die Flammen griffen aber umgehend auf die Einrichtung über, wenig später brannte das Schiff lichterloh. Als der Brand gelöscht war, stellte sich heraus, dass das Wrack nurmehr Schrottwert hatte. Nach 65 Jahren ging die letzte Fahrt zum Abwracker.

Auf Schiet, voll Sprit und andere Misslichkeiten – aus dem Bordtagebuch der „Stadt Kiel"

Die *Stadt Kiel* sagte der dänischen Hauptstadt also „Adieu" und fuhr danach in umgekehrter Richtung von Deutschland nach Dänemark. Kiel und Eckernförde wurden ihre Ausgangshäfen nach Sonderburg. Sie erfreute sich auch hier großer Beliebtheit, und wenn es zu arg püsterte, wurde der Kurs einfach näher zum Land hin abgesetzt. Dadurch ließ sich vermeiden, dass seegangsbedingte Magenverstimmungen die feuchtfröhliche Stimmung an Bord schmälerten. Solche Vorsichtsmaßnahmen führten aber nicht grundsätzlich zu unfallfreiem Fahren. Am 22. Juni 1962 wurde gleich zu Dienstbeginn die Steuerbord-Scheuerleiste bei einer Kollision mit der Bahnhofsbrücke beschädigt. Mit etwas Verspätung konnte trotzdem die Fahrt zum Feuerschiff gestartet werden. Kaum einen Monat später, am 15. Juli, ging es zu nachtschlafender Zeit auf einen größeren Törn nach Nakskov. Ob noch nicht alle ausgeschlafen waren oder der Nebel allein die Schuld trug, ist nicht bekannt – jedenfalls nahm die Fahrt um viertel vor sechs ein vorläufiges Ende, als sich der Rumpf in eine Untiefe vor der dänischen Küste bohrte. Vorsichtshalber ließ man das Schiff, für das keine unmittelbare Gefahr bestand, dort liegen, bis der Nebel sich lichtete. Mit besserem Durchblick konnte die Besatzung es nach einstündiger Zwangspause aus eigener Kraft losmanövrieren. Um kurz nach sieben Uhr war der Zielhafen wohlbehalten erreicht.

Was am 1. Juni 1963 beim Anlegen in Laboe nach der Rückkehr von einer Feuerschiffs-Rundung passierte, geht aus einem Bericht von Kapitän Heinrich Lentsch im Bordtagebuch hervor. Er beschreibt eine Situation, die auf der Förde, die längst wieder von Handels- wie Sportschifffahrt belebt war, leicht entstehen konnte: *„Am 1. Juni 1963 gegen 15 Uhr 50 lief MS Stadt Kiel den Laboer Anleger an der Binnenkante der Mole an. Der Wind war Ost etwa fünf bis sechs. Es herrschte klares Wetter. Beim Anlaufen des Hafens ungefähr querab der Zollbootsankertonne wurde die Fahrt auf ,Ganz langsam' herabgemindert, um wegen der dort vorherrschenden geringen Wassertiefe die Steuerfähigkeit des Schiffes zu wahren. Da vor der Hafeneinfahrt wegen eines dort manövrierenden Fischerfahrzeugs unklare Verhältnisse waren, wurde ein langer Achtungston gegeben. Das Fischerfahrzeug lief ab, und die Einfahrt war frei zu übersehen. Kurz bevor wir Einlaufkurs hatten, gaben wir noch einen Achtungston, um anzuzeigen, dass wir einlaufen. Nachdem der Kurs auf den rechten Pfahl des Anlegers ausgerichtet wurde, lief eine kleine Yacht von Steuerbord kommend auf unser Schiff zu. Es wurden zwei kurze Töne von uns abgegeben, und der Schiffstelegraph auf ,Achtung rückwärts' gestellt. Da das Segelboot, das ohne Segel mit einem Außenborder fuhr, sich uns mit großer Fahrt näherte und unser Signal nicht beachtete, gaben wir vorzeitig ,Voll zurück', und das Schiff stand schon beim Mittelpfahl des Anlegers, Klampe an Klampe, dann erst fand die Kollision mit dem Boot statt.*

Ich selbst sprang aus dem Ruderhaus auf die Steuerbordseite der Brücke, um zu sehen, was es mit dem Boot auf sich hatte, das für unsere Begriffe Amok lief. Soweit ich sehen konnte, drückten die beiden Bootsinsassen ihr Boot ab, fuhren dann an unserer Steuerbordseite vorbei aus dem Hafen, ohne auf meinen Zuruf ,Was ist los?' zu achten. Vor dem Hafen sah ich, dass das Boot Segel setzte und wegsegelte. Nur aus dem Segel konnte ich die Bezeichnung des Bootes III/7 erkennen. Beim Vorbeifahren des Bootes konnte ich keine dem Boot gefährlichen Schäden erkennen.

Nachdem ich meine Fahrgäste an Bord hatte, legte ich ab und setzte die Reise fort. Meiner Reederei habe ich bei meiner Ankunft in Kiel mündlich Bericht erstattet. "

Am 18. April dieses Jahres war es zu einem Amoklauf ganz anderer Art gekommen. Die Abendfahrt von Eckernförde nach Sonderburg hatte ein Fahrgast offenbar dazu genutzt, die Reisezeit mit allzu viel Alkohol zu verkürzen. In angetrunkenem Zustand griff er um 22 Uhr 40 eine dänische Kellnerin an, die mit Hilferufen auf sich aufmerksam machte. Der 1. Offizier Heinz Horn, mit 36 Jahren schon ein weit gereister Seemann und Schiffsberger[8], eilte von der Brücke herab und versuchte beherzt, den Passagier von seinem Opfer abzudrängen. Der laut Augenzeugenberichten tobende Gast trat jedoch um sich, traf Horn dabei an seiner empfindlichsten Stelle, ehe er gebändigt und von zwei Mann gefesselt werden konnte. In diesem Zustand wurde der Randalierer kurz nach dem Einlaufen um 23 Uhr 10 der herbeigerufenen Sonderburger Polizei übergeben, die ihn an Bord festnahm und abführte.

Dramatisch war auch ein Zwischenfall am 27. April 1964, als ein Fahrgast auf der Fahrt von Eckernförde nach Sonderburg zusammenbrach, wie sich später herausstellte, mit einer Gehirnblutung. Glücklicherweise war es möglich, an Bord erste Hilfe zu leisten, während die *Stadt Kiel* nach Schleimünde abdrehte und hier eine halbe Stunde später festmachte. Währenddessen war über Kiel-Radio die Deutsche Gesellschaft zur Rettung Schiffbrüchiger alarmiert worden, die 30 Minuten darauf mit ihrem Rettungsboot *Lübeck* längsseits kam. Auf einer Krankentrage wurde der Patient auf das Boot hinübergehievt, seine Frau und ein zufällig anwesender Arzt stiegen gleichfalls mit um. Kurz darauf – the show must go on – warf die *Stadt Kiel* mit der so geringfügig reduzierten Fahrgastschar los und erreichte mit etwas Verspätung gegen acht Uhr Sonderburg.

Am 2. Juni 1964 war das Schiff um 16 Uhr 30 mit 30 Passagieren aus Sonderburg Richtung Eckernförde ausgelaufen. Es wehte aus Ost bis Südost mit fünf bis sechs Windstärken, in Böen darüber. In grober See begann der Dampfer zu stampfen und Wasser überzunehmen, die Geschwindigkeit wurde daraufhin vorsorglich reduziert. Fünf Seemeilen vom Leuchtturm Schleimünde erschütterte auf einmal eine ganze Reihe von schweren Brechern das Schiff. Als die Wasserkaskaden abflossen, war das Backbord-Fenster des vorderen, unteren Salons zur See hin offen. Die Wellen hatten es samt Rahmen und Verschalung eingedrückt. Durch den Wassereinbruch löste sich zu allem Überfluss der komplette Bodenbelag des Salons. Kapitän Leibinger wendete das Schiff kurzentschlossen, und drei Stunden nach dem Auslaufen hatte es den sicheren Hafen von Sonderburg wieder erreicht.

Ein alterndes Schiff in einer neu aufgebauten Stadt –
und dann kam der Wasserbus

Der durchschnittliche Arbeitstag an Bord sah so natürlich nicht aus. Eine typische Eintragung ins Tagebuch lautete eher wie am 20. 7. 68: *„Wind West Nordwest vier bis fünf, Barometer 1018 Millibar, Temperatur 16 Grad. Kurs nach Seezeichen und Landmarken. 14.03 ab Kiel, 79 Fahrgäste. 15.50 passieren Kiel-Leuchtturm. 17.50 fest am Bahnhofskai. "* Dazwischen lag dann eine Tour kreuz und quer über die Förde, vorbei an den neuen Kränen der Howaldtswerft, von der schon lange wieder der Schiffbaulärm lebhaft ertönte, und dem weitläufigen Marinearsenal auf dem Gelände, wo sich einst das Hafenbecken und die Docks der Deutschen Werke befunden hatten. Gegenüber war mit dem Oslo-Kai eine moderne Fähranlage errichtet worden. Fördeauswärts lag die Schwentine mit dem Seefischmarkt als erstem großen Nachkriegs-Konversions-Projekt, und dahinter das Ausrüstungsbassin der Howaldtswerke, wo statt Kriegsschiffen nun Supertanker das Bild prägten. Auch der erste und einzige deutsche Atomfrachter *Otto Hahn* wurde in den Sechzigern hier komplettiert. Am Westufer kam der wieder hergerichtete Tirpitzhafen mit der neuen Zerstörerflottille und etlichen anderen Einheiten der schnell aufgebauten Bundesmarine in Sicht, daran angrenzend die Mündung des viel befahrenen Nord-Ostsee-Kanals. Dahinter weitete sich die Förde zu den hier vornehmlich auf der Westseite gelegenen Stränden wie Falckenstein und Schilksee. Auf dem Ostufer hingegen waren viele Kriegsspuren sichtbar geblieben. In Trümmern lag der U-Bootsbunker Kilian in Dietrichsdorf, der Mönkeberger Ölberg samt seiner Pieranlagen, das im Süden anschließende Marineversorgungsamt, Ausrüstungsbrücken sowie nach Norden zu die gesprengte U-Bootpier in Möltenort. Am gegenüberliegenden Ufer vor Friedrichsort ragten zwar gleichfalls als Kriegsrelikt die Spanten eines versenkten estnischen Frachtseglers aus dem Wasser, direkt daneben regte sich indes neues Leben: Hier hatte sich die ursprünglich in Memel gegründete Werft Lindenau neu angesiedelt. Die Heikendorfer Bucht, ehemals zu einem riesigen Schrotthaufen aus Kriegswracks herabgekommen, zeigte sich beim Anlaufen der Dampferbrücke wieder in ihrer eigentlichen malerischen Form. Vom Deck des Hafendampfers aus ließ sich kurz darauf das Seebad Laboe erspähen mit dem markanten Marineehrenmal. Dessen Turm war nach 1945 nur knapp der Sprengung durch die Alliierten entgangen und bildete damals wie heute ein weithin sichtbares Entree zur Förde. Wenn die

Fähre schließlich im Hafen des früheren Fischerortes anlegte, war von dort seit kurzem ein Leuchtturm in der Außenförde zu sehen. Er ersetzte 1967 auf einer stabilen, künstlichen Insel das im Lauf der Jahre arg durch Rammstöße gebeutelte Feuerschiff Kiel.

Dies war also das Revier der *Stadt Kiel*, durch das sie Tag für Tag zog. Die Fahrroutine wurde zuweilen aufgelockert durch Begebenheiten wie jene, die im Bordtagebuch für den 15. August 1968 festgehalten ist: Der Ausguck entdeckte eine Seemeile östlich von Bülk, also unweit des Kieler Leuchtturms, der die Wendemarke vieler Touren darstellte, einen orangefarbenen Gegenstand im Wasser. Umgehend wurde Kurs darauf genommen, denn es konnte sich hier natürlich um das Zeugnis eines Seenotfalles handeln. Aufgefischt wurde letztlich nur ein Schwimmkörper, und eine Rückfrage über Funk, ob eine Notsituation gemeldet worden sei, ergab keine Hinweise. Nach diesem kurzen Intermezzo konnte die Nachmittagsfahrt darum planmäßig wieder aufgenommen werden.

In der Enge der kleinen Hafenbecken der Fördeorte kam es mitunter sogar zu kleinen Rangeleien mit Schiffen der eigenen Reederei. Eine solche ist vom 27. Juni 1969 aktenkundig. Gegen 18 Uhr wollte die *Stadt Kiel* am nördlichen Seitenanleger der Laboer Seebrücke festmachen. An deren Kopf lag bereits die *Laboe* der KVAG. Natürlich handelte es sich nicht mehr um den alten Dampfer, der bekanntlich längst in Dänemark sein Dasein fristete. Diese *Laboe* war einer der modernen „Wasserbusse", mit denen die KVAG seit 1959 ihre Flotte grundlegend modernisiert hatte. Die Kröger-Werft Rendsburg baute den Kielern insgesamt sieben dieser Schiffe, die ihren Spitznamen von den busartig angeordneten Sitzgruppen erhielten. Die ersten Einheiten wurden mit Motoren angetrieben, die eigentlich für Eisenbahnen gedacht waren. Dank geschwungener Linien und nur einem geschlossenen Deck sahen die Neubauten recht „shipshape" aus, sie fassten bei 33 Metern Länge bis zu 300 Fahrgäste. Mit ihrer Einführung wanderten die meisten Vorkriegsschiffe der Reederei zum Alteisen oder verdienten anderweitig als Wohn- oder Clubschiffe ein Gnadenbrot. Gleichzeitig begann beim Fahrpersonal ein Prozess, den man heute wohl modern als Outsourcing beschreibt. Damals hieß das im Klartext, dass alle Maschinisten, die noch keine zehn Jahre bei der Gesellschaft waren, ihre Entlassungspapiere erhielten. Mit diesen Maßnahmen hoffte die KVAG ihre Bilanzen zu verbessern, die ein kontinuierlicher Fahrgastschwund in die roten Zahlen trieb. Schuld daran trug nicht zuletzt die zunehmende Automobilisierung. Der Trend war aber nicht mehr zu stoppen – in den späten Sechzigern halbierte sich in kurzer Zeit die Anzahl beförderter Personen von rund vier auf gute zwei Millionen pro Jahr.

Als die *Laboe* 1962 in Dienst gestellt wurde, hatte sie gegenüber den heutigen Fördeschiffen den Nachteil, dass die Rundumsichtbrücke noch nicht erfunden war. Der nach achtern durch den Schornstein begrenzte Ausblick mag dazu geführt haben, dass das Schiff an einem Junitag unversehens mit der Kraft seiner 200 PS rückwärts von der Brücke in Laboe weggezogen wurde, just als die *Stadt Kiel* vor seinem Heck lag. Es gab auch kein vorheriges Warnsignal, und so musste die Crew des ankommenden Dampfers hilflos mit ansehen, wie die kleine Newcomerin ihm auf Höhe der achteren Einstiegspforte in die Steuerbordseite krachte. Glücklicherweise führte die Kollision lediglich zu Sachschaden.

Genau das ließ sich von zwei weiteren Vorfällen leider nicht sagen. Beim einen spielten Orientierungsprobleme ganz anderer Art eine Rolle: Wieder einmal hatte ein Passagier eine Kaffeefahrt zum Leuchtturm am 6. August 1969 dazu genutzt, statt koffein- eher promillehaltige Getränke zu sich zu nehmen. Die Folge war, dass er vom oberen Salon die große Treppe zur so genannten Vorhalle hinunterpurzelte und an deren Fuß erst einmal liegen blieb. Aus einer 15 Zentimeter langen Platzwunde am Kopf sprudelte Blut. Eilends wurde von der Besatzung ein Notverband angelegt. Bei der Rückkehr zum Bahnhofskai wartete bereits der Rettungswagen auf den Verletzten, dessen Nachmittagsvergnügen in der nahe gelegenen Unfallklinik Jensen endete.

Am 8. Juni 1972 kam unser Dampfer wieder einmal in die Presse – diesmal verhieß die Überschrift der „Kieler Nachrichten" aber nichts sonderlich Gutes: „Bellevue-Brücke nach Rammstoß von MS ,*Stadt Kiel*' gesperrt – Schüler verletzt"[9]. Was war geschehen? Lassen wir wieder den Schiffsführer, in diesem Fall Kapitän Wolfgang Stammler, sprechen: „*Am 7. Juni 1972 legte das MS Stadt Kiel mit Steuerbordseite an der Bellevue-Brücke an. Da das Schiff eine Rechtsschraube hat, versuchte ich, möglichst flach an die Brücke heranzufahren, zumal hinter der Brücke eine neue gebaut wird und ich an dem mittleren Pfahl festmachen musste. Ich ging rechtzeitig auf ,ganz langsam'. Vor der Brücke drehte ich das Ruder hart Backbord. Das Schiff drehte nach Backbord, und als der Steven frei von der Brücke war, legte ich den Maschinentelegraph auf ,Stop'. Plötzlich hörte der Backbord-Dreh auf, und das Schiff drehte mit dem Steven auf die Brücke zu. Ich gab sofort ,voll rückwärts', um das Schiff aufzustoppen. Ich bekam das Schiff vor dem ersten Eckpfahl nicht ganz zum Stehen. Der Steven stieß leicht gegen den Eckpfahl. Dieser Stoß genügte, um den alten, morschen Pfahl gegen das Podest zu drücken.*"[10] Die Wucht des Aufpralls war so groß, dass sich das Prelljoch, das die Kräfte der mitunter nicht eben sanften Anleger abfangen sollte, löste, und der gesamte Brückenkopf um einen halben Meter absackte.

Ein 13-jähriger Schüler musste einen schrecklichen Moment durchgemacht haben, als sein Knie zwischen dem zurückfedernden Dalben und dem starren Brückengeländer eingeklemmt wurde. Glücklicherweise endete die Gefangennahme glimpflich – rasch wurde er befreit, und nach kurzem Krankenhausaufenthalt wurde er mit nur leichten Verletzungen am selben Tag wieder nach Hause entlassen.

Sofort nach der Kollision untersuchten Beamte der Wasserschutzpolizei und des Hafenamtes sowie Vertreter der KVAG die Brücke. Die *Möltenort*, ein anderer der Wasserbusse, wurde herbeigeordert und begann mit Schlepp- und Ziehproben an der demolierten Brücke. Das Ergebnis war niederschmetternd – sie wurde auf der Stelle gesperrt und nicht wieder in Betrieb genommen. Erst mit Fertigstellung der von Kapitän Stammler erwähnten neuen, auf Betonjochen ruhenden Brücke konnte der Anleger Bellevue im Juli wieder angelaufen werden.

Zur Olympiade fast ein Cabrio – und ein Neubau macht Kummer

Als die *Stadt Kiel* das vorzeitige Ende der später abgebrochenen, alten Bellevue-Brücke besiegelte, waren über ihrer eigenen Zukunft gleichfalls dunklere Wolken aufgezogen. Mit der Einführung der Wasserbusse passten die personal- und wartungsintensiven Oldtimer *Stadt Kiel* und *Heikendorf* nicht mehr so richtig in die KVAG-Flotte. Ihren historischen Wert zu erkennen, musste die Zeit erst kommen. Deshalb machte sich seit 1970 die Reedereiverwaltung Gedanken über die weitere Verwendung der beiden Schiffe, an denen die Jahre natürlich nicht spurlos vorübergegangen waren. Durch die Decke der *Stadt Kiel* leckte es bereits seit Jahren durch. Bei schlechtem Wetter kam es mitunter vor, dass sich um die Sahne der Torten, die im Salon serviert wurden, auf einmal ein grauer Rand aus Regentropfen bildete. Als Fahrgäste schließlich begannen, im Innern ihre Regenschirme aufzuspannen, war eine schnelle Lösung nötig. Auf dem darüberliegenden Deck wurden kurzerhand schützende Gummimatten verlegt. Die deckten aber gleichzeitig die Speigatten ab, durch die eigentlich das auf dem Deck stehende Wasser ablaufen sollte. Statt dessen sammelte es sich jetzt an Stellen, an denen das Deck bereits ein wenig abgesackt war, und die befanden sich ausgerechnet über den Einstiegspforten. Wenn sich das Schiff bei Anlegemanövern überlegte, drohte das kühle Nass von dort direkt auf die wartenden

Fahrgäste herabzurauschen. Die beste Möglichkeit, sich seiner zu entledigen, fand sich in einem Manöver, das Beobachter zu der Annahme führen konnte, der Kapitän sei betrunken: Indem bei Fahrtbeginn das Ruder zunächst einmal Hart Backbord und anschließend Hart Steuerbord gelegt wurde, neigte sich das Schiff so weit zu beiden Seiten, dass das aufgestaute Wasser kontrolliert über die niedrigen Deckskanten hinweg abfloss. Weil das S-Bahn-Fahren auf Dauer natürlich keine Lösung sein konnte, wurde bei der Howaldtswerft eines Tages ein Kostenvoranschlag eingeholt über die Möglichkeit, den oberen Salon einfach abzureißen. Gott sei Dank, muss man aus heutiger Sicht sagen, hielt das Projekt *Stadt-Kiel*-Cabrio den Exerzitien der Rechenschieber und -stifte nicht stand, und alles blieb beim Alten – vorerst zumindest.

Denn kurzfristig war für die KVAG das Wichtigste die Bereitstellung ausreichender Transportkapazitäten während der herannahenden Olympischen Segelwettspiele 1972, die ihre Schatten vorauswarfen. Die ganze Stadt putzte sich heraus dank des Geldregens, den ihr die Olympiade beschert hatte. Zentrale Innenstadtplätze wurden komplett umgebaut, ein Autobahnanschluss hergestellt, eine weitere Kanalhochbrücke errichtet und nicht zuletzt ein nagelneues Olympiazentrum mit großem Segelhafen und Hochhäusern an die Küste des ehedem verschlafenen Schilksee gesetzt. Auf vielen Ebenen liefen die Planungen für die „großen Tage" im Sommer 1972, deren nachhaltige Eintrübung durch die Ermordung der israelischen Olympiamannschaft in München ja nicht zu ahnen war. Die zahlreichen Segelregatten und nicht zuletzt die geplante spektakuläre Windjammerparade, die der damalige Bundespräsident Heinemann später von dem Begleitschiff *Wappen von Heiligenhafen*[11] aus mit den Worten kommentierte, „so etwas Schönes habe ich noch nie gesehen", ließen die KVAG auf eine hohe Auslastung der Fördeschiffe hoffen. Im Vorgriff darauf machten sich die Reederei-Oberen am 23. Dezember 1970 selbst ein Weihnachtsgeschenk in Form des Fahrgastschiffes *Holtenau*. Die vormalige *Dybbøl* aus Dänemark schien ein echtes Schnäppchen zu sein und die Hafenflotte ideal zu ergänzen. Ihr Erwerb hätte die *Stadt Kiel* vielleicht schneller überflüssig gemacht, als bis dahin gedacht. Aber in manchem Sonderangebot steckt eben der Wurm. Genau das war bei der *Holtenau* der Fall – der Grund für den vermeintlich günstigen Preis war wohl der Ärger, den bereits die Vorbesitzer mit der Maschine hatten. Ihr Betrieb stellte sich von Beginn an als extrem anfällig dar. Da gab es Wassereinbruch im Wellentunnel, immer wieder wurden Reparaturen notwendig, Experten der Motorenwerke reisten an und ratlos wieder ab, und schließlich brach die komplette Kurbelwelle. Das Resultat war, dass die *Holtenau* eigentlich mehr in der Werft lag als zu fahren, und wenn sie das einmal tat, machten schlechte Manövriereigenschaften den Crews zu schaffen. Als das Schiff schließlich nach Cuxhaven verkauft wurde, dürfte ihm in Kiel niemand eine Träne nachgeweint haben. Hinterher hieß es, ein Neubau wäre halb so teuer gekommen. Auch die neue Reederei Freter konnte den Knoten erst durchschlagen, als sie Nägel mit Köpfen machte und dem Wurmdampfer eine komplett neue Maschine verpasste.

Das Ende eines Dampferduetts

Jedenfalls trugen diese Misslichkeiten mit dazu bei, dass die beiden Seniorinnen der KVAG-Flotte zumindest bis zur Olympiade den Kielern in trauter Zweisamkeit erhalten blieben. Die Erwartung eines hohen Fahrgastaufkommens hatte auch nicht getrogen. Die Schiffe wurden von den Fahrgästen förmlich überrannt. Der Anblick der völlig überladenen Oldtimer, wie sie schwerfällig und kaum noch manövrierfähig über die Förde schlingerten, hätte in späteren Jahren wahrscheinlich Assoziationen an die Bilder von Boat People auf ihren Seelenverkäufern wachgerufen. Mit der gebotenen Vorsicht gelang es den erfahrenen Kapitänen wie Wolfgang Stammler jedoch stets, zwischen den Heerscharen anderer Fahrzeuge hindurchzulavieren. Wenn die Friedrichsorter Enge erfolgreich gemeistert war, konnte der Maschinentelegraph mitunter sogar auf „volle Fahrt" gelegt werden, denn den behäbigen alten Damen wurde respektvoll ausgewichen, wenn sie tief abgeladen mit schäumender Bugwelle heranrauschten. Nach Ende des Sportspektakels zeigte sich jedoch endgültig, dass die KVAG kein längerfristiges Interesse mehr an ihnen hatte. Die *Heikendorf*, die trotz ihres etwas geringeren Alters mehr an dessen Folgen litt als das Schwesterschiff, verließ Kiel im selben Jahr. Für „einen Appel und ein Ei" wurde sie im Paket mit der *Puck*, einem kleinen Hafendampfer, der sogar 62 Jahre auf dem Buckel hatte, als schwimmendes Clubheim nach Arnis verkauft. Auf der Schlei dümpelte sie sieben Jahre herum, ehe sie ihren am Heck immer noch ausgewiesenen alten Heimathafen ein letztes Mal wiedersah. Am 3. Januar 1979 machte sie am Kai des Kieler-Schrott-Handels fest, nurmehr eine ausgeräumte, verrostete Hulk ohne Brückenhaus. Hier schloss sich ein Kreis: Die kleine Kaianlage samt angrenzendem Schrottberg befand sich exakt an dem Ort, an dem sich früher die Hellinge der Germania-Werft befunden hatten. Nach 45 Jahren wanderte die *Heikendorf* wenige Wochen später Stück für Stück auf das Land zurück, auf dem sie einst zusammengebaut worden war.

Das Ende der *Stadt Kiel* als Hafendampfer vollzog sich hingegen etappenweise. Es wurde nicht mehr viel in ihre Instandhaltung investiert, und nach der Olympiade stellte die KVAG ihre Leuchtturmfahrten endgültig ein. Das Schiff fuhr fortan ausschließlich innerhalb der Hafengrenze. In den Sommermonaten bevölkerten bis 1976 statt trinkfreudiger Kaffeefahrer oft noch quirlige Kinderscharen die Decks des unverändert fahrgaststärksten Liniendampfers der Reederei. In den überwucherten Ruinen der alten Kasematte Falckenstein war für die traditionellen Kinderfreizeiten inzwischen ein modernes Jugenddorf eingerichtet worden. Den Ferienauftakt bildete die Ausfahrt dorthin mit der *Stadt Kiel*. Sie dürfte vielen heute Erwachsenen eine schöne Erinnerung an den aufregenden Beginn der süßen Ferienzeit geblieben sein. Wenn die bis zu 450 Kinder das Schiff stürmten, gehörte es zum guten Ton, dass Fritz Marth, von 1975 bis 1976 dessen letzter Chefkapitän[12], von der Brücke herab rief: „An und für sich braucht ihr gar nicht mitfahren, gestern ist ein brauner Eisbär gesichtet worden", oder wegen Wasserflöhen könne heute nicht gebadet werden. Marth selbst war in seiner Möltenorter Kinderzeit schon auf der *Stadt Kiel* mitgefahren. Wenn deren Kapitän damals zur Brücke hochstieg, lauerte häufig schon eine Schar Jungs an der Treppe, um einen flüchtigen Blick auf das geheimnisvolle Brückenleben zu erhaschen. Damals hätte sich jedoch niemand getraut, zu fragen, ob man mal auf die Brücke hinauf dürfte[13]. Aus dieser Erfahrung ließ Marth jetzt bei den Jugendfahrten gerne einige Kinder unter Aufsicht die Schaltzentrale der Macht besichtigen. Die Begeisterung war genauso groß wie sie es in seiner Jugend gewesen wäre, als er sich aber nicht hätte träumen lassen, eines Tages höchstpersönlich als Kapitän im „Objekt der Begierde" zu stehen.

Dass ein ordentlicher Trubel herrschte, wenn die erste Kinderschar am Bahnhof aufs Oberdeck stürmte, als nächstes die Gaardener Gang im vorderen Salon unterkam und die anschließend am Seegarten, Reventlou und Bellevue Zusteigenden den Rest des Schiffes bevölkerten, ist wohl klar. Zu nennenswerten Problemen kam es hingegen nicht. Und wenn doch einmal jemand über die Stränge schlug, konnte es ihm wie jenem Jungen ergehen, den sich eines Tages der Matrose Artur Lohbach schnappte und ihn schwungvoll auf einem Tisch im vorderen Salon absetzte. Unter seinem Gewicht brach das Tableau zusammen, sodass der Unglücksrabe nicht aufzubegehren wagte, als er angeherrscht wurde: „Und da bleibst du jetzt sitzen". Erst in Falckenstein durfte er sich von der Stelle wagen. Was er nicht wissen konnte war, dass der Tisch nur deshalb nachgegeben hatte, weil die Messingschrauben, die ihn an der Bordwand hätten fixieren sollen, bereits so oxidiert waren, dass sie von vornherein praktisch kaum mehr als einen symbolischen Halt geboten hatten. Im Winter wurde das so offenkundig alternde Schiff am Betriebshof der KVAG im hintersten Hafenwinkel aufgelegt. Die großen Ausflugsfahrten bestritten jetzt die *Tom Kyle*, deren Tage in Kiel zu diesem Zeitpunkt auch schon gezählt waren[14], die *Andreas Gayk* sowie die *Friedrichsort*. Den Liniendienst bewältigten die moderneren Wasserbusse. Für die Seniorin der Reederei gab es allenfalls kurzfristig Einsatzfahrten, um Verspätungen im Fahrplan auszugleichen.

Beinahe ein U-Boot-Mutterschiff – aber letztlich nur „no future" auf der Kieler Förde

1975 erschien in der Öffentlichkeit erstmals der Name Werner von Unruh im Zusammenhang mit der *Stadt Kiel*. Inzwischen war klar, dass die KVAG für sie keine Zukunft mehr in ihrer Flotte sah – sie stand ganz offiziell für 120 000 DM zum Verkauf. Als Interessentin tauchte zwischenzeitlich die Howaldtswerft auf – sie suchte ein Begleitschiff für die Taucherprobungen ihrer U-Boot-Neubauten in der Ostsee. Das Sortiment der Bundesmarine enthielt allerdings ein passenderes Angebot: Die „Graue Dampfercompagnie" trennte sich mittlerweile von den Schiffen der ersten Nachkriegsgeneration. Ein schnelles Minensuchboot diente der Werft fortan unter dem Namen *Pegasus I* für die Erprobungen der U-Boote, mit denen sie sich ein lukratives Hi-Tech-Geschäftsfeld aufgebaut hatte. Ansonsten wäre aus der *Stadt Kiel* vielleicht auf die alten Tage ein U-Boots-Mutterschiff namens *Pegasus* geworden…

Stattdessen dümpelte das Schiff immer häufiger untätig am Kai in der Hörn herum. Manchmal bedurfte es danach der ganzen Erfahrung der altgedienten Maschinisten, die festgerosteten Kolben wieder loszubrechen. Werner von Unruh beklagte diesen Zustand eines Tages in einem Leserbrief an die „Kieler Nachrichten": „*Während die Flensburger ihren Veteranendampfer Alexandra zum Aushängeschild der Förde-Reederei machen, lassen die Kieler (bzw. die KVAG) ihren letzten alten Fördedampfer [...] in der Hörn verrosten. [...] Warum setzt man das Schiff nicht wieder etwas instand und läßt es im Sommer regelmäßig Sonderfahrten wie Regattabegleitfahrten zur ,Kieler Woche', Fahrten um den Leuchtturm oder auch nur sonntägliche Hafenrundfahrten mit Erklärungen und ,Döntjes' machen? Mit entsprechender Werbung würde der Nostalgiedampfer MS ,Stadt Kiel' sicher mehr Fahrgäste haben als die anderen Schiffe. Zusätzlich wäre es zu begrüßen, wenn es wieder Sonderfahrten gäbe, die nicht einen ganzen Tag, sondern nur einen Vor- oder Nachmittag dauerten.* "[15] Ob es schierer Zufall oder unbewusste Kommentierung war, wer will es wissen – jedenfalls fand sich direkt neben diesem Brief ein Artikel zu einem gänzlich anderen Thema mit der Überschrift: *„Schimpfen allein nützt nichts"*...

Als diese Zeilen erschienen, hätte es sich von Unruh wohl nicht träumen lassen, dass er selbst eines noch fernen Tages an der Verwirklichung dieses Vorschlages mitwirken würde. 1975 war er allerdings ein frisch gebackener 20-jähriger Seefahrtschüler, dem inzwischen auf Kümos und Stückgutfrachtern Seebeine gewachsen waren. In den Semesterferien jobbte er als Matrose u. a. auf der *Tom Kyle* und der *Stadt Kiel*, wo er sich mit deren letztem Kapitän Fritz Marth anfreundete. An Bord des Butterdampfers *Viking* der Flensburger Förde-Reederei traf er im folgenden Jahr auf Erwin Jacobi. Der hatte die *Stadt-Kiel*-Brücke längst verlassen und war danach als Steuermann eines KVAG-Schleppers tätig gewesen. Für diesen gab es im Kieler Hafen leider nicht allzu viele Einsätze. Um seinen Hunger nach Fahrpraxis zu stillen, ging Jacobi also auf große Fahrt, erwarb das Kapitänspatent[16] und auf den Weltmeeren reichlich Sturmerfahrung – so musste er einmal in der Nordsee eine Holzladung slippen, um sein Schiff zu retten. 1974 beschloss er, die geregelte Dienstzeit in der Schipperei zwischen Kiel und Dänemark dem Duft der großen weiten Welt vorzuziehen: Er musterte bei der Flensburger Förde-Reederei an. Sehr zum Missvergnügen der KVAG hatte diese sich gerade ins fremde Terrain der Kieler Förde eingeschlichen. Zwar waren die Kieler Fährlinien durch die so genannte protektionistische Hafenwirtschaft auf ihren Stammrouten vor Konkurrenz geschützt. Gegen das Übernachten anderer Schiffe in Kiel und das Anlaufen von Häfen der Nachbargemeinden jedoch konnten keine noch so spitzfindigen Juristen sie schützen. Ein Höhepunkt des Konkurrenzkampfes ging als „Strander Seekrieg" in die Annalen ein: Die *Schilksee* der KVAG suchte tatkräftig unter der Führung des Reederei-Chefkapitäns das Einlaufen der Flensburger *Jürgensby* in den dortigen Hafen zu verhindern. *„Nur die Enterbeile und die Flagge mit dem Totenkopf fehlten noch"*[17], wurde der Vorgang hinterher beschrieben.

Immerhin, Konkurrenz belebt ja bekanntlich das Geschäft, und das suchte die KVAG für sich zu verbessern. Sie nahm wieder Hafenrundfahrten, Kanaltörns und Ausflüge in die Umgebung in ihr Sortiment auf. Leider erhörte sie nicht den Vorschlag Werner von Unruhs, dies stilecht mit einem Nostalgiedampfer zu machen. Stattdessen setzte sie überwiegend ihre etwas unglücklich konstruierten, von vielen Fahrgästen als ungemütlich empfundenen Mischlinge aus Fördedampfern und Ausflugsschiffen dazu ein.

Die Dinge schienen ihren unumkehrbaren Gang zu nehmen. Am 13. August 1976 überbrachte die Lokalzeitung den Kielern die Nachricht, dass die *Stadt Kiel* außer Dienst gestellt würde. Ein Grund wäre der Kostendruck durch die hohe Besatzungsstärke von vier Mann – also der doppelten Stärke wie auf den modernen Fördeschiffen. Als weiteres Argument wurden die Sicherheitsstandards der Seeberufsgenossenschaft angeführt, die nicht mehr ohne aufwändige Umbauten zu halten seien. In einem ruhigen Moment nahm der KVAG-Inspekteur Kapitän Marth im Büro zur Seite und sagte: „Ich habe mir die *Stadt Kiel* angeguckt. Fahren Sie bloß vorsichtig. Wenn hier was schief geht, kommen wir beide ins Gefängnis." Natürlich wusste auch Marth um den fragilen Zustand des Schiffes. Ihm war nur allzu klar, dass es seit längerem von kaum mehr als der Farbe zusammengehalten wurde, und ging entsprechend behutsam mit ihm um. Es blieb ihm als einzigem Kapitän auch erspart, jemals einen Havariebericht ausfüllen zu müssen. Ein Rezept hierzu war, bei jedem Dienstantritt das Ruderseil fetten zu lassen, sodass die Handhabung der störrischen Rudertechnik zumindest etwas erleichtert wurde. Eine „Spezialität" der *Stadt Kiel* war nämlich, nicht mehr aufs Ruder zu reagieren, wenn die Schraube bei Anlegemanövern zu früh gestoppt wurde. Auch Marth blieb es nicht erspart, den speziellen Geruch verbrannter Farbe und glühenden Holzes kennen zu lernen, wenn das Schiff temperamentvoll an den Dalben der Schiffsbrücken entlangschrammte. Genauso war 1972 Wolfgang Stammler die Brückenkollision unterlaufen – der Winkel des Schiffes zum Anleger war zu steil gewesen, um den Verlust der Ruderwirkung nach dem Aufstoppen ausgleichen zu können.

Die unliebsamsten Überraschungen lauerten anno 1976 jedoch andernorts. So stieg Fritz Marth eines Tages in die achtere Luke, unter der sich der Ruderschaft befindet, um die Stabilität der Decksträger zu prüfen. Zu seinem Entsetzen fand er statt soliden Stahls nichts als bröseligen Rost vor. Ein Grund für den rapiden Verfall mochte sein, dass die Achterpiek bei Eisgang in vorangegangenen Wintern aus Sicherheitsgründen gegengeflutet worden war. Ein anderer rührte von der Erblast des Untergangs 1943 her. Seitdem hatte Feuchtigkeit hinter den Verschalungen für überdurchschnittlichen Rostfraß gesorgt. Die Seeberufsgenossenschaft drängte die Reederei: „Macht was am Schiff oder stoßt es ab." Da der neue Kurs der Schifffahrtsabteilung der KVAG ohnehin Gesundschrumpfen als Maxime vorgab, war es um die Karriere der *Stadt Kiel* als Hafendampfer geschehen.

Den Abschiedsschmerz lindern sollte eine große Abschlussfahrt auf der Förde sowie die Mitteilung, dass nicht der Abwracker auf den Veteranen wartete, sondern eine Folgeverwendung als Wohnschiff. Dennoch, die Nachricht wurde gerade von älteren Kielern „mit Tränen in der Augen" aufgenommen und der Frage: „*Muß denn das sein? Dieses Schiff ist ein Stück von Kiel, mit so vielen Jugenderinnerungen verbunden*"[18].

Allein, nach dem Willen der scharf rechnenden Kalkulatoren der Schifffahrtsabteilung der KVAG musste es sein. Zum letzten Mal zeigte sich die *Stadt Kiel* am 19. August 1976 äußerlich auf Hochglanz poliert und über die Toppen geflaggt, als sie am Bahnhofskai auf die Gäste der letzten Tour unter alter Flagge wartete. Und die Kieler Bevölkerung ließ sich nicht lumpen: Trotz der für viele Menschen gewiss ungünstigen Zeit an einem frühen Donnerstagnachmittag wurde das Schiff förmlich gestürmt und bis auf den letzten Platz gefüllt. Unter Blasmusikgeschmetter legte die alte Lady, geführt von Fritz Marth, um 14.30 Uhr vom Bahnhofskai ab. Wie so oft in den vergangenen vier Jahrzehnten ging die Fahrt entlang dem Ostufer Richtung Laboe, wobei jedwede Wegmarke Anlass bot, das Typhon zum Glühen zu bringen. Auf Höhe Strande kreuzte die *Stadt Kiel* das Fahrwasser und machte sich entlang der Westseite des Hafens auf den Heimweg. Unterwegs kam es zu einer Begegnung mit einem Schiff, das auf ganz andere Weise unzeitgemäß war: Der Tanker *Havdrott* lief von Howaldt kommend zur Werftprobefahrt aus. Der 240 000-Tonnen-Riese war einer der letzten Supertanker, die hier erbaut wurden. Der Verfall der Frachtraten in den siebziger Jahren als Folge der Wiedereröffnung des Suez-Kanals hatte mittlerweile zum Zusammenbruch des Tankermarktes geführt. Die Großtanker, die jetzt noch die Werften verließen, fuhren oftmals direkt zu so genannten Tankerfriedhöfen wie zu jener Zeit z. B. in der Geltinger Bucht. Manche Premierenreise ging anschließend direkt zum Schrottplatz. So weit war die *Stadt Kiel* natürlich noch nicht. Aber nach dem Anlegen am traditionellen Liegeplatz Bahnhofskai war zumindest die Laufbahn als Fördedampfer unwiderruflich zu Ende. Ein älterer Herr auf der Pier rief enthusiastisch: „Three Cheers for the *Stadt Kiel*!" Stattdessen gab es von der Reederei three (oder mehr) Beers für deren Gäste. Schließlich ergriff der damalige KVAG-Direktor Heinrich Scharfenberg das Wort: „*Meine sehr verehrten Damen, meine sehr verehrten Herren! Heute ist für uns ein besonderer Tag. Kein Tag, der uns fröhlich stimmt, sondern ein Tag, an dem mit der Außerdienststellung des ältesten Schiffes der KVAG-Flotte ein Abschnitt der Kieler Hafengeschichte zu Ende geht. Anfang der 30er Jahre hat unsere Rechtsvorgängerin, die Hafenrundfahrt-AG, bei der Friedrich Krupp Germaniawerft eine Serie von vier Schiffen in Auftrag gege-*

ben [...][19] *1934 wurde MS Stadt Kiel auf der Germaniawerft gebaut. Unser heutiger stellvertretender Aufsichtsratsvorsitzender, Herr Otto Burmeister, hat damals als Schiffszimmermannslehrling bei Krupp hieran mitgewirkt. Seine Arbeit steckt mit in diesem Schiff [...] Die Fahrterlaubnis für MS Stadt Kiel läuft jetzt ab. Nur mit größeren Investitionen und Kosten könnten wir dieses Schiff weiter in Fahrt halten. Da wir uns jetzt verstärkt bemühen, die Kostensituation der Fördeschifffahrt zu stabilisieren, können wir solche vermeidbaren Aufwendungen nicht mehr vertreten. MS Stadt Kiel muss daher nach einer über vierzigjährigen sehr wechselhaften Fahrzeit, nach einem erfüllten Arbeitsleben für ein Schiff in den Ruhestand treten.*

Diese Entscheidung erfüllt uns alle mit Wehmut. Insbesondere die Mitarbeiter der Abteilung Schifffahrt sind sehr traurig. Ihre heimliche Liebe war stets die Stadt Kiel. Wir haben bei uns im Hause schon oft über die Außerdienststellung dieses Schiffes gesprochen. Immer wieder kamen dann die Argumente: Der Motor des Schiffes ist noch gut; nach mehrmonatiger Liegezeit springt er auf den Schlag an. Wenn einmal der Hafen zufriert, kann dieses Schiff mit seinen 520 PS ohne Eisbrecherhilfe alleine fahren, und wenn es dann ganz schlimm wurde, dann zogen die Mitarbeiter der Abteilung Schifffahrt die Notbremse und sagten: ‚Ach, lass das Schiff doch liegen, es verursacht ja keine Kosten.‘ Auch aus der Reaktion der Öffentlichkeit und aus den Äußerungen unserer Fahrgäste spüren wir, wie sehr sie sich mit diesem Schiff verbunden fühlen. Uns bleibt jetzt nur ein Trost: Kein Schneidbrenner wird diesem Veteranen des Kieler Hafens den Rumpf aufreißen und ihn zu Schrott verarbeiten. Wir werden das Schiff verkaufen. Der neue Eigner will es als Hausboot benutzen. Für diesen Ruhestand wünschen wir der Stadt Kiel alles Gute. Und jetzt gebe ich für die Reederei das letzte Kommando: Herr Kapitän, lassen Sie die Reedereiflagge einholen! Herr Kapitän, geben Sie mir die Schiffspapiere zurück! Hiermit ist das Fahrgastschiff der Kieler Verkehrs-AG MS Stadt Kiel außer Dienst gestellt.“

Von Kiel an die Schlei –
die Arnis-Connection greift ein

So endete die Fahrenszeit der *Stadt Kiel* für die Hafenrundfahrt AG und die KVAG. Im Handumdrehen wurde sie geplündert, und nur Eingeweihte mögen wissen, welche Kellerbars heute ihre Rettungsringe oder

Positionslaternen zieren. Allein die Toplaterne blieb unangetastet – offenbar hatte niemand mehr der Standfestigkeit des Mastes getraut, an dem sie hing. Danach wurde es still um das Schiff, das die nächsten Monate untätig am Hörnende herumdümpelte. Fast hätte es hier eine Wiederholung der Geschichte gegeben: Eine Bodenplatte im Bereich des Kohlenbunkers war durchgerostet, und gleich zweimal kam es in den Folgemonaten zu Wassereinbrüchen. Pure Vernachlässigung drohte das Schiff auf diese schnöde Weise 33 Jahre nach der Versenkung durch Bomben erneut auf den Hafengrund vor dem Bahnhofskai zu schicken. Dies hätte wohl das Todesurteil bedeutet, doch am belebten KVAG-Schiffsbetriebshof wurde die Gefahr beide Male rechtzeitig erkannt und die Lenzpumpe angesetzt. Schuld an solchen Wassereinbrüchen konnte eine einfache vergessene Schraubenmutter sein – die daran entstehenden galvanischen Ströme und minimale Vibrationen waren in der Lage, den Rumpf allmählich durchzuschmirgeln.

Der am 19. August angekündigte Ruhestand als Wohnschiff auf der Trave realisierte sich nicht, denn der potentielle Eigner war zwischenzeitlich abgesprungen. Das frisch gebackene Kieler Schifffahrtsmuseum mochte der durch Werner von Unruh vorgetragenen Anregung, die Ausstellung in der Fischhalle mit der *Stadt Kiel* um ein „richtiges" Schiff vor der Tür zu ergänzen, nicht folgen. Der Förderkreis hatte nach Auskunft seines 1. Vorsitzenden Folkert Knudsen vorerst genug mit dem Innenausbau seines Hauses zu tun. Es sollten nicht weniger als acht Jahre vergehen, ehe der damalige Oberbürgermeister Karl Heinz Luckhardt bei einem informellen Besuch auf der *Stadt Kiel* zu der späten Erkenntnis kommen würde: „Eigentlich hätte man das Schiff gar nicht weggeben dürfen." Im Herbst 1976 sah es auf einmal so aus, als ob die letzte Reise des Fördeveteranen bald sang- und klanglos zu einem Hamburger Abwracker ginge. Dann kam aber eine bewährte Arnis-Connection der KVAG zum Tragen: Der Wasserbauunternehmer Ingo Jaich hatte nach der Olympiade den 1975 im menschlichen Rentenalter verschrotteten Veteranen *Puck* und die noch existierende *Heikendorf* an die lieblichen Schlei-Gestade geholt. Hier nutzte er sie als schwimmende Vereinsheime. Zum Jahresende 1976 machte er sein Triple und erwarb mit der *Stadt Kiel* einen weiteren Fördeveteranen für gerade mal 10 000 DM.

Am 28. Dezember 1976 traf Werner von Unruh den rührigen Tausendsassa Jaich am KVAG-Kai in der Hörn. Dieser war nicht nur Schnäppchenjäger bei der KVAG, sondern zugleich ehemaliger Kapitän auf großer Fahrt und zuletzt auf ganz kleiner als Fährmann auf der Schlei. Als es einmal galt, ein Haus umzusetzen, hatte er es komplett auf einen Ponton verfrachtet und über den Wasserweg an den neuen Standort verfrachtet. Mit solchem Einfallsreichtum war er gewiss der richtige Mann, für die *Stadt Kiel* profitable Ideen zu entwickeln. Das Angebot von Unruhs als ehemaligem Matrosen des Schiffes, die Überführungsfahrt nach Arnis mitzumachen, kam Jaich gerade recht. Er überlegte nur kurz, am selben Abend war von Unruh Mitglied der Crew, die am 29. 12. das Schiff „entführen" sollte. Neben den beiden waren ein Maschinist, ein Matrose und – sicher ist sicher – der bekannte Berufstaucher Greißwald mit von der Partie. Die Seeberufsgenossenschaft drückte trotz des offensichtlichen Rostproblems beide Augen zu und genehmigte eine einmalige Überfahrt.

Am nächsten Tag hieß es erneut Abschied nehmen, wie es schien, jetzt wohl tatsächlich zum letzten Mal. Denn nach wie vor gab es keine andere Idee, als die *Stadt Kiel* zu verschrotten. Die Leinen wurden losgeworfen, der Dampfer manövrierte sich vom Bahnhofskai weg und lag kurz darauf querab vom kleinen Kontorgebäude der KVAG. Zum Abschied sollte ein Typhongruß hinübergeschickt werden. Ingo Jaich hatte keine Einwände, setzte beherzt das Signalhorn in Gang und bereute dies wahrscheinlich im nächsten Augenblick zutiefst. Es war kurz vor Jahresende und entsprechend kalt. Daraus resultierte als erste Misslichkeit, dass lediglich ein rachitischer Ton der Pfeife entfuhr, als zweite, dass dieser partout nicht mehr aufhören wollte. Die niedrigen Temperaturen hatten den Mechanismus einfrieren lassen. Brav grüßte der Schlepper *Stein*, der am Kai lag, mit „drei lang" zurück. Am KVAG-Kontor an der Bahnhofsbrücke traten die Beschäftigten aus der Tür und winkten zur *Stadt Kiel* herüber. Die zog unablässig lärmend von dannen. Erst ein ganzes Stück weiter, auf Höhe Seegarten, konnte das Ventil geschlossen werden, sodass der weithin schallende Ton verstummte. *„ Wie ein zu liebgewordenes Haustier, das kreischend weggeschleppt wird"*, beschrieb die „Kieler Nachrichten" die Szene tags darauf[20], ein Satz so treffend, dass er später gleich in zwei Bücher als Zitat einging.

Die Kälte machte nicht nur dem Typhon zu schaffen. Die Heizung erwies sich als ebenso anfällig, sodass nicht nur die Menschen im Brückenhaus, sondern auch dessen Scheiben allmählich vereisten. In weiser Voraussicht hatte von Unruh aber den Eiskratzer seines Autos eingesteckt. Mit dessen Hilfe konnte der richtige Durchblick wiederhergestellt werden – und weder die Kieler Förde noch die Schlei sind Gewässer, deren Befahren im Blindflug zu empfehlen wäre. Die Tücken der flachen Förde vor Schleswig zeigten sich einige Stunden später. Kurz vor der Schleimündung standen Wind und Strom so gegeneinander, dass ein heftiges Kabbelwasser entstanden war. Die Fahrt wurde spät gedrosselt, die *Stadt Kiel* drohte ins Treiben zu geraten und auf dem steinigen Grund zu stranden. Mit halber Kraft konnte sie aber wieder auf Kurs gebracht werden und bahnte sich die letzten Meilen den Weg durch leichten Eisgang. Endlich lag der Steg von Ingo Jaich voraus. Nach vierjähriger Trennung kam es hier zum letzten Familientreffen mit Schwester *Heikendorf*, an der die Jahre allerdings auch nicht spurlos vorübergegangen waren. Einträchtig lagen fortan zwei betagte „sisters in rust" nebeneinander.

Flowerpower für die „Stadt Kiel"

Für mehrere Monate verharrte der Maschinentelegraph danach in der „Stop"-Stellung. Der Nautische Bund Frisia e. V. der Seefahrtschule Leer, der an einem schwimmenden Vereinsheim interessiert war, trat kurzzeitig auf den Plan. Ihm lag ein Angebot Jaichs vom 17. Januar 1977 vor, die *Stadt Kiel* für 28 000 DM fahrbereit mit bzw. für 12 000 DM ohne Maschine veräußern zu wollen. Die Verwaltung der ostfriesischen Stadt stand dem Antrag, das Schiff als Gastwirtschaft in den Hafen legen zu wollen, durchaus positiv gegenüber, ebenso gab es Interessensbekundungen von Brauereien, den Betrieb zu übernehmen. Die Vereinsaktivitas hätte gleichzeitig die äußere Pflege des Schiffes sicherstellen sollen. Zur Jahresmitte war aber klar geworden, dass sich die Pläne zum Ankauf dieses Schiffes wie auch die zwischenzeitlich diskutierte Alternative, die *Heikendorf* zu erwerben, für den Verein nicht realisieren ließen.

Als nächster Interessent erschien Christian Bertholdt in Arnis. Bislang hatte der 35-jährige Ex-Hippie, der gern kettengeschmückt und mit indischen Seidenhemden gewandet auftrat, die Kieler Szene-Kneipe „Karl der Dicke" (die heutige Pizzeria „Heinrich VIII" in der Holtenauer Straße) betrieben. In dem Nachkriegs-Flachbau verkehrte, wer „in" sein wollte, und wen Bertholdt beim Namen nannte, hatte dies auch erreicht. Seit 1972 war Bertholdt mit der später als Rächerin ihrer ermordeten Tochter Anna berühmt gewordenen Marianne Bachmeier zusammen. Als sich das Paar für die *Stadt Kiel* zu interessieren begann, war der Verkauf der Kneipe geplant nach dem Motto „10 Jahre sind genug". Eigentlich wollte Bertholdt danach auf einen Afrika-Trip gehen und hatte hierfür bereits einen 7,5-t-Unimog aus Bundeswehrbeständen angeschafft. Im Schmieden wilder Pläne war er aber besser als in deren konkreter Umsetzung, weder der Lkw noch – wie später geplant – die *Stadt Kiel* brachten ihn in den fernen Kontinent. Der Unimog verrottete letztlich auf einem idyllisch gelegenen Bauernhof nahe des Plöner Sees, den das Paar damals bewohnte.

Im April 1977 erhielt Werner von Unruh überraschend einen Anruf seines früheren *Stadt Kiel*-Kapitäns Fritz Marth. Der fragte, ob er mithelfen wolle, das Schiff von Arnis zurück nach Kiel zu versegeln. Bertholdt hatte seine Goldgrube „Karl der Dicke" tatsächlich verkauft und aus dem Erlös von 500 000 DM nach einer rauschenden Silvester-Abschiedsparty den Fördedampfer zur Verwirklichung seiner Auswanderungsträume erworben. Marth war nach der kurzfristigen Unterzeichnung des Kaufvertrages von ihm ausfindig gemacht worden, um die Überführung kompetent zu bewerkstelligen. Erneut ging es Knall auf Fall. Bereits am nächsten Morgen wurden die beiden Seeleute mit einem klapprigen Volvo abgeholt. Der Fahrer machte den Eindruck, als ob er das Benzin nur mit Mühe und Not finanzieren könnte. Man kannte sich – der Mann war 1976 einmal kurzzeitig als Kaufinteressent in Erscheinung getreten, aber ebenso flott wieder in der Versenkung verschwunden. Immerhin, Arnis wurde erreicht, ohne dass das Auto mangels Sprit hätte geschoben werden müssen. Am Hafen wartete bereits Christian Bertholdt, der die Maschine des Schiffes fahren wollte. Mit dabei waren auch Marianne Bachmeier und ihre damals fünfjährige Tochter Anna. Und es gab eine Reihe weiterer Helfer: „Das ist Ali, und das ist Abdul, und das ist Mohammed", wurden einige dunkelhäutige Männer den Neuankömmlingen vorgestellt. Beim Anblick der bunten Gemeinde raunte Kapitän Marth, der bei der KVAG sicher mit etwas bürgerlicherer Klientel zu tun hatte, seinem Gefährten zu: „Ich glaube, wir fahren hier für Baader-Meinhof". Abdul Suleman und seine pakistanischen Begleiter waren tatsächlich aber lediglich die ehemaligen Pizzabäcker aus dem „Karl der Dicke".

Zurück in die Heimat – neue Perspektiven in kaiserlichen Farben

Der Überführungstörn blieb den Vorahnungen der rechtschaffenen Seebären zum Trotz als nette Angelegenheit in Erinnerung. Die *Stadt Kiel* steamte die Schlei hinab und nahm wieder Kurs auf ihren alten Heimathafen. Dies hätte nach dem lautstarken Abschied im Vorjahr wohl niemand erwartet. Querab von Damp, einem hochhausgeprägten Ferienort auf halber Strecke, kam ein mittelgroßer, weißer Zweidecker in Sicht – die *Andreas Gayk*. Sie war das Schiff, das bei der KVAG eigentlich erst nach der Olympiade 1972 die *Stadt Kiel* und die *Heikendorf* in der Ausflugfahrt hätte ersetzen sollen. Weil eine konkurrierende Reederei aber unerwartet 1970 die Segel gestrichen hatte, hatte sich vorzeitig eine Marktlücke aufgetan, die die KVAG postwendend zu schließen gedachte. Der Bau der *Gayk* wurde vorgezogen, im selben Jahr begann sie, mit Schnäppchenpreisen Fahrgäste zu locken. 1977 fuhr sie allerdings schon die letzte Saison für die Reederei – einmal mehr hatte sie sich ein Schiff zugelegt, das für die Butterfahrt zu klein und für den Fördedienst zu groß war. Kurz bevor sie in ein anderes Fahrtgebiet verchartert wurde, war sie in diesen Tagen noch regelmäßig auf der altbewährten Stammroute nach Sonderburg unterwegs. Die betagte Vorgängerin wurde auf der *Gayk*-Brücke mit kundigem Auge erkannt und das Ruder hart Backbord gelegt. Mit einer eleganten 90-Grad-Wende schor das moderne Schiff an die *Stadt Kiel* heran, und mit großem Hallo passierten sich KVAG-Nachwuchs und ausgemusterte Seniorin. Es machte den Eindruck, als würde Christian Bertholdt durch diese Begegnung klar, dass er mit diesem Schiff etwas Besonderes sein Eigen nennen konnte. Wenige Stunden später hatte es den Heimathafen Kiel erreicht und machte am Standprobenkai der Howaldtswerke fest.

Damals besaß die Werft noch eine ganze Reihe kleinerer Schwimmdocks, deren schwarze Stahlwände das Bild des Binnenhafens prägten. Die Ära des Großtankerbaus war gerade zu Ende gegangen, die letzten Viertelmillion-Tonner wurden von den Bauwerften oftmals direkt zu Aufliegeplätzen verholt oder schlimmstenfalls gar nicht mehr abgenommen. Jetzt nahm ein von der Auftragsflaute besonders gebeutelter Betrieb wie HDW jeden noch so kleinen Auftrag mit Kusshand. Ein solcher war die Dockung und Inspektion der *Stadt Kiel*. Um ein Haar wäre aus dem kleinen Check jedoch ein großes Unglück geworden. Christian Bertholdt hatte es auf einmal so eilig mit der Inspektion, dass er noch am Tag der Überführung docken wollte. Kaum war Fritz Marth zu Hause eingetroffen, kam der Anruf, ob er nicht gleich zurück zur Werft kommen könne. Inzwischen hatte sich die übrige Besatzung bereits zerstreut, und der Kapitän fragte: „Können Sie denn die Maschine allein fahren?" „Jo, das geht schon", kam die selbstbewusste Antwort. Der Kapitän ließ sich überzeugen, und wenig später war die *Stadt Kiel* bereit, in das geflutete, noch aus Kaiserzeiten stammende Dock 13 einzuschwimmen. Die Leinen wurden losgeworfen, und wenig später glitt das Schiff zwischen die beiden schwarzen Stahlwände. Nichts als ein Routinemanöver hätte es sein sollen, dort angekommen aufzustoppen und festzumachen. Als Marth aber den Telegraphen auf „Langsam rückwärts" legte, war die einzige Reaktion der ausgekuppelten Maschine ein bedächtiges Zischen, entsprechend fuhr der Dampfer ungebremst weiter durchs Dock. An dessen anderem Ende befand sich allerdings keineswegs eine Ausfahrt, sondern eine Rampe, die auf eine Quermole hinauf-führte. Würde es nicht gelingen, das Schiff auf den nächsten Metern zum Stehen zu bekommen, läge es im Handumdrehen und erheblich anders als geplant auf dem Trockenen. Da gab es nur eins: volle Kraft zurück. Weitere quälende Sekunden lang kam aus dem Schiffsbauch jedoch nichts als das Zischgeräusch. Im letzten Moment gelang es Bertholdt ir-gendwie, die Maschine einzukuppeln, sodass die rasante Fahrt der *Stadt Kiel* ohne finalen Crash beendet werden konnte. Oben auf dem Dock standen aufgeregte Howaldt-Arbeiter und schimpften wie die Rohr-spatzen: „Kommt der hier wie ein Idiot rein!" Was geschehen wäre, wenn der Bug die stromführenden Versorgungskabel gekappt hätte, die in großen Schlaufen vor dem Dockende hingen, lässt sich schwer ermes-sen. Womöglich wäre das Schiff komplett elektrisiert worden. Als die Leinen festgemacht waren, stieg der zu Unrecht gescholtene Kapitän mit den Arbeitern in den Maschinenraum hinunter. Es zeigte sich, dass Bertholdt tatsächlich herzlich wenig Ahnung von der Bedienung des Motors hatte. Auf die nahe liegende Frage: „Sagen Sie mal, sind Sie ei-gentlich versichert?", kam ein entwaffnendes „Nein, das bin ich nicht". Gott sei Dank brach dem Kapitän erst jetzt der Angstschweiß aus.

Im Anschluss an diese missglückte Vorstellung wurden trotzdem die durchgerostete Bodenplatte ausgetauscht und andere Wartungen durch-geführt. Am 21. April nahmen die Experten des Germanischen Lloyd das Schiff nach seinem „shave and haircut" unter die Lupe und befanden es im Ganzen für gut. Keine Einwände gab es am Zustand von Boden und Schraube, lediglich Korrosionsschäden im Vorschiffsbereich und an einer Seitenwand der Aufbauten waren zu monieren. Diese Mängel wa-ren aber so geringfügig, dass es keine grundsätzlichen Bedenken gab, die Klasse des Schiffes zu erneuern.

Leider besaß die *Stadt Kiel* mittlerweile kein Rettungsboot mehr. Dies hatte Ingo Jaichs geschultes Auge als eines der Filetstücke erkannt. Bevor das Schiff Arnis verließ, hatte er die Aluminiumschaluppe unter seine Fit-tiche genommen. Immerhin besaß diese noch die Abnahme durch die Seeberufsgenossenschaft. Eine weitere, gravierende Veränderung im Er-scheinungsbild folgte im Schwimmdock. In einem schwer nachvollzieh-baren Anfall von Nostalgie hatte das Eignerpaar beschlossen, das arme Schiff zukünftig in den kaiserlichen Farben schwarz-weiß-rot die Meere befahren zu lassen. Nach dem Pinselmassaker prangte eine breite, rote Farbleiste auf dem einst klassisch schwarz-weißen Rumpf. Vielleicht wurde die Wahl der neuen Farbe ja schon durch das geplante künftige Fahrtgebiet inspiriert: Bertholdt und Bachmeier hatten nichts Geringeres vor, als eines Tages im Roten Meer Pilgerfahrten zu unternehmen. Fritz

Marth war bereits angesprochen worden, ob er bereit wäre, die Überführungsfahrt mitzumachen, gab den beiden aber einen Korb. Als erstes hätten die Fenster mit Stahlplatten verschalkt werden müssen – die Erfahrungen aus der Dänemark-Fahrt hatten diesen Schwachpunkt ja zur Genüge aufgezeigt. Außerdem hätte ein genauer Schlachtplan erstellt werden müssen, wie die ruhigen Sommermonate genutzt werden könnten, um sich in kleinen Etappen ans Zielgebiet heranzupirschen. Letztlich überwogen ohnehin Marths Bedenken – hatte er doch bereits bei einer normalen Fahrplantour nach Schilksee bei Nordoststurm erleben müssen, wie die *Stadt Kiel* ihre Nase tief in die Wellen steckte und sich vorne vollschöpfte, ohne dass das Wasser hinterher abfloss. Auf dem Weg zum Roten Meer wäre mit erheblich ungemütlicherem Seegang als auf der geschützten Förde zu rechnen gewesen.

Die nächste Fahrt ging ohnehin nur wenige Meter weit von Howaldt zum gegenüberliegenden Seegarten, wo der pensionierte und kurz darauf verstorbene Maschinist Hermann Metzinger dem neuen Besitzer die Geheimnisse des Schiffsbaues weitervererbte. Damit war das Kieler Intermezzo beendet, am Folgetag lief die *Stadt Kiel* mit der bewährten Crew gen Osten aus. Ohne Probleme ging es durch den Fehmarnsund und diesmal wirklich, wie eigentlich bereits bei der Außerdienststellung angekündigt, einem neuen Lebensabschnitt auf der Trave entgegen. Während der prägnante „Kleiderbügel" der Sundbrücke unterquert wurde, gab Christian Bertholdt eine weitere Anekdote aus seinem Leben preis: 1970 hatte er auf der gerade querab gelegenen Insel Fehmarn eine Neuauflage des berühmten Woodstock-Festivals mit organisiert. Es war in die Musikgeschichte eingegangen als letzter öffentlicher Auftritt des legendären Gitarristen Jimi Hendrix, der wenig später durch Drogenmissbrauch starb. Für die Veranstalter endete das Festival mit einem Fiasko. Es gab wenig „Love and Peace", dafür heftige Randale, und als Ordner engagierte Mitglieder der Rocker-Gang Hells Angels brannten zu guter Letzt mit den Einnahmen durch. Insofern rief die Schiffspassage wohl etwas gemischte Gefühle beim frisch gebackenen Reeder hervor. Vielleicht war er ganz froh, als die Meerenge achteraus zurückblieb und sich die *Stadt Kiel* dem neuen Heimathafen Lübeck näherte, wo es an die Umsetzung der jüngsten Träume gehen sollte. Erstaunte Blicke folgten dem Schiff von der Lotsenstation in der Travemündung, als es in seiner auffälligen Mischung aus altertümlicher Silhouette und poppigem Farbkleid vorbeizog. Im kleinen Fischerhafen Schlutup, eingerahmt von den Schloten der Stahlhütte Herrenwyk und den hohen Wachtürmen der nahen DDR-Grenze – beide Anblicke heute Vergangenheit – wurde es an einer kleinen Brücke vertäut.

Statt Pilgerfahrten zwei Morde

Das war es vorerst mit dem Fahren. Vor der großen Reise durch den Suez-Kanal nach Dschibuti galt es natürlich vieles zu organisieren. Christian Bertholdt flog nach Karatschi, um Verträge für Pilgerfahrten abzuschließen. Zwar hatte er in den Pakistani ortskundige Berater an seiner Seite, doch außer tiefem Urlaubsbraun brachte der verträumte Schöngeist am Ende nichts nach Hause. Ebenso wenig kamen nach dem Flop neue Pläne für Tauchfahrten im Roten Meer voran. Stattdessen fraßen immer neue Reparaturen und Umbauten am Schiff so viel Geld auf, dass die halbe Million aus dem Kneipenverkauf rapide zusammenschmolz. Um die Bordkasse aufzubessern, schien nach wie vor die traditionelle Einkaufsfahrt die sicherste Bank zu sein. So verwandelte sich das Schiff allmählich in einen profanen Butterdampfer. Das hieß, dass in den achteren Salon ein kompletter Selbstbedienungsladen eingebaut wurde. Sogar Einkaufskörbe waren schon angeschafft. Im Rahmen dieser Umgestaltung kam leider der erbarmungslose Farbpinsel der nicht sehr geschmackssicheren Eigner ein zweites Mal zum Einsatz. Hinterher präsentierte sich die *Stadt Kiel* mit weißem Brückenhaus und blauweiß gepöntem Schornstein. Mithin hatten sich in die kaiserliche Farbpalette zusätzlich in wilder Abfolge bayrische Akzente gemischt. Die Erteilung der notwendigen behördlichen Genehmigungen zur Aufnahme der Fahrgastschifffahrt kam währenddessen jedoch nicht so recht voran.

Geschlagene einhalb Jahre vergingen, ehe das bunte Schiff überhaupt wieder in See ging. Oder, genauer gesagt, gehen sollte. Als Skipper war diesmal der Kapitän eines Bunkerbootes angeheuert worden, als Steuermann mit dabei Werner von Unruh. Die Maschine war zuvor überprüft worden und lief auch. Dennoch wurde es ein kurzer Törn. Er ging nämlich genau bis in die nächste Bucht. Dort sank plötzlich der Öldruck, die *Stadt Kiel* musste stoppen und begann manövrierunfähig zu treiben. Marianne Bachmeier verlor angesichts der zum Greifen nahen DDR-Grenzkulisse die Fassung und schrie: „Ich will nicht in die DDR! Eher springe ich über Bord." Andere an Bord bewiesen mehr Nervenstärke. Mit einem Hammer wurde der festgerostete Anker so lange bearbeitet, bis er nach mehreren vergeblichen Anläufen endlich ausrauschte und das Schiff erfolgreich auf Position hielt. Nachdem ein Grenzzwischenfall also erfolgreich abgewendet war, ging es hinunter in die Maschine. Doch auch nach drei Stunden fieberhaften Bastelns war die Fehlerquelle nicht gefunden. So blieb nur eine Möglichkeit: Im mühsamen, schweißtreibenden Handbetrieb wurde so viel Öldruck aufgebaut, dass die *Stadt Kiel* die drei Seemeilen, die sie gerade zwischen sich und Schlutup gebracht hatte, zurückhumpeln konnte. Erst am Steg fand sich des Rätsels Lösung. Der Maschinist hätte wahrscheinlich weniger dem Trunk frönen und stattdessen einige Bodenventile aufdrehen sollen, dann hätte die Maschine statt seiner den nötigen Sprit gehabt.

Bis zum Mai 1979 folgten nur noch wenige Fahrten, zwei mit von Unruh als Skipper. Bei deren letzter kam die Wasserschutzpolizei längsseits und verlangte die Patente zu sehen. Da er aber zu diesem Zeitpunkt zwar das Steuermanns-, aber noch kein Kapitänspatent erworben hatte, händigte er den verblüfften Beamten seinen Sportbootführerschein aus. Der berechtigte natürlich prinzipiell zum Fahren von Motorfahrzeugen. Die Beamten knurrten ein wenig, mussten sie doch den Begriff Sportboot in diesem Fall recht großzügig auslegen. Letztlich aber gaben sie sich zufrieden, das Riesensportboot konnte weiter seiner Wege ziehen. Ab und zu heuerte Bertholdt auch einen pensionierten Kapitän an und ließ sich die Trave hinabschippern. Im offenen Wasser vor Travemünde übernahm er selbst das Ruder und fühlte sich dann wie der große Gatsby. Es gibt einen kurzen Super-8-Film, der während eines solchen Trips gedreht wurde. Die kleine Anna steht mit dem Bordhund Aaron an der Reling, Bertholdt steuert, Marianne Bachmeier betätigt das Typhon. Anna hält sich die Ohren zu und schneidet Grimassen. Die drei Menschen wirken etwas verloren in dem Szenario, allein auf dem großen Schiff vor der Kulisse eines zerklüfteten Emil-Nolde-Himmels und bewegten Wassers.

Nachdem die Aufnahme der Butterfahrerei nicht vorankam und ohne die daraus erhofften Einnahmen der Traum vom Roten Meer in weite Ferne rückte, wurde die Zukunft der *Stadt Kiel* als Wohnschiff doch Realität – Jahre nachdem KVAG-Chef Scharfenberg sie etwas voreilig angekündigt hatte. Die Kapitänskajüte, rundum verglast und mit edlen Hölzern ausgestattet, wurde das Wohnzimmer von Bertholdt und Bachmeier. Das ungleiche Paar arbeitete sich in diesem durchaus luxuriösen Ambiente fortwährend aneinander ab. Sie trug die Bürde von sexuellem Missbrauch und Vergewaltigung, eines zeitweiligen Lebens als Animierdame und Mutter zweier weiterer zur Adoption weggegebener Töchter mit sich herum. Der wenig zielgerichtete, grüblerische Bertholdt suchte sein Heil in der Philosophie und Spiritualität und versuchte, seine Lebensgefährtin entsprechend zu formen. Fast täglich kam es darüber zu heftigen Streitereien an Bord, denen ebenso intensive Versöhnungen auf dem Fuße folgten. Für die aufgeweckte Anna Bachmeier schließlich stellte das Schiff einen idealen Spielplatz dar – allerdings an Deck nur mit angelegter Schwimmweste. Ihre Mutter legte auf dem Oberdeck einen Garten mit Sonnenblumen und selbst gezüchteten Kakteen an.

Als nächstem war es am Lübecker Hafenkapitän, Schicksal zu spielen. Das konnte er jedoch nicht ahnen, er lehnte lediglich einen Antrag vom 7. Juli 1979 ab, das Schiff als schwimmendes Restaurant im Holstenhafen der Hansestadt zu vermooren. Dies war die jüngste Idee von Christian Bertholdt gewesen. Ihre Umsetzung hätte zur Folge gehabt, dass die Maschine ausgebaut und stattdessen dort eine Kombüse eingerichtet worden wäre. Und ohne Maschine hätte vieles, was später die Rettung der alten Dame ermöglichte, nicht stattfinden können. Jeder andere Gang der Dinge würde aber auch in andere Gefüge eingegriffen haben. Das Schicksal nahm so oder so seinen Lauf, die scheinbare Idylle auf dem Wohnschiff ging unwiderruflich zu Ende. Die Unglücksserie begann mit einem Anruf an Bord, den Marianne Bachmeier entgegennahm: Bertholdts Mutter hatte sich auf Ibiza am 22. Juli 1979 das Leben genommen. Der dunkle Schatten, der an diesem Tag auf die Familie fiel, sollte fortan nicht mehr weichen. Kurz darauf erlag Hund Aaron einem Blutkrebsleiden – er wurde am Flussufer begraben, in Sichtweite der *Stadt Kiel*. Da diese kein Restaurantschiff werden durfte, machte Christian Bertholdt in der Lübecker Altstadt eine neue Kneipe auf, das „Tipasa". Ob es der schillernde Ruf des Gastronomen war oder schlicht ein glückliches Händchen, jedenfalls schlug der nach einem Werk von Camus benannte Laden im gutbürgerlichen Altstadtviertel ein wie eine Bombe. Struppige Gestalten und Latzhosen stürmten das neue Etablissement in der Schuhmacherstraße, eine Rockband spielte zur Eröffnung am 30. April 1980. Blickfang des Ladens war ein Pizzaofen, für dessen Bau ein alter Ofenbauer eigens aus seinem Altersheim in Schleswig nach Lübeck geholt wurde. Das Prachtstück, das er auf Wunsch der Auftraggeber altertümlichen Vorbildern aus einem Freilichtmuseum nachempfand, wurde sein letztes Werk. Am 3. Mai starb er plötzlich.

Für die nun siebenjährige Anna Bachmeier war nach der zurückgezogenen Zeit auf dem Schiff und dem Bauernhof das Leben in der Stadt mit ihren Hinterhöfen und Gängen, in denen sie viel mit neu gewonnenen Freundinnen spielte, ein großes Abenteuer. Auch am 5. Mai 1980 war sie vormittags draußen. Währenddessen hatte ihre Mutter einen Termin bei den „Lübecker Nachrichten" wegen einer Reportage über ihren orientalisch mit Paradiesvögeln und Sichelmonden bemalten Unimog. Auf ein Butterbrot besuchte Anna derweil Lene Kögel, eine über 70-Jährige, die im Hause des „Tipasa" wohnte und dort einen kleinen Krämerladen betrieb. Frau Kögel war die Letzte, die das Mädchen lebend auf der Straße sah. Was genau danach geschah, klärte sich nie wirklich auf. Jedenfalls befand sich Anna wenig später in der nahe gelegenen Wohnung des 35-jährigen Klaus Grabowski. Dieser war schon frühzeitig in seinem Leben durch Unzucht mit Kindern und andere Delikte aufgefallen und einer Kastration unterzogen worden, stand im Moment aber nicht ausreichend unter ärztlicher Aufsicht. Benebelt von Alkohol, angeregt durch künstlich verabreichte männliche Hormone schlitterte er in die Katastrophe. Sein pädophiler Trieb brach durch, Anna musste es mit dem Tod büßen. Er strangulierte sie und verscharrte die Leiche am Stadtrand. Da er sich seiner Verlobten offenbarte, konnte die Polizei den Mörder am nächsten Tag festnehmen. Er führte sie umgehend zur Stelle, an der Anna vergraben war. Nach einem quälenden Tag der Ungewissheit, der Suche, einem Wechselbad zwischen Verzweiflung und Hoffnung, erhielt Marianne Bachmeier die Nachricht, dass ihre Tochter nie mehr nach Hause kommen würde. In der für die Mutter typischen Art verarbeitete sie die Hiobsbotschaft in einem Wechselbad zwischen intensivem Trauern, exzessivem Ausflippen im „Tipasa" und einer nach Annas Geschmack ausgerichteten, schönen Beerdigung mit sorgsam ausgesuchter Popmusik.

Pizza, ein Klavier und ein neuer Besitzer

Im ausgehenden Winter 1981 begann der Prozess gegen Klaus Grabowski. Marianne Bachmeier hatte jedoch andere Pläne, wie er sühnen sollte, als die im Strafgesetzbuch vorgesehenen. Am dritten Prozesstag, es war der 6. März 1981, zog sie im Lübecker Schwurgerichtssaal eine Beretta-Pistole und verfeuerte das Magazin auf den Mörder. Acht Kugeln verließen den Lauf, von sechs Geschossen in den Rücken getroffen, brach Grabowski tödlich verletzt in der Anklagebank zusammen. Die Schützin wurde umgehend festgenommen und kam in Untersuchungshaft. Hier unternahm sie mehrere erfolglose Selbstmordversuche im Bestreben, ihrer Tochter damit näher zu kommen. Die Öffentlichkeit zeigte sich tief gespalten – die schöne Rächerin am Kindsmörder, das war Stoff für viele Schlagzeilen. Marianne Bachmeier polarisierte mit ihrer Selbstjustiz den Disput zwischen der „Kopf ab"-Mentalität, die viele gerade bei solchen Straftaten ergreift, und dem berechtigten Einwand, dass für Strafverfolgung nur der Staat die geeignete Instanz sei. Letztlich fand die 31-jährige milde Richter. Ihr blieb ohnehin nicht mehr allzu viel Zeit. Nach dem unglücklichen, unsteten Dasein, das sie bis dahin auf der Suche nach dem Lebenssinn geführt hatte, zog sie sich im Anschluss an die Haftentlassung in die ländliche Idylle Palermos zurück. Dort erkrankte sie Mitte der 90er Jahre unheilbar an Krebs. Selbst ihr Verfall wurde eine

Inszenierung – eine Kamera begleitete auf ihren Wunsch diesen finalen Lebensabschnitt bis zum letzten Atemzug in einem deutschen Krankenhaus.

Ihr Lebensgefährte Bertholdt hatte nach den tragischen Ereignissen natürlich andere Sorgen, als sich um einen alten Dampfer oder hochfliegende Pläne zu kümmern. So rostete die *Stadt Kiel* im Schatten all' dessen weiter in Schlutup vor sich hin. Im November 1981 entsann sich der Mann seines ehemaligen Skippers von Unruh und offerierte ihm das Schiff für gerade einmal 5000 DM. Dies war zweifellos ein verlockender Preis, aber vor irgendwelchen überhasteten Entscheidungen sollte als Grundvoraussetzung weiteren Handelns zunächst die Funktionstüchtigkeit der Maschine nachgewiesen werden.

Als von Unruh aus Kiel eintraf, war entgegen seiner Befürchtung der als unzuverlässig geltende Bertholdt sogar schon an Bord. Auch ein Kompressor zum Anlassen der Maschine hatte sich gefunden. Der bisherige Eigner war bereits dabei, den Motor klarzumachen. Mit von der Partie war außerdem der Schiffsmaschinenhändler Michael Rentsch, der im weiteren Geschehen eine wichtige Rolle spielen würde. Er hatte sich erst Anfang des Jahres damit selbständig gemacht, gebrauchte Schiffsmotoren instandzusetzen und weiterzuverkaufen. Naturgemäß galt sein Interesse daher vorrangig einer möglichen Verwertbarkeit des alten Mau-423ers.

Der äußere Eindruck, den die *Stadt Kiel* nach langer Zeit der Vernachlässigung machte, war ein trauriger. Die Verschalungen im Innern waren teilweise abgerissen, der Heizungsauspuff defekt, alles wirkte auf die Anwesenden ziemlich verfallen. Der Schein trog indes – der Kompressor wurde angeworfen, ohne Murren sprang darauf der Hilfsdiesel an. Bertholdt trat an die Schalttafel im Maschinenraum, und es ward Licht. Die gesamte Bordelektrik war noch intakt, sogar die Birnen der Positionslaternen flammten auf. Kein Winkel im Schiff, der nicht hell erstrahlte, und das war keineswegs das letzte Wunder an diesem Tag. Nach einigen Fehlversuchen erwachte auch die Hauptmaschine zu neuem Leben. Dies alles war für die Anwesenden ebenso erstaunlich wie imponierend. Die 10 000 DM, die Rentsch für das Schiff hinblättern sollte, versprachen eine gute Investition zu werden. Von Unruh nutzte die Gunst der Stunde und sprach ihn auf eine mögliche Erhaltung des kompletten Schiffes an. Der Händler zeigte sich spontan aufgeschlossen. Die Standprobe wurde zu aller Zufriedenheit beendet, gemeinsam ging es hinterher in die Pizzeria „Tipasa". In diesem Laden verwunderte es nicht allzu sehr, dass die Verkaufsverhandlungen aufgelockert wurden durch die Bitte, zwischendurch ein Klavier durch den Schankraum zu wuchten. In dieser legeren Atmosphäre wurde der Eigentümerwechsel der *Stadt Kiel* erfolgreich besiegelt. Die Ära Bertholdt/Bachmeier war zu Ende – ab dem 1. Dezember 1981 war es an Michael Rentsch, die weiteren Geschicke des Oldtimers zu lenken.

Die gute Stimmung dieses Abends sollte leider nicht lange Bestand haben. In den nächsten Tagen nahm Rentsch seine Neuerwerbung genauer unter die Lupe und musste dabei feststellen, dass die Substanz schlechter war als erhofft. Eineinhalb Wochen nach dem Treffen im „Tipasa" teilte er von Unruh mit, dass er sich den Erhalt des Schiffes einfacher vorgestellt habe – vom Kaufmännischen betrachtet sei es ein Fall für den Hochofen. Ungeachtet dieser vernichtenden Analyse, als ließe es sich auf diese Weise trotzig dem Schicksal entgegenstemmen, begann von Unruh mit Rentschs Einverständnis in der folgenden Zeit, einige Sachen an Bord instandzusetzen. Unter anderem machte er das Typhon wieder funktionstüchtig. Damit war zumindest gewährleistet, dass das Schiff kein zweites Mal „wie ein kreischendes Tier" einen Hafen verlassen musste …

Der kurze Traum vom Tauchschiff – stattdessen Hostessen

Ende 1981 entstand eine neue Situation. Michael Rentsch gedachte die *Stadt Kiel* weiterzuverkaufen. Mit Theo C. aus Essen trat ein Interessent auf, der sie als Taucherschiff ins Mittelmeer schicken wollte. Am 28. Januar 1982 wurde der Vertrag von beiden Seiten unterzeichnet. Als Preis wurden 42 000 DM vereinbart. Vorsichtshalber bedingte sich Rentsch aus, keine Gewähr für Seetüchtigkeit, Manövrierfähigkeit und allgemeinen Zustand zu übernehmen. Dies nahm C. ohne Murren hin. Einzige Voraussetzung für die Wirksamkeit des Vertrages sollte eine erfolgreiche Standprobe der Maschine sein. Unabhängig davon machte der Käufer eine Anzahlung von 10 000 DM. Das war die letzte einvernehmliche Handlung zwischen den Vertragspartnern. Zwar fand verabredungsgemäß die geforderte Standprobe im Januar statt, C. erschien aber weder zu diesem Termin noch zu irgendeinem anderen. Stattdessen schickte er Anwälte auf den Plan, die dann behaupteten, dass der Kaufpreis überhöht und die Maschine niemals vorgeführt worden sei. In den folgenden Monaten waren das Einzige, was sich im Zusammenhang mit der *Stadt Kiel* bewegte, die zahlreichen Briefe der Anwälte, die inzwischen beide Seiten eingeschaltet hatten.

Damit nicht genug, ein weiterer zweifelhafter Interessent betrat die Szene: Reinholdt B., ein 51-jähriger arbeitsloser Kapitän aus Heiligenhafen. Der hatte von dem Streit gehört und versuchte, ihn für sich zu nutzen. Er setzte einige wilde Behauptungen in die Welt, zum Beispiel sei telefonisch zwischen ihm und Rentsch ein Kaufvertrag über 15 000 DM ausgemacht worden. Er habe das Schiff von Schrotthändlern taxieren lassen, die ihm einen Restwert von 800 bis 2500 DM bescheinigt hätten. Außerdem säße die Maschine bombenfest, es habe nie eine Standprobe gegeben. Dies gab er im Verlauf der Rechtsstreitigkeiten sogar dem Amtsgericht in Oldenburg zu Protokoll. Grundsätzlich war Michael Rentsch trotz dieser abenteuerlichen Einlassungen ohne weiteres bereit, sein Sorgenkind abzugeben. Dann wäre der Weg für die Pläne von B. frei gewesen. Der eine war, den oberen Salon komplett abzureißen und an seiner Stelle ein offenes Deck einzurichten. Darauf wollte er ein Ruderhaus postieren. Der zweite Plan war pikanter: Wenn das solchermaßen in seinem Erscheinungsbild ruinierte Schiff als Angelkutter mehrtägige Törns auf der Ostsee startete, sollten aufmerksame Hostessen den Petrijüngern noch ganz anderen Appetit als den auf Fische machen.

Allen Querelen zum Trotz traf sich Werner von Unruh, der weiter an der *Stadt Kiel* hing, mit B. in Schlutup, um über deren Zukunftsperspektiven zu diskutieren. Sie war zwischenzeitlich immer mehr verkommen – während der vergangenen Monate der Vernachlässigung hatten die Innenräume allen ungebeten Gästen offengestanden. Die Folge war, dass Souvenirjäger das obere Ruderrad und den unteren Maschinentelegraphen entwendet hatten. Die „broken-windows"-Theorie – wenn erstmal eine Scheibe kaputt ist, bleibt es nicht dabei – bewahrheitete sich auf dem Schiff. Die meisten Bereiche boten einen desolaten Anblick. Dem rapide um sich greifenden Verfall Einhalt zu gebieten, erforderte rasches Handeln. Eine Chance schien das 100-jährige Jubiläum der „Kieler Woche" im Juni 1982 zu bieten. Während dieser traditionsreichen Festtage verwandelt sich die Stadt alljährlich in eine pulsierende Metropole mit weltoffenem Flair. Zu Land erfreuen Straßenfeste, unzählige Konzerte, Kongresse, Spielmeilen und Gaukler das Volk, während auf dem Wasser hochkarätige Segelwettkämpfe in einem der schönsten Reviere der Welt für Spannung sorgen. Das heißt, dass unzählige Touristen die Stadt bevölkern, von denen etliche über die Förde und zu den Regattafeldern gefahren werden wollen. In diesem Rahmen sollte der Idee nach die *Stadt Kiel* ihre Wiederauferstehung erleben, als schwimmende Galerie mit einer Ausstellung „100 Jahre Kieler Woche – 50 Jahre Fördeschifffahrt". Weitere Ideen gingen dahin, auf dem Schiff einen Ausschank zu betreiben oder es als Musikdampfer im wahrsten

Sinne des Wortes mit einer Kapelle an Bord zu den Regattafeldern zu schicken. Eine grobe Kalkulation entstand, wie sich eine Vercharterung rechnen könnte. Dass die ganze Planung angesichts des Schiffszustandes etwas abenteuerlich war, zeigt der Entwurf eines Chartervertrages, in dem der Schiffseigner zusicherte, für den Fahrbetrieb einen Maschinentelegraphen und ein Ruderrad bereitzustellen und den Motor in einen betriebsbereiten Zustand zu versetzen.

Trotz dieser Misslichkeiten kam kurz darauf tatsächlich Bewegung in das Schiff, wenn es auch lediglich wenige Meter zur nahen Stark-Werft ging. Hier begann B. ein wenig an ihm herumzubasteln. Michael Rentsch war an dem Vermarktungskonzept ebenso interessiert, gemeinsam wurde die Kieler-Woche-Planung vorangetrieben. Die Runde konnte allerdings nicht unbedingt als harmonisch bezeichnet werden. Es schien klar, dass „Commandante B.", wie ihn die beiden anderen nannten, ein etwas unsicherer Patron war. Rentsch wie von Unruh hatten nicht das Gefühl, in ihm den idealen Partner für das Projekt gefunden zu haben. Ihr Misstrauen mündete in den Beschluss, das Projekt am liebsten ohne ihn durchzuführen. Letztlich kam man aber nicht so recht vom Fleck. Von Unruh zog als erster die Konsequenzen und warf das Handtuch. B. blieb vorerst aktiv, er verholte die *Stadt Kiel* als nächstes ein Stück traveabwärts zur Baltika-Werft in Travemünde. Hier wurden weitere Untersuchungen vorgenommen. Das Achterdeck musste zur Kontrolle der Decksbeplankung aufgeschlagen werden. Das Ergebnis war deprimierend – es rottete an allen Ecken und Enden. Der Aktivitätsdrang von B. war damit erschöpft. Jedenfalls beinahe – das Letzte, was Werftarbeiter von ihm mitbekamen, war, dass er zweimal mit einem Lkw vorfuhr, vermeintlich noch Brauchbares aus dem Schiffsrumpf ausschlachtete und auf die Ladefläche des Wagens verfrachtete. Danach wurden er wie auch C. nie wieder am Schiff gesichtet. Die Anwälte und Gerichte stritten sich weiterhin, wer nun was dafür zu zahlen hätte und wem es letztlich gehöre. Das Ende vom Lied war, dass Rentsch den Prozess gewann und einen Anspruch auf Zahlung der Restkaufsumme in Höhe von 32 000 DM hatte, diesen jedoch gegen den ins Ausland entschwundenen Klagegegner nicht durchsetzen konnte. Und er blieb unverändert Eigentümer der *Stadt Kiel*. Die war für ihn aber eigentlich nur noch ein Klotz am Bein, mit dem er nichts anzufangen wusste.

Kiel - Hafen

I

Der Neubau im Linienverkehr: MS „Stadt Kiel" vor der Kulisse der Innenstadt mit der Hauptpost links und dem markanten Rathausturm rechts im Bild. Davor die Trajektfähre „Primus", die seit 1907 mit den zwei Schwesterschiffen „Secundus" und „Tertius" das Kieler Westufer mit Gaarden verband. Kriegsschäden und Werftendemontage machten die Fähren 1945 überflüssig. Die „Primus" wurde noch jahrzehntelang als Kanalfähre Brunsbüttel eingesetzt und in den 70er Jahren als Arbeitsprahm „aufgebraucht". Die „Secundus" verkehrte bis 1963 im Fehmarnsund und ging dann nach Messina, und die „Tertius", 1944 versenkt, erhielt nach der Hebung bis zur Verschrottung 1952 ihr Gnadenbrot als Badeinsel vor Bellevue. Die nach Art amerikanischer Ferryboats konstruierten Schiffe unterschieden sich optisch durch die dem Namen entsprechende Anzahl aufgemalter Schornsteinringe. Foto: Landesbibliothek

Linke Seite:
29. 6. 1934: Probe- und Übergabefahrt der „Stadt Kiel". Der Wechsel von der Werftflagge zur Reedereiflagge hat noch nicht stattgefunden, da die Krupp-Flagge noch im Masttopp weht. Die Hakenkreuzflagge als Gösch am vorderen Flaggenstock musste seit Frühjahr 1933 auf allen Kauffahrteischiffen „an gut sichtbarer Stelle" geführt werden. Auf dem Vorschiff sind deutlich die SA-Männer zu erkennen, die als Gäste an der Probefahrt teilnahmen. Foto: Archiv Maether

Der Kieler Hafen zur Zeit der Indienststellung der „Stadt Kiel": Dampfer „Vossbrook" an der Seegartenbrücke. Dieses 1925 für die Neue Dampfer Compagnie erbaute Schiff gehörte zu jenen, die am 29. März 1946 kurzfristig an die Sowjetunion ausgeliefert werden mussten. Die Brücke beherbergt heute die kleine Flotte des Schifffahrtsmuseums. Im Bildhintergrund auf dem Ostufer Kaiserliche und Deutsche Werft, wo sich heute die Kaianlagen des Marinearsenals erstrecken. Foto: Archiv Maether

II

Der Neubau auf Sonderfahrt: MS „Stadt Kiel" und das Schwesterschiff MS „Heikendorf"
über die Toppen geflaggt während einer Regattabegleitfahrt in den dreißiger Jahren auf
der Kieler Förde.   Foto: Archiv Maether

Rechte Seite:
18. Mai 1943: Die versenkte „Stadt Kiel" wird vom Schwimmkran „Langer Heinrich" am
Bahnhofskai gehoben. Das Haus im Hintergrund steht auf dem Gelände des heutigen
ZOB.   Foto: Archiv von Unruh

III

IV

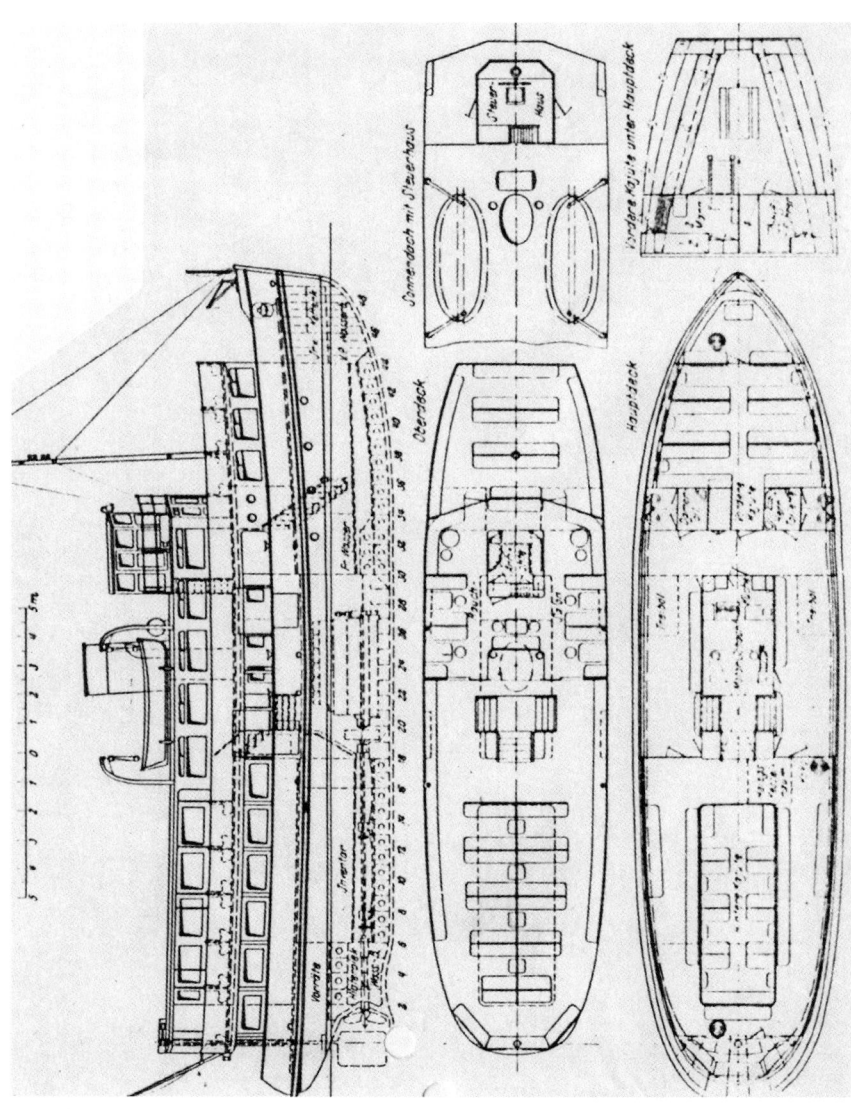

Der Linienriss der „Stadt Kiel" im Original

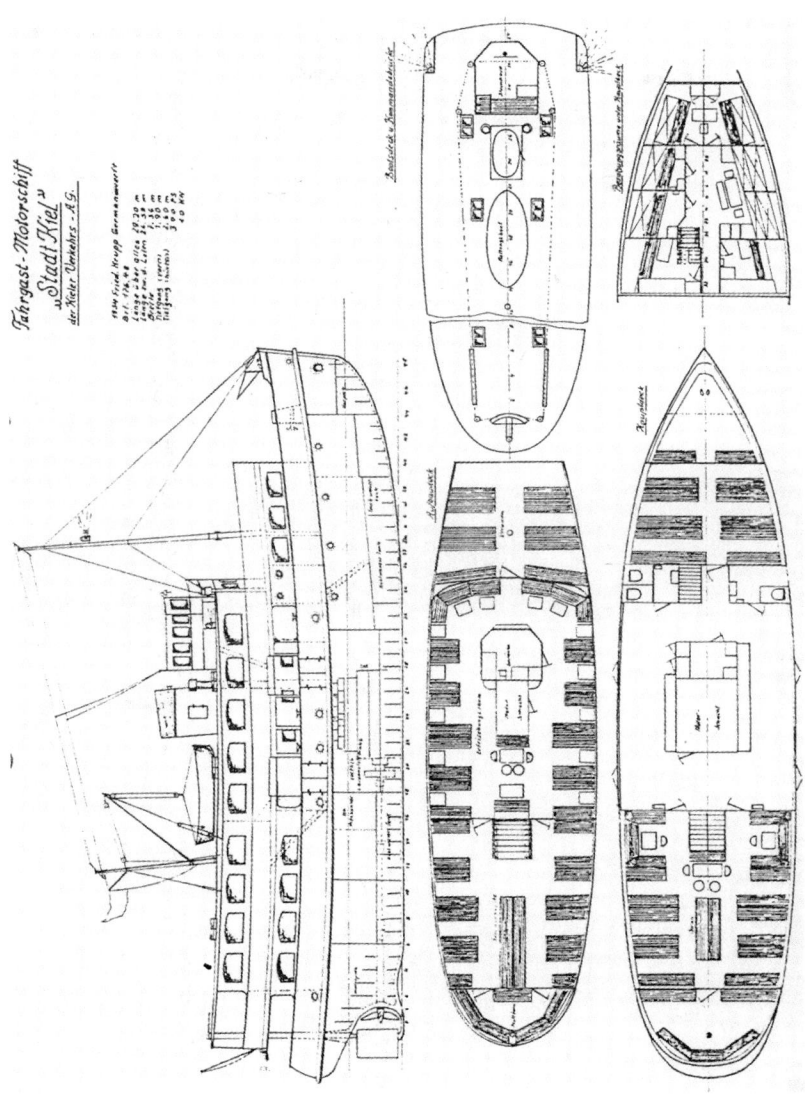

Der Linienriss des reparierten MS „Stadt Kiel". Im Unterschied zum Originalzustand erstreckten sich die hinteren Salons nun über die gesamte Breite des Schiffes, ein zweiter Mast mit Rettungsboot wurde hinzugefügt sowie der Schornstein stromlinienförmig gestaltet. Des Weiteren wurde der Rumpf um zwei Meter im Vorschiff verlängert.

Nur noch Schrottwert?
Das zerfetzte Wrack der „Stadt Kiel" wird auf der Bahnhofspier abgesetzt.

Foto: Archiv von Unruh

Rechte Seite:
Nach Bombentreffer und Reparatur 1946 wieder im Fahrt. Im Gegensatz zur typischen Farbgebung der Hafenrundfahrt AG als so genannte „weiße Dampfer" führt MS „Stadt Kiel" zunächst eine schwarz gemalte Verschanzung wie vormals die konkurrierenden NDC-Dampfer.

Foto: Schenck

1951 im Kieler Binnenhafen. Die Farbgebung wurde dem Vorkriegszustand wieder angepasst, die Nummer der Militärregierung am Vorsteven weist auf die Einschränkungen der Schifffahrt nach dem Potsdamer Abkommen bis 1951 hin. Der Flaggenwechsel zur Nationalflagge ist noch nicht vollzogen. Im Hintergrund am Bahnhofskai die norwegische „Skaubryn", die Mitte 1950 als Frachter in Landskrona erbaut wurde. Noch vor der Fertigstellung wurde sie zur Howaldtswerft verholt, um dort bis Februar 1951 zu einem eleganten Auswandererschiff umgerüstet zu werden.

Foto: Urbahns

Nicht mehr im Liniendienst im Kieler Hafen, sondern am 20.4.1964 für einen Charter-
verkehr nach Dänemark einlaufend im benachbarten Eckernförde. Links die Kirche von
Borby.   Foto: Archiv Kieler Nachrichten

Rechte Seite:
Der KVAG-Betriebshof am Hörnende während der Olympiade 1972. Vor den Neubauten „Andreas Gayk" und „Friedrichsort" mit den Schornsteinfarben der olympischen
Gesellschaft, die diese Schiffe als Regattabegleitschiffe in Fahrt genommen hatte. Als Oldtimer blieb für die „Stadt Kiel" nur der Linienverkehr, erkennbar an den traditionellen
Schornsteinfarben. Im Hintergrund die Ende der 90er Jahre abgerissenen Raiffeisen-Spei-
cher auf dem Areal der heutigen Kai-City.   Foto: von Unruh

Im letzten Betriebsjahr 1976: An der Reventloubrücke werden Kinder vom Ferienlager
Falckenstein der Freien Wohlfahrt abends zurückgebracht. Im Hintergrund das Stammwerk der Howaldtswerft, damals noch wohlbestückt mit Großtankerneubauten wie dem
ganz rechts erkennbaren.   Foto: von Unruh

Erich Edel, der letzte Maschinist, beim Abschmieren der Hauptmaschine. Links sind die Stößelstangen und Brennstoffpumpen des Antriebsmotors, rechts die Pumpen der Hilfsaggregate zu sehen. Foto: von Unruh

Rechte Seite:
Fritz Marth, der 2000 verstorbene letzte Kapitän des Fahrgastschiffes, in dessen Zeit unter KVAG-Flagge im Brückenhaus. Foto: von Unruh

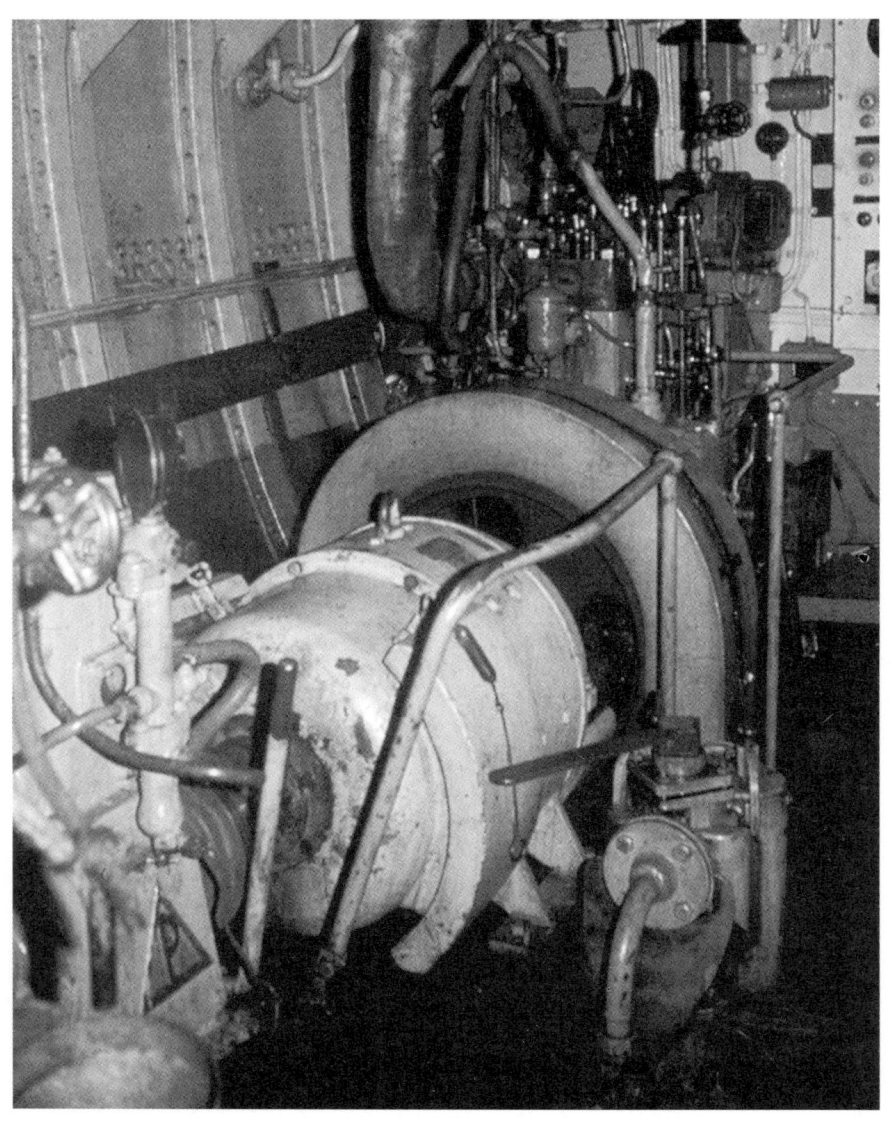

Die Hilfsmaschine mit angehängten Aggregaten: Der originale Zweizylindermotor der Kieler Firma Bohn & Kähler mit Generator und Kompressor. Als neuere Maschinen die Funktionen übernahmen, wurden Generator und Kompressor ausgebaut, sodass diese technikhistorische Einheit verloren ging.   Foto: von Unruh

XIII

Fahrausweis
für die
"letzte Fahrt"
des
MS "STADT KIEL"

am Donnerstag, dem 19. 8. 1976

14.30 Uhr

ab Bahnhofsbrücke

Farewell MS „Stadt Kiel": Abschiedsfahrt am 19.8.1976. Das noch einmal über die Top-pen geflaggte Schiff legt vom Bahnhofskai ab. Gegenüber die mächtige Buckau-Wolf-Halle, zu dieser Zeit schon U-Bootsbauhalle von HDW, die nach Konzentration aller Werke in Gaarden Mitte der 90er Jahre abgerissen wurde. Heute verläuft an diesem da-mals streng abgeschirmten Platz die Promenade des Willy-Brandt-Ufers.

Foto: Weidling-Kroeker

1978 als Wohnschiff auf der Trave. Nach über einjähriger Liegezeit wurden noch wenige private Rundfahrten vom Eignerpaar Bertholdt/Bachmeier durchgeführt.

Foto: von Unruh

Linke Seite:
Nach der Abschiedsfahrt im Herbst 1976 am Aufliegeplatz Hörnende: Warten auf einen Käufer.   Foto: Magnussen

XVII

Im Januar 1983 wurde das Schiff erstmalig nach sechs Jahren im Hubdock der Baltika-Werft Travemünde aus dem Wasser genommen.   Foto: von Unruh

Linke Seite:
Zum Verschrotten im Juli 1982 an der Lübecker Marina am Stau. „Nächste Woche fangen wir an", sagte der Abwracker Fabian.   Foto: von Unruh

April 1983: Nach ersten Überholungsarbeiten noch in der Trave in Erwartung der Rückkehr an die Kieler Förde. Als erstes war das weiß gestrichene Brückenhaus abgezogen
worden, während sich die Rumpffarbe rostzerfressen darbietet. Am Heck prangte wie
seit jeher der Heimathafen Kiel. Wegen des wenig vertrauenswürdigen Dalbens, an dem
das Schiff vertäut war, hatte man sicherheitshalber auch den Anker ausgebracht.

Foto: Schwabedissen

Rechte Seite:
Der Muschelbart war beachtlich, aber nach einem Tag abgenommen.   Foto: von Unruh

XXI

Nach Rückkehr in den Heimathafen stellte HDW einen kostenlosen Liegeplatz im still-gelegten Werk Dietrichsdorf vor der alten Maschinenbauhalle zur Verfügung. Heute er-heben sich an derselben Stelle die Papierumschlagshallen der Cellpapp und prägen mo-derne RoRo-Schiffe das Szenario des jetzigen Ostuferhafens. Foto: Schwabedissen

Linke Seite:
Der Spender der „Stadt Kiel", der Schiffsmaschinenhändler Michael Rentsch, tatkräftig bei ersten Konservierungsarbeiten an der Schraube. Foto: von Unruh

20.6.1983: Erster Auftritt in der Öffentlichkeit. Anlässlich des Deutschen Seeschifffahrtstages findet in der Kieler Innenförde querab des Marinearsenals die Vorführung eines Ret-
tungseinsatzes statt. Der Seenotrettungskreuzer „Theodor Heuss" löscht einen simulier-
ten Brand an Bord der „Stadt Kiel" und birgt einen Verletzten ab. Im Hintergrund dampft
der Eisbrecher „Stettin".   Foto: Schwabedissen

Das erste Mal auf „großer Fahrt": Am 30.8.1984 treffen sich Eisbrecher „Stettin" und MS „Stadt Kiel" nach Passage des Nord-Ostseekanals im Betriebshof des Wasser- und Schifffahrtsamtes Brunsbüttel zur Weiterfahrt nach Hamburg anlässlich des ICMM, des Weltkongresses der Schifffahrtsmuseumsdirektoren.   Foto: von Unruh

Kleines Schiff ganz groß: An den Hamburger Landungsbrücken wird am 1. 9. 1984 unübersehbar die Flagge der Stadt Kiel gezeigt.   Foto: von Unruh

Rückkehr von Hamburg im September 1984 – Warten in der Kanalschleuse.

Foto: von Unruh

„Kann es losgehen?" Abfahrt von der Reventloubrücke zur Begrüßung des neuen Seenot-
rettungskreuzers „Berlin" am 8.7.1985. Im Bildhintergrund die Stadtsilhouette mit den
Howaldtkränen links, rechts der Fernsehturm, das Schloss und die Nikolaikirche.

Foto: Schwabedissen

Rechte Seite:
Beginn der Restaurierungsarbeiten bei Jugend in Arbeit Hamburg im Herbst 1986. Nur
noch weniges erinnert an das ursprüngliche Erscheinungsbild des Fahrgastschiffes.

Foto: Lange

Der obere Salon – oder das, was davon noch übrig ist.   Foto: Lange

XXVII

XXVIII

Deutliche Fortschritte in der Erneuerung des Unterwasserschiffes. Schiffbaumeister Kneels zeigt im ausgeweideten Schiffsbauch das von arbeitslosen Jugendlichen bisher geleistete.   Foto: Lange

Rechte Seite:
„Oh hätt' ich den Kahn doch gleich verschrottet" – Michael Rentsch, nach eigener Erkenntnis „diplomierter Schrotthändler" und damaliger 2. Vorsitzender des Vereins MS „Stadt Kiel" während einer Dockbesichtigung bei der Jöhnk-Werft.   Foto: Lange

XXX

XXXI

Dschunke zu Wasser – am 31. 5. 1988 wird MS Stadt Kiel anlässlich des Abschlusses der Arbeiten am Unterwasserschiff feierlich ausgedockt. Schon umspült das Wasser die Dockpallen, die das Schiff eineinhalb Jahre getragen haben.   Foto: Lange

Linke Seite:
Alt und neu gemeinsam im Dock: Hinten die „Stadt Kiel" ohne Steuerhaus, dafür mit Notdach überm offenen Salon, rechts die Spanten eines Kutterneubaus. Beim späteren Ausdocken der „Mariechen" wurde der Maschinenraum der „Stadt Kiel" geflutet, was zu langwierigen Komplikationen bei der Restaurierung führte.   Foto: Lange

Im melancholischen Ambiente des Harburger Binnenhafens packen zwei Barkassen an, die nur geringfügig leckende „Stadt Kiel" an den Ausrüstungskai zu verholen.

Foto: Lange

Rechte Seite:
Klar zur Übergabefahrt. Am 3.5.1990 wird MS „Stadt Kiel" nach Abschluss der Restaurierungsarbeiten unter dem Kommando seines letzten Kapitäns Fritz Marth wieder in Dienst gestellt. Im Hintergrund der ebenfalls von Jugend in Arbeit gefertigte Werkstattponton.

Foto: Lange

Der Initiator und Vorsitzende des Vereins Jugend in Arbeit Hamburg, Clemens Caesar, übergibt das Schiff (einmal groß und einmal klein) an den Vorsitzenden des Fördervereins MS Stadt Kiel, Werner von Unruh. Rechts neben ihm der damalige Senator für Arbeit und Soziales und spätere erste Bürgermeister Hamburgs, Orwin Runde.

Foto: Lange

XXXIV

Sechs Jahrzehnte Kieler Fördeschiffe. Bei der Rückkehr der „Stadt Kiel" in den Heimat-
hafen fahren am 21.5.1990 drei Fördeschiffsgenerationen im Geschwader: MS „Stadt
Kiel" stellvertretend für die Vorkriegsgeneration, dahinter die gerade von der KVAG an
den Reeder Sven Paulsen verkaufte „Mönkeberg" als letzte Vertreterin der so genannten
Fördebusse der sechziger Jahre sowie MS „Heikendorf" für die seit 1981 eingeführte
Nachfolgeklasse aktueller „Fördedampfer".   Foto: Köhler-Kaeß

Selbstdarstellung des Fördervereins MS „Stadt Kiel" e. V. (1998)

Salonmotorschiff „Stadt Kiel", Technisches Kulturdenkmal, Liegeplatz Seegartenbrücke

Der Förderverein MS „Stadt Kiel" e. V. hat es sich zur Aufgabe gemacht, das Museumsschiff MS „Stadt Kiel" zu erhalten und weiter auszubauen und zu ergänzen. Dies geschieht ausschließlich durch ehrenamtlichen Einsatz vieler Mitglieder. Die Aufträge, die wir uns selbst stellen, umfassen in der Regel alle vorkommenden Tätigkeiten auf einem Schiff:

Schiffs- und Maschinenführung, Service im Restaurantbetrieb, Reinschiff, Farbarbeiten, Elektrotechnik, Maschinenbau und vieles mehr.

Eine feste Besatzung gibt es nicht. Um einen harten Kern ranken sich Vereinsmitglieder, die ihre Freizeit, Kenntnisse und Arbeitskraft auf Fahrten, am Liegeplatz, im Büro oder während der Werftzeit zur Verfügung stellen. Die Zusammenarbeit und ihr Erfolg ist der Motor für ihren Einsatz.

Darüber hinaus sind finanzielle und sachliche Zuwendungen und Ratschläge aus der Wirtschaft oder von Privatleuten erforderlich.

Mitglied kann jeder werden. Der Jahresbeitrag ist gering. Ein Aufnahmeformular liegt bei. Firmen können korporative Mitglieder werden.

Die Haupteinnahmequelle ist die Vercharterung des Schiffes für Regattabegleitfahrten, Familienfeiern, Trauungen und viele andere Gelegenheiten. Wir stehen für folgende Veranstaltungen zur Verfügung: Gesellschaftsfahrten bis zu 100 Personen, Trauungen, Geburtstagsfeiern, Fahrten für Firmen, Vereine und Verbände, Regattabegleitfahrten z. B. zur „Kieler Woche", Lesungen, Vorträge am Liegeplatz. Für Ihre Veranstaltungen an Bord steht Ihnen unsere Bord-Restauration mit allen Getränken zur Verfügung.

Technische Daten:

Länge über alles: 28,13 m

Breite: 7,36 m

Tiefgang (vorn): 2,40 m

Tiefgang (achtern): 2,85 m

BRT: 253

Hauptmaschine seit 1954:

MaK Mau 423/8 Zylinder

520 PS bei 375 U/min

Direkt umsteuerbarer 4-Takt-Dieselmotor

Hilfsdiesel: Bohn + Kähler KR 10Z 17 kW

     MWM 2 Zyl.-Diesel 26 kW

     Mercedes 6 Zyl.-Diesel 46 kW

E-Anlage: 41 kW 400 V

Geschwindigkeit: 11,5 kn

Ruderanlage: Kettensteuerung von Hand

Fahrgäste: heute zugelassen für 70–100 Personen

Mitglied der Gemeinsamen Kommission für historische Wasserfahrzeuge e. V. „GSHW" und Common European Maritime Heritage Congress „CEMHC"

Ein Eisbrecher wird gerettet, eine Schute taucht auf und für die „Stadt Kiel" wird die Luft dünn

Inzwischen war der Juni und mit ihm die Zeit der „Kieler Woche" gekommen, ohne dass die *Stadt Kiel* in diesem Rahmen ein Comeback feiern konnte. Weiße Segel und eine Flotte von Regattabegleitschiffen prägten wie üblich während dieser Tage das Bild der Kieler Förde. In zunehmendem Maße gaben sich in den 80er Jahren außerdem Schiffsoldtimer, deren Wert immer mehr erkannt wurde, ein Stelldichein im Hafen. Einer von ihnen war der wuchtige Dampfeisbrecher *Stettin*, dessen mächtige Qualmwolken weithin sichtbar über das Wasser zogen. Er hatte fast 50 bewegte Jahre auf dem Buckel, deren erste geprägt waren durch gewagte Kriegseinsätze in Minenfeldern und hektische Flüchtlingstransporte aus den Ostgebieten, für die das gesamte Holzinventar verfeuert werden musste. Sein letzter Einsatz als Eisbrecher fand im Rekordwinter 1979 statt, danach drohte die Verschrottung wegen hohem Wartungsaufwand und mangels Heizern. Erst 1981 hatte die Gründung eines Fördervereins ihn vorm Hochofen gerettet.

Auf der Brücke der *Stettin* stand während deren Kieler-Woche-Premiere am 17. Juni 1982 der Oldtimer-begeisterte Werner von Unruh. War es schon nicht die *Stadt Kiel*, die er während der folgenden Festtage vorführen konnte, so stand ihr der Eisbrecher an Denkmalswert keinesfalls nach. Es war wohl nicht zuletzt die Erfahrung mit diesem „Steamer", das Konzept eines Fördervereins, die offizielle Anerkennung als schwimmendes Kulturdenkmal, die bei der späteren Rettung der *Stadt Kiel* Pate stand. Deren traurige Hulk kam in von Unruhs Blickfeld und Bewusstsein genau in dem Moment, als er die *Stettin* am Ende der „Kieler Woche" in ihren neuen Heimathafen Lübeck steuerte. Nach wie vor lag die alte Fähre am Kai der Baltika-Werft. Michael Rentsch hatte zwischenzeitlich einen neuen Interessenten aufgetan, der ihr Schicksal zu besiegeln schien – den Hamburger Bergungsfachmann Fabian. Mit ihm tauchte eine weitere schillernde Gestalt in der Geschichte des Fördedampfers auf. Er war ein „nichts ist unmöglich"-Typ, der zum Beispiel Aufmerksamkeit erregte, als er sich im Sommer 1976 in der Elbmündung an dem Wrack der *Ondo* zu schaffen machte. Das Gerippe dieses britischen Frachters ragt seit dessen Strandung 1961 auf dem gefürchteten Großen Vogelsand aus dem Wasser wie ein Mahnmal. Eigentlich sollte es nach Ende der intensiven, aber erfolglosen Bergungsbemühungen verschrottet werden. Andere Berger hatten sich an dem Schiff, das seit der

berühmten Februar-Sturmflut 1962 überdies 60 Grad Schlagseite auf-
weist, erfolglos die Zähne ausgebissen. Fabian stellte kurzerhand einen
Bagger auf die Aufbauten und begann, Maschinenschrott aus dem
Schiffsbauch zu hieven. Dann fielen die Schrottpreise, der Abwracker
ließ den Vertrag, der eine Beseitigung des Wracks bis zur Wasserlinie
vorsah, Vertrag sein, und ebenso erging es dem Bagger. Er steht als selt-
sames Accessoire noch heute, allen Stürmen trotzend, waagerecht auf
dem schrägen Deck. Seinen Besitzer überlebte er damit bei weitem – der
wurde Jahre später auf der Hamburger Reeperbahn mit 40 000 DM in
der Tasche erstochen.

Mit der *Stadt Kiel* plante Fabian, bevor der Mord seinem abenteuerlichen Leben ein jähes Ende bereitete, ebenfalls einen ungewöhnlichen
Einsatz. Er montierte einen Generator auf ihrem Vorschiff und schlepp-
te sie zur Marina am Stau. Dies ist ein Uferstück in Schlutup, an dem ein
Yachthafen gebaut werden sollte. In ungünstiger Lage befand sich dort
das Wrack einer gesunkenen Schute, an deren Beseitigung sich bisher
niemand anderes so recht herangewagt hatte. Fabian erledigte den Job
souverän, wobei er die *Stadt Kiel* als Bergungsplattform und Stromliefe-
ranten zu nutzen wusste. Danach sollte sie gleich an diesem Platz liegenbleiben und vor Ort zerlegt werden, bevor die Bauarbeiten für den Hafen begannen. Anfang Juli 1982, dies war Fabians Plan, würde mit dem
Herausreißen der Holzdecks der letzte Abschnitt im Dasein des Schiffes
begonnen haben.

Time to say Goodbye?

Es war dementsprechend eine melancholische Endzeitstimmung, in der
sich Werner von Unruh und mehrere Mitglieder der *Stettin*-Crew befanden, als sie „auf Nachbarschaft gingen" und sich zu einem Abschieds-
treffen im oberen Salon der *Stadt Kiel* versammelten. Der Raum hatte die
Zeitläufte erstaunlich gut überstanden und besaß noch ein wenig die
Aura des ansonsten verblichenen Glanzes. Vielleicht war es ja dieser
Umstand, vielleicht auch die scheinbare Endgültigkeit des Goodbye-Sa-
gens, die von Unruh den Ruck gab, einen letzten Rettungsversuch zu
starten. Am selben Abend rief er Landeskonservator Hartwig Beseler
an. Was mit der *Stettin* gelungen sei, müsse doch auch mit der *Stadt Kiel*
zu machen sein, sagte er. Er stieß bei seinem Gesprächspartner auf offe-
ne Ohren. Kein Tag war vergangen, da trafen sich die beiden zu einer
weiteren Unterredung, und fortan hatte das alte Fahrgastschiff einen

wichtigen neuen Fürsprecher gewonnen. Am 8. Juli 1982 setzte Beseler einen Brief an Michael Rentsch auf, in dem er ihn um einen Zeitaufschub bat. Zuvor hatte er Kiels Kulturdezernenten Rolf Johanning ins Bild gesetzt. Als nächster Schritt wurde die Bildung eines Interessenkreises geplant. Bis zur Prüfung von Erhaltungsmöglichkeiten, bat Beseler, möge Rentsch das Schiff unangetastet liegen lassen, „da es bereits ein (technisches) Kulturdenkmal ist, dessen Verlust sehr bedauerlich wäre". Er verwies als wirtschaftlichen Anreiz auf das Beispiel der *Stettin*, die durch eben diesen Status sogar steuerlich gefördert werde.

Unter dem gegebenen Handlungsdruck verging nicht viel Zeit, bis das anvisierte Treffen im Kieler Kulturamt realisiert wurde. Anwesend waren neben Dr. Beseler, von Unruh und Johanning dessen Stellvertreter und späterer Nachfolger Knut Pfeiffer, der Leiter des Stadt- und Schifffahrtsmuseums, Dr. Jürgen Jensen, sowie der auf maritime Themen spezialisierte Journalist und KN-Redakteur Bruno Bock. Zunächst hielt von Unruh ein nachdrückliches Plädoyer für einen Erhalt der *Stadt Kiel* als Museumsschiff. Aus der Runde kam anschließend der Vorschlag, sie in einen Zementsockel eingegossen als Restaurant in den Bootshafen, ein verwaistes Wasserbecken im Kieler Stadtzentrum, zu setzen. Eine andere Idee war, sie bei Knoop in den Alten Eiderkanal, dem in Rudimenten noch vorhandenen Vorgänger des jetzigen Nord-Ostsee-Kanals, zu setzen. Beides fand nicht die Unterstützung Beselers, da bei den dann notwendigen Änderungen der Denkmalsstatus nicht mehr zu rechtfertigen gewesen wäre. Zugegebenermaßen hätte ein knapp 50-jähriges Motorschiff in der Knooper Schleuse, die zuletzt im vergangenen Jahrhundert Schiffe aufgenommen hatte, eine historisch gewagte Kombination dargestellt. Die Variante „Museumsschiff in Betonklotz" vermochte ebenso wenig zu überzeugen.

An Bruno Bock wurde die Anregung herangetragen, in den „Kieler Nachrichten" einen Artikel zu veröffentlichen und darüber das öffentliche Interesse auszuloten. Bock gab zu bedenken, dass dies seiner Erfahrung nach nichts brächte. Trotzdem kam er dem Wunsch nach. Am 19. August 1982 erschien eine Betrachtung unter der fragenden Überschrift: *„Rückkehr als Museumsschiff?"[21]* Der Abschied der *Stadt Kiel* acht Jahre zuvor wurde in Erinnerung gerufen, der Abwracker zitiert mit den Worten: „Für den Schrott ist doch ein so schönes Schiff viel zu schade". Bock wog ab, ob das kleine Fahrzeug überhaupt wert sei, erhalten zu werden, gäbe es doch vielleicht noch ein älteres NDC-Schiff in Polen zu finden. Der Hintergrund dieses Einwandes mochte vielleicht in der ganz persönlichen Vita des Redakteurs zu finden sein – als Junge hatte er für die NDC-Schiffe geschwärmt. Die aber standen damals in harter Konkurrenz zur Hafenrundfahrt AG, also auch zur *Stadt Kiel*. So kam Bock zu der etwas vagen Einschätzung: „Flensburgs Fördedampfer *Alexandra* und Kiels Fördemotorschiff *Stadt Kiel* sind sicherlich technische Zeugen ihrer Zeit. Aber angesichts leerer öffentlicher Kassen muss sich zeigen, ob die Öffentlichkeit die Mittel aufbringen kann (und will), um sie zu erhalten." Die Skepsis des Autors sollte ihn trügen. Genau dieser Bericht in der Lokalzeitung erregte das Interesse von Mitgliedern des Deutschen Roten Kreuzes in Kiel. Ihnen schwebte spontan vor, das Schiff als Jugend- und Ausbildungsheim im Jugendlager Aschau bei Eckernförde an Land zu ziehen.

Dampfer in der Düne

Umgehend kam ein Treffen der Rotkreuzler mit Werner von Unruh zustande. Wenig später saß er mit Matthias Buchholtz, Pressereferent des DRK, und einem weiteren Vertreter des Verbandes, Herrn Jaek, im Auto auf dem Weg nach Schlutup. Unterwegs versuchte von Unruh, den beiden die Idee des An-Land-Setzens auszureden. Das Schiff sollte im Falle eines Erwerbs lieber fahrbereit gehalten werden. Die Meinungen darüber blieben geteilt. Immerhin fielen die zwei nicht aus allen Wolken, als sie erstmals die Rostlaube am Traveufer erblickten, für deren Erwerb im Moment noch 10 000 DM gefordert wurden. Unzweifelhaft war Buchholtz vom Charme, den die „alte Lady" trotz aller Vernachlässigung ausstrahlte, beeindruckt. Das Ergebnis dieser ersten Besichtigung war, dass im DRK-Präsidium bei dessen nächster Sitzung ausgelotet werden sollte, ob hier Interesse an dem Schiff bestand.

Es gab entgegen der Einschätzung Bruno Bocks noch mehr Reaktionen auf den Presseartikel. Einige Leserbriefe erschienen kurz darauf in den „Kieler Nachrichten". Kurzfristig kamen außerdem die „Knurrhähne" ins Spiel. Dies ist ein traditionsreicher Chor Kieler Seelotsen, der aus Langeweile im Eiswinter 1928/29 gegründet worden war, als es auf der zugefrorenen Förde wochenlang nichts zu lotsen gab. Den Männern kam ein stilechtes schwimmendes Vereinslokal gerade recht, und sie konnten sich eine Zusammenarbeit mit dem Roten Kreuz dafür gut vorstellen. Die hartgesottenen Seebären schreckten jedoch vor dem Zustand der *Stadt Kiel* zurück, nachdem sie sie in Augenschein genommen hatten, und schieden aus dem Kreis offiziell aus.

Buchholtz hingegen verfolgte die Planung unbeirrt weiter. Er machte sich gegenüber dem DRK-Präsidium stark dafür, die geforderten

10 000 DM für den Erwerb des Schiffes zu investieren. Es sollte den Zelt-lagerplatz in Aschau zu einem überregional bekannten Stützpunkt ma-chen und von einem maritimen Bekenntnis des Verbandes „zwischen den Meeren" zeugen. „*Gehörte es bisher zum Mythos des Lagers, bei Eintritt durch das Lagertor sozusagen zur Schicksalsgemeinschaft eines gestrande-ten Schiffes zu gehören (Schiffsmesse, Schiffsmast, Kapitän), so nähme die-se Einstellung eines auf Grund liegenden Schiffes verblüffend Gestalt an*",
heißt es in einem eilends angefertigten Gutachten des Jugendrotkreuzes vom 25. August. Für die Jugendarbeit des DRK und eine Vereinstätigkeit sei die *Stadt Kiel* durch ihre großzügige Raumaufteilung besonders geeig-net, wurde weiter darin ausgeführt. Es fände sich so bald wohl kein Schiff wieder, das dermaßen für die Jugend- und Sozialarbeit nutzbar sei.

Der rührige DRK-Mann erreichte noch mehr. Er konnte Michael Rentsch im Oktober von der Idee überzeugen, das Objekt der Begierde einem neu zu gründenden gemeinnützigen Verein kostenlos als Spende zu überlassen. Zuvor hatte das DRK-Präsidium in einer Sitzung am 13. September beschlossen, vor einer definitiven Entscheidung weitere Untersuchungen über die Schiffssubstanz sowie die Prüfung, ob es sich naturschutzgerecht in die Dünen ziehen ließe, abzuwarten. Was die an-stehenden Instandsetzungskosten anging, kam erstmals die Idee auf, Re-novierungen in Form von Jugend- und Sozialarbeit durchzuführen.

So weit, so gut. Aus eigener Initiative nahm Buchholtz kurz darauf Kontakt mit dem Motorenwerk MaK auf und gab ein Gutachten über den Zustand der Antriebsanlage in Auftrag. Was ein Schiffstechniker bei der Besichtigung des Maschinenraums feststellte, war nicht ermutigend. Die Hauptmaschine sei festgerostet und nur unter sehr großem Arbeits- und Kostenaufwand wieder lauffähig zu machen. Allein 50 000 DM würde es seiner Meinung nach kosten, den Motor nur zum Drehen zu bringen. Das hätte noch längst nicht bedeutet, dass er danach einsatzbe-reit gewesen wäre. Ein Gutachter aus Bremerhaven erstellte außerdem einen Kostenvoranschlag für eine Gesamtrenovierung der *Stadt Kiel.* Seine Kalkulation belief sich auf stolze 400 000 DM. Die Summe von so-gar 446 000 DM errechnete ein Vertreter der Baltika-Werft, der das Schiff am 4. Dezember an seinem Liegeplatz in Augenschein nahm. Kaum ein Winkel fand sich, der, begonnen beim Unterwasserschiff über Maschi-nenanlage und die Salons bis hin zur Elektroinstallation, nicht der gründlichen Überholung bedurft hätte. Allerdings lag diesem Gutach-ten die Annahme zugrunde, den Vorschriften zum Betrieb eines re-gulären Fahrgastschiffes genügen zu sollen.

64

Die letzte Runde

Diese Einschätzungen dämpften den Optimismus des Kieler Unterstützungskreises deutlich. Er traf sich ein weiteres Mal am 6. Dezember 1982 in den Räumen des Landesverbandes des Deutschen Roten Kreuzes. Die Runde bestand aus Dr. Jensen, Dr. Pfeiffer, Herrn Driessen von MaK, Werner von Unruh sowie Kapitän Uwe Rummer. Die Sekretärin von Buchholtz, Frau Nowak, versuchte die Stimmung zu heben, indem sie ein angenehmes Ambiente schaffte und Schnittchen reichte. Allen Beteiligten war bewusst, dass die bescheidenen Finanzmittel, die ihnen zur Verfügung standen, zum Erhalt ihres Schützlings nicht annähernd ausreichen würden. Als die Sitzung kurz vor dem ergebnislosen Abbruch stand, schlug Buchholtz vor, sich Dias des Schiffes anzuschauen. Beim Anblick der Bilder ging ein Ruck durch die Versammlung. Es war, als sei ihnen in diesem Moment endgültig klar geworden, dass solche Bilder das Einzige wären, was bliebe, wenn jetzt nicht der Beschluss fiele, weiterzumachen. Der Vorschlag wurde diskutiert, wenigstens das Unterwasserschiff zu untersuchen. Das Docken würde günstigenfalls 1500 DM kosten, und wenn jeder der Anwesenden 300 DM gäbe, so könnte im Guten wie im Schlechten Klarheit erlangt werden. Entweder stellte sich heraus, dass eine Reparatur nicht mehr realisierbar sei, dann hätte jeder eine relativ kleine Summe verloren, oder das Ergebnis würde ermutigen, den Erhalt der Veteranin voranzutreiben. Diese Anregung von Unruhs wurde spontan weder abgelehnt noch ausdrücklich bejaht. Nach dem Motto, kein Nein ist ein Ja, verstand er die Reaktion als Auftrag, die Möglichkeit des Dockens zu prüfen. In der Nähe von Schlutup lagen zwei Werften: Schräg gegenüber des derzeitigen Schiffsliegeplatzes erhoben sich in Sichtweite die Kräne der Flender-Werke. Der Betrieb hatte bereits ein konkretes Angebot über 3000 DM einschließlich Überführung durch Werftbarkassen und Ultraschallprüfung des Unterwasserschiffes abgegeben. Und da war die Baltika-Werft, die den Vorteil bot, dass bereits längere Kontakte bestanden, sodass wohl einiges unter der Hand zu regeln wäre. Der Chef der Baltika-Werft, Horst Jeschke, war 2. Vorsitzender des „Fördervereins Eisbrecher *Stettin*", und deren derzeitiger Kapitän wiederum Werner von Unruh. So war es Ehrensache, dass für die Untersuchung der *Stadt Kiel* Sonderkonditionen gelten würden. Es sollten nur die Arbeiten am Schiff, nicht aber die Standtage im Dock berechnet werden. Am Ende dieses denkwürdigen Abends war jedenfalls klar, die *Stadt Kiel* hatte eigentlich keine Chance, aber die würde sie erhalten.

Als nächstes ging es darum, den Beschluss in die Tat umzusetzen. Das erste Problem war, das fahruntüchtige Schiff vom Fleck zu bewegen. Einen Schlepper zu beauftragen, hätte weitere 1000 DM gekostet. Die Kollegen vom Travemünder Seenotrettungsboot *Paul Denker* wurden um Beistand gebeten. Dessen Vormann hatte aber Bedenken, mit den 665 PS seines 17-m-Bootes das schwere Stahlschiff über die Trave zu ziehen. Es half alles nichts – die *Stadt Kiel* musste irgendwie in die Lage versetzt werden, aus eigener Kraft zu fahren. Da kam es gerade recht, dass Werner von Unruh vom Noch-Eigentümer Rentsch schon seit längerem die Erlaubnis hatte, an Bord zu gehen, um dringliche Instandsetzungsarbeiten vorzunehmen. Einer der ersten Wege hatte ihn in den Maschinenraum geführt. Der ehemalige Maschinist Erich Edel hatte ihm den aus der KVAG-Zeit herrührenden Trick verraten, wie eine scheinbar hoffnungslos festgerostete Maschine loszubrechen sei. Sein gelehriger Schüler setzte entsprechend einen Hebelzug an der festgefressenen Kurbelwelle an, ließ rohen Kräften freies Spiel und hatte Erfolg damit. Woran zuvor vier Mann gescheitert waren, ließ sich gemäß dem Motto, „gebt mir einen Hebelpunkt, und ich hebele die Welt aus den Angeln", in etwas kleinerem Maßstab am Motor umsetzen. Ein kleiner Ruck, und die Hauptmaschine drehte wieder. Das hieß selbstverständlich noch nicht annähernd, dass sie daraufhin umgehend ihren Betrieb aufnehmen konnte. Aber an diesem Punkt waren allein die 50 000 DM, die die MaK zum Erreichen dieses Minimalziels angesetzt hatte, kein Thema mehr.

„Ich würd se jern mal wieder laufen hören"

Mittlerweile war Weihnachten, doch das sperrige Geschenk, das sich die Schiffsenthusiasten selbst auf den Gabentisch gestellt hatten, ließ wenig Feiertagsbesinnlichkeit aufkommen. Am Silvestertag machte sich von Unruh samt einer an diesem Tag eigens geliehenen Flex auf nach Schlutup. Sich an diesem Tag solch ein Gerät zu borgen, hatte ihn bei der Verleihfirma dem Verdacht ausgesetzt, leicht verrückt zu sein, aber das steckte er locker weg. Seine Einstimmung auf den Jahreswechsel 1982/83 bestand darin, mit Hilfe eines Bootes ein Stromkabel auf die mitten im Wasser an Dalben festgemachte *Stadt Kiel* zu legen. Dadurch konnte der Maschinenraum beleuchtet und die Flex zum Einsatz gebracht werden. Es galt, ein Blech zu entfernen, das den Hilfsdiesel hinderte, von Hand gestartet zu werden. Nach erfolgreicher Demontage konnte, wie offensichtlich nicht nur bei Auto-Oldtimern üblich, eine Kurbel angesetzt und der Jockel einmal durchgetörnt werden.

Damit war ein grundlegendes Hindernis, die Maschine in Betrieb zu nehmen, ausgeräumt. Diese gute Neuigkeit gab von Unruh noch am selben Tag als Neujahrsbotschaft an Erich Edel weiter. „Ja, ich würd se jern mal wieder laufen hören", war in sächsischem Dialekt Edels spontane Entgegnung auf die Frage, ob er bereit wäre, bei der Instandsetzung des Motors mitzuhelfen. Was er wohl nicht ahnte, war, dass damit nicht rentnergemäße Gartenarbeit, sondern mühselige Plackerei in Rost und Maschinenöl das folgende Jahr für ihn maßgeblich bestimmen würde.

Der letzte Silvesterknaller war kaum gezündet, da befanden sich beide schon wieder auf dem Weg nach Lübeck. Ihr erster Weg führte sie auf die *Stettin*, auf der nicht nur Arbeitszeug, sondern auch zwei Helfer ihrer harrten. Mit dem Boot setzten die vier anschließend zur *Stadt Kiel* über. Etappenziel war, den Hilfsdiesel in Gang zu bekommen. Ein Bunsenbrenner wurde angezündet und erwärmte die Luft am Ansaugstutzen. Bei einem Schiffsausrüster am Tiessen-Kai in Kiel-Holtenau, wo sich jeder Schifferwunsch erfüllen ließ, hatte von Unruh altertümliche Zündpatronen, so genannte Zigaretten, besorgt. Mit ihrer Hilfe konnten speziell betagte Maschinen gezündet werdet. Erich Edel stand am Schalthebel, fertig, ihn auf ‚Bereit' zu legen, wenn die Luft ausreichend verdichtet war, um zu zünden. Die Patronen explodierten, zwei Mann mühten sich an der schwer gängigen Kurbel. Und dann geschah es: Mit einem Mal ging das Drehen leichter, die Kipphebel hoben und senkten sich. Ein Tackern ertönte, und der Jockel setzte sich in Bewegung, erst langsam, dann immer stetiger. Das war für die Anwesenden ein denkwürdiger Augenblick. Eben hatten sie ein faktisches Wrack geentert, dessen Motoren jahrelang stillgestanden hatten, das eigentlich klinisch tot gewesen war. Und jetzt, als sei es nie anders gewesen, regte sich Leben im Schiffsbauch, erfüllte Motorengeräusch den engen Raum, törnte der Jockel mit vollen Umdrehungen. Wie selbstverständlich trat Erich Edel, dessen Neujahrswunsch zumindest in puncto Hilfsdiesel prompt in Erfüllung gegangen war, an die Schalttafel und setzte die Elektrik in Betrieb. Licht flammte im Maschinenraum auf, den zuvor lediglich die über das Landkabel gespeiste Arbeitsleuchte spärlich beleuchtet hatte.

Im hellen Schein trat jedoch ebenso manch unliebsame Überraschung zutage, die das Halbdunkel bisher gnädig vor den Augen der Männer verborgen hatte. Die Kühlleitung zum Kompressor beispielsweise existierte nicht mehr. Die Folge war, dass das gesamte Kühlwasser auslief. Kaum, dass diese Entdeckung gemacht wurde, erstarb auch das Motorengeratter wieder. Der Diesel hatte keinen Brennstoff mehr, obwohl

Peilungen eigentlich vermuten ließen, dass die Bunkerzellen halb voll sein müssten. Nach längerer Suche fand sich ein Ventil, durch das Dieselöl von dort in den Tagestank umgepumpt werden konnte. Um den Hilfsdiesel dauerhaft zum Laufen zu bekommen, mussten aber zunächst die defekten Leitungen geflickt werden. An diesem Tag ging allerdings nicht mehr viel, denn die Arbeitslampe wurde versehentlich herabgerissen und erlosch. Immerhin aber war heute ein wichtiges Zwischenziel erreicht worden. Zum Meisterstück bedurfte es eines etwas längeren Atems. Ein Kompressor sollte helfen, die Hauptmaschine zu starten. Erich Edel hatte inzwischen festgestellt, dass seit KVAG-Zeiten Etliches umgebaut worden war, insbesondere machte die Kupplung keinen vertrauenswürdigen Eindruck. Dennoch – die erste Runde war an die vier gegangen, von diesem Anfangserfolg beschwingt und voller Tatendurst ging es nach Kiel zurück.

Kaum dort angekommen, rief von Unruh Michael Rentsch an und berichtete von dem viel versprechenden Beginn. Es war selbst durch die Telefonleitung zu spüren, es kribbelte den Maschinenexperten in den Fingern, selbst mitzumischen bei der dreckigen Plackerei. Für das kommende Wochenende verabredete man sich an Bord der *Stettin*, auf deren Planken sich die beiden nach fast einjähriger Unterbrechung gegenübertraten. In den Augen von Rentsch blitzte es, als wollte er sagen: „Na, nun haben Sie es ja doch noch geschafft, mich herumzukriegen". Von dem Eisbrecher aus ging es zur Marina im Schatten der Herrenbrücke, über die der Verkehr nach Travemünde läuft. Hier stieß Uwe Rummer dazu. Tagesplan war, den Kompressor mit dem Hilfsdiesel zu verbinden. Dies gelang zwar, doch schlug die Kupplung, die Edel bekanntlich schon missfallen hatte, sofort durch. Schuld war ein Gummistück, das ein Vorbesitzer unfachmännisch eingesetzt hatte. So, wie die Dinge jetzt standen, ließ sich nicht weiterkommen. Retter in der Not war Michael Rentsch, der aus seiner Lagerhalle in Appel fehlende Teile sowie einige Fässer Öl besorgen wollte. Als von Unruh am nächsten Tag die Halle betrat, war Rentsch bereits dabei, Öl in Fässer umzupumpen. Dabei arbeitete er, als ginge es um einen 100 000-DM-Job und nicht um ein fragwürdiges Abenteuer mit ungewissem Ausgang an einer roten Maschine.

Hilfe von der Alma Mater

Zu dessen Gelingen trug an diesem Tage auch die Juristische Fakultät der Kieler Universität bei. Werner von Unruh hatte seit 1981 die Schiffsplanken mit deren Vorlesungssälen getauscht. Und einige seiner Kommilitonen erhielten am Vorabend einen etwas merkwürdigen Anruf: „Habt ihr Zeit, könnt ihr helfen? Fragt nicht, warum und wozu das gut ist, sondern macht nur mit!" Wer da behauptete, Studenten seien nicht mehr mobilisierbar, konnte sich am nächsten Morgen eines Besseren belehren lassen. Tatendurstig stand eine Gang von sechs Mann[22] bereit, schwere Ölfässer auf ein Schrottschiff überzusetzen. Zusammen mit den „Altgedienten" wuchteten sie die Tonnen in das Boot, das sie zur *Stadt Kiel* hinüberbrachte. Dort musste die gewichtige Fracht auf das erheblich höher gelegene Oberdeck gehievt werden. Anschließend ging es an die Reparatur des Kompressors, was sich als kaum weniger schweißtreibend herausstellte. Leider stand am Ende diesmal kein Erfolgserlebnis, denn im Verdichter steckte ein hartnäckiger Wurm. Für diesen Tag konnte nur eingepackt und über eine Ersatzlösung nachgegrübelt werden. Immerhin, diese fand sich und hieß Fremdluft. Geliefert wurde sie in zwei Flaschen von den Drägerwerken Lübeck. Deren Mitarbeiter Hans Schließer, zugleich ehrenamtlicher *Stettin*-Ingenieur, konnte von Unruh die Leihgabe „abschnacken". Schließer war sich nicht sicher, ob er die Flaschen von den in seinen Augen leicht verrückt erscheinenden Shiplovern je zurückerhalten würde. Fast hätte seine Befürchtung sich bestätigt: Beim Verladen der schweren Flaschen in die fragile Nussschale, die nach wie vor die Fähre zur Ex-Fähre darstellte, drohte sie unter der Last prompt zu kentern. Dann wäre die trübe Trave zum Endlager der Leihflaschen geworden. Schließlich gelang jedoch die Verschiffung trotz dieser vorübergehenden Gleichgewichtsstörungen, die Luftspender fanden ihren Weg in den finsteren Schiffsbauch. Ein abgeschnittener, besonders stabiler Gartenschlauch sollte die 18 Kilogramm Luftdruck auf den Motor übertragen. Das dazu notwendige Ventil, das zwar vorhanden, aber defekt gewesen war, hatte Erich Edel am vergangenen Wochenende mit nach Kiel genommen. Es gab da noch einige Bekannte in den Reihen der KVAG, und in deren Betriebshof hatte sich im Laufe der Vorwoche eine Reparatur unter der Hand bewerkstelligen lassen. Unwissentlich arbeitete auf diese Art die KVAG noch einmal für ihre ehemalige „Grande Dame", die sie vor Jahren so verschmäht hatte. Endlich war Druckluft vorhanden. Edel ging an die Hauptmaschine, bereit für den großen Augenblick, „se wieder laufen zu hören". Der Teufel steckte aber in immer neuen Details. Nun klemmte das Steuerventil. Die Männer mühten sich und versuchten, die widerspenstige Maschine mittels kräftigen Törnens zu zähmen oder besser, deren Kräfte freizusetzen. Der einzig sichtbare Erfolg blieb, dass sie sich einen kurzen, wenn auch hoffnungsvollen Moment träge in Bewegung setzte, um nach wenigen Umdrehungen erneut zu streiken. Es war wie verhext – die Zylinderkopfventile wollten sich einfach nicht lösen.

Trotzdem belohnte sich die Crew nach der Schinderei mit einem Besuch in der Pizzeria „Tipasa". Zwar war dessen Belegschaft bekanntlich einiges gewohnt, die Männer mit den kohlrabenschwarzen Maschinenhänden riefen dennoch Erstaunen hervor. Da Seife auf den Toiletten Mangelware zu sein schien, bestellte der in solchen Dingen berufsmäßig erfahrene Rentsch kurzerhand eine Zitrone. Dass Zitruskraft fürs Geschirrspülen taugt, hat sich dank der Werbung wohl herumgesprochen – dass sie für Schmierhände ebenso taugt, erwies sich an diesem Tag.

Von musealen Steuerrädern und Kneipenmaschinentelegraphen

Kurz darauf begannen die Uhren schneller zu gehen für das Schicksal der *Stadt Kiel*. Von der Baltika-Werft kam die Mitteilung, dass in wenigen Tagen Platz und Zeit für eine Dockinspektion sei. Somit war auf einmal Eile geboten, das Schiff fahrtüchtig zu bekommen. Erich Edel mühte sich weiter im Maschinenraum ab und ein neuer Helfer, Dieter Böhm, gesellte sich hinzu. Er interessierte sich seit einiger Zeit für das Projekt, war beim erstmaligen Anblick der schäbigen Hulk in der Marina aber zunächst ziemlich entsetzt gewesen. Er schreckte ihn jedoch nicht so nachhaltig, als dass er nicht fortan kräftig mit angepackt hätte.

Rückblende:

2. August 1964, im Seegebiet des Rütergat vor der Nordseeinsel Amrum. Eine pechschwarze Nacht, in der Brandung liegt bewegungslos ein Schiff. Sturm orgelt in der Takelage des griechischen Erzfrachters *Pella*. Er ist unweit der Stelle, an der 1998 unter spektakulären Umständen die *Pallas* verloren gehen würde, auf Grund gelaufen. Gewaltige Brecher wuchten am todgeweihten Schiff hoch, dessen Rumpf unter dem Druck seiner schweren Erzladung knirschend zu reißen beginnt.

Zwei Boote der Deutschen Gesellschaft zur Rettung Schiffbrüchiger (DGzRS) taumeln durch die hämmernden Grundseen, die *Bremen* und die *Hindenburg*. Es gelingt ihnen, sämtliche 24 Schiffbrüchigen vom überspülten Frachter zu bergen. Als die *Bremen* ihre Funkantennen bei einem Zusammenstoß mit dem Havaristen verliert, kann die *Hindenburg* die Erfolgsmeldung an Land funken, und die Boote kehren sicher zurück in den Hafen. Wenig später bricht der Rumpf der *Pella* unter Donnergetöse vollends auseinander, innerhalb weniger Wochen versinken die Schiffshälften im Mahlsand.

24. November 1975. Ein steifer Südwest fegt über die Küste Eiderstedts. Der Kutter *Wega* ist in der Süderhever beim Versuch, einen anderen gestrandeten Kutter freizuschleppen, selbst auf Grund gelaufen. Nun steht es schlechter um ihn als um das zuerst festgekommene Schiff. Schon hat die raue See das Brückenhaus eingeschlagen, fegt alles, was nicht niet- und nagelfest ist, über Bord. In Todesangst klammert sich die dreiköpfige Besatzung an die Reling. Da erscheint die *Hindenburg* im fahlen Morgenlicht. In einem kühnen Manöver schert sie dicht an den schwer arbeitenden Kutter heran, einen Augenblick später sind die Fischer an Bord des Rettungsschiffes in Sicherheit gebracht. Die *Hindenburg*-Crew setzt unverzüglich Pumpen auf den Kutter über, doch für die *Wega* gibt es keine Rettung mehr. Plötzlich beginnt sie wegzusacken. Während die *Hindenburg* mit den Geretteten den Heimweg nach Nordstrand antritt, steigert sich der Wind zum Sturm. Binnen kurzem hat sich eine schwere Brandung aufgebaut, die den unglücklichen Kutter zu Kleinholz schlägt.

Was haben diese Sturmgeschichten mit der *Stadt Kiel* zu tun, die doch seit geraumer Zeit in einem überaus ruhigen Flusszipfel lag? Auf den ersten Blick nichts, außer vielleicht, dass die *Hindenburg*, das zeitweilig größte Boot der DGzRS, seit 1979 bereits ein Museumsschiff in Kiel ist. Hier erhält sie ihr Gnadenbrot, an schweren Dalben fest verankert, nachdem sie sich in 33 Dienstjahren einen hervorragenden Ruf durch Einsätze wie die geschilderten erwarb und hunderten von Menschen das Leben rettete. Aber genau das Ruderrad, mit dem diese Manöver gefahren wurden, lag an einem Januarmorgen 1983 in Werner von Unruhs Auto, mit dem dieser einmal mehr auf dem Weg nach Schlutup war. Angesichts der Dringlichkeit, die *Stadt Kiel* demnächst fahren zu müssen, wozu zweifellos ein Steuerrad gehört, hatte sich Museumsdirektor Jensen überzeugen lassen: Leihweise rückte er das altehrwürdige Stück heraus, das seit vier Jahren, stillgelegt hinter Plexiglas, von See und Brandung vielleicht noch träumte. Überredungskunst war auch vonnöten, um den Wirt der Kneipe „Zum alten Berliner" zur Herausgabe eines Maschinentelegraphen zu bewegen, den von Unruh dort entdeckt hatte. Mit diesem wurde sonst in dem Etablissement die Bedienung herbeigeklingelt. Nun sollte er vorübergehend nochmals seiner eigentlichen Funktion zugeführt werden. Was durch die langjährige Vernachlässigung der *Stadt Kiel* von Bord verschwunden war, ließ sich durch Einfallsreichtum und Phantasie offenbar für den Augenblick wettmachen. Dieter Böhm jedenfalls klappte die Kinnlade förmlich herunter, als von Unruh die Nautiquitäten aus dem Auto hervorzog. Ferner rückte Hans Schließer, das „Vitamin B" bei den Drägerwerken, mit neuen Luftflaschen, Druckminderer sowie einem Übersetzungsschlauch an. Er war im Stillen immer noch überrascht vom Optimismus der Anwesenden, die Rostlaube, die in offensichtlicher Agonie nahe des Ufers lag, tatsächlich in Fahrt setzen zu können. Auch seine Mithilfe war ein unverzichtbarer Anteil des späteren Erfolgs. Vor dem stand zunächst aber einmal mehr das mühselige Prozedere der Materialverschiffung. Etliche Schweißbäche später war alles im Maschinenraum untergebracht und einsatzbereit. Es wäre jetzt zu schön gewesen, hätte als Lohn dieser Mühsal sofort alles geklappt. Die Technik erwies sich aber weiterhin als widerspenstig. Beim Leeren der zweiten Luftflasche schon vereiste das Ventil, das zu allem Überfluss noch klemmte. Die Folge war, dass die Luft nicht die Maschine erreichte und darum nicht genügend Druck aufgebaut werden konnte. Unverdrossen versuchte Erwin Edel diesen Widrigkeiten zum Trotz, die Maschine anzulassen. Jedoch selbst seine langjährige Erfahrung fruchtete in diesem Fall nichts. Am Nachmittag war klar, dass zwei müde Umdrehungen das einzige Lebenszeichen des Diesels bleiben würden. Den Luftvorrat hatte dieser Minimalerfolg schon wieder aufgezehrt. Das Zeitfenster zum möglichen Erfolg schloss sich immer weiter.

Am Abend brachte die verzweifelte Suche nach einem Kompressor zum Flaschenfüllen die Telefondrähte in Schleswig-Holstein zum Glühen. Wo könnte ein transportabler 30-Kilo-Kompressor kurzfristig auszuleihen sein? In der großen Schifferfamilie fand sich tatsächlich Rat: Hans Georg Prager, heute bekannt als Schifffahrtsautor, ließ seine praktische Lebenserfahrung als Seenotretter, Marineflieger und aus der Fischerei spielen: Warum nicht einfach die Lübecker Feuerwehr um Hilfe bitten, war sein Tip. Das schien eine heiße Spur zu sein. Für den nächsten Tag, einen Sonntag, wurden alle Helfer telefonisch zusammengetrommelt, sich vormittags in Schlutup einzufinden. Die Männer wuchteten die leeren Luftflaschen in das Auto von Unruhs, das unter der Last mächtig in die Knie ging. „Ich habe noch nie einen Golf so durchhängen sehen", sagte Kapitän Rummer, als er zweifelnd dem schwer beladenen

Fahrzeug hinterhersah. Trotzdem fuhr es kurz darauf bei der Feuerwache vor, in der gerade Essenszeit war. Wachleiter Ambrosius ließ sich von der Dringlichkeit des Anliegens überzeugen und sorgte trotz Mittagspause dafür, dass die Flaschen umgehend gefüllt wurden. Zurück am Schiff begann das mühselige Prozedere des Verfrachtens und Überblasens in die Schiffsflaschen von neuem. Und wieder drehte die Maschine lediglich ein, zwei Mal, ohne anzuspringen. Endlich hatte Dieter Böhm die rettende Idee. Er schlug vor, Brennstoff vorzupumpen. Zwar klemmte weiterhin ein Ventil und war der Ansaugstutzen undicht, die Maschine sprang jedoch beim nächsten Startversuch tatsächlich an. Jubel ging durch den Maschinenraum. Nach zähem Ringen waren die Zweifler Lügen gestraft, Travemünde rückte ein erhebliches Stück näher. Die Helfer beschlossen, Dienstag sollte die Fahrt losgehen. Als die Erfolgsmeldung vom Telefon der *Stettin* aus an Herrn Jeschke, den Leiter der Baltika-Werft, durchgegeben wurde, fragte der schon ungeduldig, warum die *Stadt Kiel* noch nicht da sei, die Zeit dränge. Kurzentschlossen wurde daraufhin die Überführung auf den nächsten Tag vorverlegt. Weil Michael Rentsch verhindert und Erich Edel erkrankt war, sollte Dieter Böhm die Maschine fahren, Uwe Rummer war Skipper, die weitere Crew bestand aus Jürgen Bohne, Tom Bardenhagen und Werner von Unruh.

It's now or never

Der 15. Januar 1983 war gekommen. Würde die *Stadt Kiel* an seinem Ende am Slip der Baltika-Werft liegen? Das Unternehmen ließ sich gut an. Die Maschine wurde klargemacht und sprang brav an. Auf den Flaschen waren noch 14 Kilogramm Luft, und es bestand Hoffnung, dass der angehängte Kompressor sie automatisch weiter auffüllen würde. Diesen Gefallen tat er aber nicht, ebenso wenig ließ sich Brennstoff in den Tagestank pumpen. Es war überaus unklar, ob die vorhandenen Restmengen reichen würden, das Schiff von Schlutup nach Travemünde zu bringen. Nach einigen Testläufen war der Uhrzeiger bereits auf halb vier vorgerückt. Das hieß Mitte Januar, dass es zu dämmern begann. Und damit kam ein zusätzliches Problem auf – die *Stadt Kiel* besaß im Moment als einzige Außenbeleuchtung ein Topplicht. Als Geisterschiff ohne Positionslaternen über den Fluß zu fahren, war nicht nur gefährlich, sondern schlicht verboten. Jetzt oder nie, nach kurzem Schiffsrat fiel der Beschluss, loszufahren. Der historische Augenblick war gekommen. Nach vier Jahren wurden die Leinen losgeworfen, langsam bewegte sich die *Stadt Kiel* vom Liegeplatz weg und drehte ins Fahrwasser. Auf einmal schallte ein gellender Pfiff über die Trave. Er kam von Heinz Fabian, der fassungslos am Ufer stand. Auf dem Vorschiff des Dampfers befand sich nämlich immer noch sein Generator. Zwar war ihm am Wochenende mitgeteilt worden, dass am Montag Abfahrt wäre, sodass er ihn zuvor besser von Bord holen sollte. Er hatte in der für ihn typischen, lässigen Art entgegnet, „ja, ja, das wird schon gemacht", aber wohl nicht ernsthaft geglaubt, dass sich das Schiff nach vier Jahren Fahrpause tatsächlich aus dem Staube machen könnte. Jetzt war trotz der Dämmerung von Bord aus zu sehen, wie ihm schier die Augen aus dem Kopf zu fallen drohten, als er seinen Generator samt dem vermeintlichen Schrottschiff einfach traveabwärts entschwinden sah.

Andere Zeugen der Passage mussten sich wohl vorsätzlich ihre Wachsamkeit verkneifen. Am Wegesrand lag die Station der Lübecker Wasserschutzpolizei. Als die fast unbeleuchtete *Stadt Kiel* im Zwielicht des frühen Abends vorbeituckerte, schienen sich die Gesichter der Beamten tief in Akten gesenkt oder deren Blick demonstrativ in die entgegengesetzte Richtung gewandt zu haben. Niemand machte Anstalten, sie zu stoppen, wie es augenscheinlich nahe gelegen hätte. Immerhin lag ein offizieller Bescheid des Wasser- und Schifffahrtsamtes vor, der ihr die Fahrt auf der Trave untersagte. Zu groß war die Sorge, nach sechs Jahren ohne Reparatur könnte der Rumpf so marode sein, dass ein Untergang im Fahrwasser drohte. Gott sei Dank wussten die Beamten einiges andere nicht: dass die Steuerung über ein lediglich notdürftig verkeiltes Ruderrad erfolgte, das immer wieder mit einem Hammer auf der Steuersäule festgeschlagen werden musste. Dass in der Besatzung nur zwei wirkliche Seeleute waren und der Maschinist den Motor zum ersten Mal bediente. Oder dass die Maschinenbilge so voll Wasser stand, dass das Schwungrad darin eintauchte und das ölige Nass fortwährend auf die Flurplatten schöpfte. Und auch die Funktionsfähigkeit des Lenzsystems blieb mit Fragezeichen behaftet. Es war also alles in allem ein Zustand, den man auf einem hinterindischen Flussschiff vielleicht eher erwartet und hingenommen hätte. Für vorschriftentreue deutsche Gesetzeshüter glich die Rostlaube wohl mehr einem Fliegenden Holländer. Dank deren nicht ganz so vorschriftentreuer bewusster Unaufmerksamkeit ließ sich diese Klippe erfolgreich umschiffen. Jedoch auch so war die Überfahrt tückisch wie die durch felsige Küstengestade – niemand sah mehr richtig, wo das Fahrtziel lag. Endlich erschienen schemenhaft große Buchstaben im Dunkeln: Baltika-Werft. Das Ziel war zum Greifen nah. Mit langsamer Fahrt näherte sich die *Stadt Kiel* der Slipanlage. Kurz davor musste die

Maschine stoppen. Was das beim Autofahren mit leerer Batterie heißt, weiß wohl jeder – ehe man es sich versieht, ist buchstäblich der Ofen aus. Ähnlich verhielt es sich mit dem Diesel, doch zur Erleichterung aller sprang er gleich wieder an. Zu allem Überfluss war die Verständigung zum Maschinenraum sehr schwierig, Jürgen Bohne stand am Sprachrohr, um die Fahrbefehle Rummers an die Maschine zu übermitteln. Dort mussten die Worte aus dem ohrenbetäubenden Rattern des Hilfsdiesels herausgefiltert und von Dieter Böhm in Manöver umgesetzt werden. Ohne den Jockel hätte man aber im Dunkeln gestanden, also musste sein Lärm in Kauf genommen werden. Kapitän Rummer schaffte es schließlich, das Schiff weich an den Slip heranzuführen. Als er es zu guter Letzt abstoppen wollte, ging die Maschine aber doch aus. Der Steuerstern klemmte, die Luft blies nur noch durch, der Diesel gab keinen Mucks mehr von sich. Es gelang Tom Bardenhagen jedoch, die Achterleine über einen Poller zu werfen. Mittschiffs war von Unruh ebenso zielsicher, sodass die Schiffsmasse endlich zum Stillstand kam. Die Crew konnte sich Angst- und sonstigen Schweiß abwischen, die *Stadt Kiel* lag sicher an der Baltika-Werft fest. Jetzt, wo alles vorbei war, ließ sich die Maschine auch wieder starten, als wäre nichts gewesen. Damit fühlte sich von Unruh zumindest gegenüber Uwe Rummer gerechtfertigt, dessen vorherige Skepsis er mit demonstrativ zur Schau gestelltem Zweckoptimismus beschwichtigt hatte, dass der Diesel auf jeden Fall mitmachen würde.

Schwitzende Werftarbeiter, Piraten und Muschelernte

Als nächstes wurde Werftleiter Jeschke Vollzug gemeldet. Der hatte die Ankunft einerseits erwartet, weil sie ja nun einmal angekündigt war. Andererseits hatte der Vernunftsmensch in ihm nicht wirklich damit gerechnet, dass das Schiff in seinem beklagenswerten Zustand die Fahrt tatsächlich schaffen würde. Sein Kommentar zur Geisterfahrt war: „Mensch, Unruh, Sie sind ja ein richtiger Pirat geworden." Für heute war genug getan, ein Taxi sollte die Überführungscrew zurück nach Schlutup bringen. Dessen Fahrer schaute etwas zweifelnd drein, als zunächst ein Ruderrad, ein Maschinentelegraph und mancherlei anderes Gerät in seinen Wagen gewuchtet wurde, ehe sich die frohgemute Gang dazugesellte. Am nächsten Tag zeigte sich, dass die ganze Aktion keinen Zeitaufschub hätte erfahren dürfen. Der schwerste Sturm des ganzen

Winters tobte übers Land – da wäre an eine Überfahrt nicht zu denken gewesen. Auf der Werft musste man sich auch in Geduld üben, aber es war nurmehr eine Frage der Wetterberuhigung. Am Mittwoch war es so weit – die *Stadt Kiel* hob ihren muschel- und tangschweren Rumpf aus dem Wasser. Abends gab Jeschke Bescheid, dass der Inspektion nichts mehr im Wege stünde. Das hieß zunächst für die Gang, dass es das Schiff mächtig zu „rasieren" galt. Tom Bardenhagen, Jürgen Bohne und Werner von Unruh fuhren am nächsten Nachmittag zur Werft. Da stand der mächtige Stahlkörper trocken vor ihnen, meterhoch im Slipwagen emporragend. Es war allerdings wenig Zeit, andachtsvoll innezuhalten. Umgehend wurde begonnen, dem Leben, das sich in den vergangenen Jahren auf dem Unterwasserschiff breitgemacht hatte, den Garaus zu machen. Planen wurden unter dem stinkenden Rumpf ausgelegt, damit die absehbar reiche Muschelernte nicht die Slipanlage verstopfte. Danach hieß es, den gewaltigen „Bart" im mühseliger Handarbeit abkratzen. Hinterher fühlten sich die drei Männer wie Muschelkönige. Die bange Frage war, welche Abgründe die Meerestiere womöglich gnädig verborgen hatten. Als die Schichten fielen, zeigte sich der Rumpf jedoch optisch in überraschend gutem Zustand. Die Plattenstöße sahen gut aus, ebenso schienen die Nieten besser in Schuss zu sein, als zu befürchten gewesen war. Schon schlenderte ein Meister heran, lustig pfeifend wohl in der Erwartung, bei der anstehenden Prüfung mit seiner Bohrmaschine den Rumpf mühelos in einen Schweizer Käse verwandeln zu können. Er begann am Vorschiff zu bohren, und schnell verstummte das fröhliche Liedchen. Sein Kopf lief rot an, während er versuchte, tiefer in den Stahl einzudringen. Schließlich setzte er die Maschine ab und pustete: „Ich bin schon mindestens bei zehn Millimetern und noch nicht durch." Das war nicht gut für seinen Kreislauf, aber umso besser für die Beurteilung des Schiffes. Nach und nach bohrte er sich in verschiedene Sektionen, um die Plattenstärke flächendeckend zu vermessen.

Am Freitag lag das ermutigende Ergebnis vor, das so niemand erwartet hatte: An der dünnsten Stelle war immerhin noch eine Dicke von 5,6 Millimetern festgestellt worden. Das hieß, dass die Chancen für eine Klassenerneuerung durch den Germanischen Lloyd gut standen. Damit waren die Weichen für den weiteren Erhalt des Schiffes gestellt. In einer Besprechung mit dem Werftleiter wurden die weiteren Maßnahmen abgestimmt. Dass der Tag feucht-fröhlich ausklang, versteht sich wahrscheinlich von selbst. Schon am nächsten Tag rief jedoch wieder die Arbeit. Michael Marxen, Michael Rentsch und Werner von Unruh rückten zur Durchführung erster Restaurierungsarbeiten an. Trotz einiger Anlaufschwierigkeiten als Folge der vorangegangenen Feier brachten sie die Pinsel schier zum Glühen. Das Unterwasserschiff erhielt einen komplett neuen Anstrich, darüber kam eine Schicht Antifouling, das einen schnellen Neubewuchs verhindern sollte. Damit hatte die *Stadt Kiel*, wenn auch zunächst nur in einem Bereich, der unter Wasser liegen würde, nach langen Jahren erstmals frische Farbe bekommen. Außerdem setzte die Werft neue Zinkanoden auf die Außenhaut, die weitere Anfressungen im Stahl vermeiden sollten.

Eine Badewanne macht noch kein Denkmal

Landeskonservator Hartwig Beseler war umgehend über den positiven Befund unterrichtet worden. Er empfahl, für ein Gutachten über die Schutzwürdigkeit als schwimmendes Denkmal mit dem Leiter des Deutschen Schifffahrtsmuseums in Bremerhaven, Dr. Detlev Ellmers, Kontakt aufzunehmen. Wie es der Zufall wollte, war der an diesem Wochenende gerade in Schleswig-Holstein unterwegs und versprach, sich am Sonntag, dem 23. Januar, das Schiff anzuschauen. In Lübeck angekommen, schien er spontan nicht sonderlich beeindruckt zu sein von dem, was da vor ihm auf dem Slip stand. Immerhin war er in Bremerhaven Herr über so geschichtsträchtige Schiffe wie den bereits erwähnten Schleppveteranen *Seefalke*, der nach seiner wundersamen Wiederauferstehung in Kiel nach dem Zweiten Weltkrieg noch viele Jahre Dienst getan hatte, das Segelforschungsschiff *Grönland*, die Bark *Seute Deern* oder das riesige U-Boot *Wilhelm Bauer*. Auf einer wackligen Leiter enterte Ellmers die sechs Meter zum Oberdeck der *Stadt Kiel* auf und betrat das Ruderhaus. Niemand von denen, die sich um die Rettung des Oldtimers bemüht hatten, konnte so recht nachvollziehen, warum Ellmers immer noch ungerührt blieb, als er anschließend den relativ intakten Salon darunter in Augenschein nahm. Doch arbeitete er sich tiefer in das Schiffsinnere vor, und je schlechter der äußerliche Zustand wurde, umso mehr nahm seine Begeisterung zu. Vor allem die Holzteile und die Mannschaftsräume fanden seine Bewunderung. Der Grund für dieses auf den ersten Blick etwas merkwürdige Verhalten war einfach: Ellmers kundiges Auge hatte die Umbauten der 50er Jahre, die die oberen Schiffsbereiche betrafen, als unwichtig im Denkmalssinne angesehen und stattdessen die Authentizität der original erhaltenen Bereiche trotz ihres Verfallszustandes erkannt. Am 8. Februar 1983 legte er ein entsprechend positives Gutachten vor. Für den Erhalt der *Stadt Kiel* sei ein öffentliches Interesse insbesondere aus historischen Gründen gegeben:

„[...] Trotz einiger Umbauten der 40er und frühen 50er Jahre ist die historische Substanz der Erbauungszeit von 1934 noch beträchtlich. Das betrifft Bautechnik und Linienführung des Rumpfes und große Teile der Innenausstattung der Passagier- und Mannschaftsräume. [...] Die entscheidenden Gründe für den schifffahrtsgeschichtlichen Wert dieses Schiffes ergeben sich durch den Vergleich mit anderen Fördeschiffen: Der ebenfalls als Kulturdenkmal einzustufende Fördedampfer Alexandra von 1908 in Flensburg repräsentiert die älteste erhaltene Generation der Fördeschiffe aus der Zeit vor dem Ersten Weltkrieg. Die zweite Generation zwischen den beiden Kriegen ist gekennzeichnet durch den Übergang von Dampf- auf Dieselantrieb, Beibehaltung der genieteten Außenhaut und eine im Prinzip vergleichbare, aber zeittypische Linienführung der kantigen Aufbauten. Die dritte Generation, die durch Schweißtechnik in der Außenhaut und eine völlig geänderte Rumpfform (‚badewannenförmig‘) und stromlinienförmige Aufbauten gekennzeichnet ist, begann in Kiel erst 1959 mit dem noch im Einsatz befindlichen MS Schilksee. D. h., alle wesentlichen Umbauten von MS Stadt Kiel fallen in jene schiffahrtsgeschichtliche Epoche, für die es ein typischer Vertreter ist. Man kann also an dem Schiff auch den Geschmackswandel in der Gestaltung aufzeigen, der innerhalb einer Generation stattfand, z. B. die scharfen Kanten aus den 50er Jahren vorn am oberen Aufbau. Dasselbe gilt auch von der Innenausstattung.

Denkmalpflegerischen oder musealen Schutz genießen in der Bundesrepublik Deutschland augenblicklich nur folgende zweieinhalb deutsche Passagierschiffe: Mittelteil des Raddampfers Meißen (1881) im Deutschen Schiffahrtsmuseum in Bremerhaven, Flußraddampfer Kaiser Wilhelm (1900), in Fahrt gehalten durch das Elbschiffahrtsmuseum in Lauenburg und einen Freundeskreis; Fördedampfer Alexandra (1908), wird z. Z. restauriert durch einen Freundeskreis, der die Infahrthaltung beabsichtigt. MS Stadt Kiel wäre in dieser Reihe das erste erhaltene Passagier-Motorschiff, das auch noch in Fahrt gehalten werden kann. Es ist nicht zu erkennen, wo sonst in der Bundesrepublik Deutschland ein anderes vergleichbares Schiff der Nachwelt erhalten werden könnte, zumal man in Flensburg alle Kräfte einzusetzen versucht für die Erhaltung des älteren Fördedampfers.

Auch die bisher erhaltenen Wasserfahrzeuge aus der Zeit der Weimarer Republik und des Dritten Reiches werden durch die Stadt Kiel um einen wichtigen, bisher in der Bundesrepublik für diese Zeit überhaupt nicht abgedeckten Schiffahrtsbereich ergänzt. Museal oder auf andere Weise der Nachwelt erhalten werden aus diesem Zeitraum z. Z. einige hölzerne und stählerne Küstensegler (z. B. im Museumshafen Övelgönne), eine

78

Reihe von Arbeitsschiffen (wie Eisbrecher, Rettungskreuzer, Schlepper, Walfangdampfer, Feuerschiff), mehrere U-Boote (z. B. in Laboe oder im Deutschen Museum in München), zwei große Segelschiffe (Schulschiff Deutschland in Bremen und Frachtsegler Seute Deern in Bremerhaven). Aber Passagierschiffe aus dieser Zeit fehlen bisher völlig. Es besteht deshalb an der Erhaltung des Fördeschiffes MS Stadt Kiel ein großes öffentliches Interesse sowohl für die betreffende Region als auch für das ganze Land Schleswig-Holstein, nicht zuletzt aber auch unter Berücksichtigung des Schiffsbestandes in der gesamten Bundesrepublik Deutschland.

Man sollte schließlich den ‚städtebaulichen‘ Aspekt nicht aus den Augen lassen. Schon auf den ältesten Stadtansichten von Kiel spielen Schiffe eine wichtige Rolle für den Gesamteindruck. Bis heute sind Schiffe ein wesentlicher Bestandteil des Stadtbildes geblieben. Die Stadt Kiel ist in der glücklichen Lage, mitten in ihrem Zentrum auch dem Schiffahrtsteil seines Stadtbildes eine historische Tiefendimension zu geben. Der Anfang dazu ist bereits gemacht durch die Schiffe des Kieler Schiffahrtsmuseums: Tonnenleger Bussard (1905) mit Dampfantrieb und Rettungskreuzer Hindenburg (1944) mit Dieselantrieb. Das Fördeschiff MS Stadt Kiel würde diese beiden Schiffe durch ein für Kiel besonders typisches Fahrzeug zu einem eindrucksvollen Ensemble ergänzen. […]

Ohne ein überzeugendes Nutzungskonzept sind weder alte Schiffe noch alte Gebäude auf lange Sicht zu erhalten. Die vorgeschlagene Nutzung als fahrtüchtiges Jugendschiff ist ein diskutables Konzept, wenn folgende Voraussetzungen erfüllt sind. Die geplante Trägervereinigung muß in der Lage sein, das Schiff durch viele freiwillige Arbeitsstunden in all' seinen Teilen innen und außen in fahrtüchtigem Zustand zu halten und Geld zusammenzubringen für die nicht unerheblichen dabei anfallenden Kosten. Es gibt gute Beispiele dafür, daß Vereine in der Lage sind, insbesondere wenn die Nutzung als Jugendschiff Geld und unter Anleitung auch jugendliche Hilfskräfte für nötige Wartungs- und Betriebsarbeiten einbringt. Eine ausreichend große Stamm-Mannschaft, die die Belastung der Fahreinsätze auf viele Schultern verteilt, so daß häufigere Einsätze möglich werden, müßte der Verein ebenfalls stellen können. […]"

In diesen Zeilen hatte Ellmers eine ganze Reihe von Punkten angesprochen, die für weitere Planungen relevant sein würden. Der wichtigste Aspekt war ohne Zweifel die künftige Finanzierbarkeit eines Museumsschiffes. Geldfragen standen schon jetzt ganz oben auf der Tagesordnung. Trotz weit reichender Eigenleistungen entstanden laufend neue Kosten. 1500 DM für das Docken waren privat vorgestreckt worden, doch schon hatten sich weitere 3500 DM aufsummiert. Der Werftleiter zeigte sich allerdings kooperativ – die Schulden würden über ein

Jahr gestundet. Auch sicherte er zu, dass die *Stadt Kiel*, wenn sie zurück im Wasser wäre, noch 14 Tage neben dem Slip liegenbleiben könne. Seine Intuition sagte ihm, dass daraus wohl sowieso ein Monat würde, und damit behielt er in der Tat Recht.

Die Ratten blieben an Bord

Am 25. Januar 1983 rutschte das aufgefrischte Schiff planmäßig zurück in sein Element. Die wirkliche Arbeit begann jetzt erst. Ein großes Problem stellte nach wie vor der Kompressor dar. Er wurde ausgebaut, und Michael Rentsch nahm ihn mit nach Hause zur Reparatur. Danach lief er zwar, erzeugte aber gleichzeitig einen solchen Lärm, dass sein Einsatz weiterhin nicht möglich war. Fortschritte gab es hingegen auf anderen Gebieten: Zur Verbesserung der Optik wurde die weiße Farbe des Brückenhauses bis auf das Naturholz heruntergezogen und abgebrannt. Das gab zwar hier und da Brandflecken, war im Ergebnis aber allemal schöner als der verblichene Anstrich. Rentsch stattete die leeren Kästen links und rechts der Brücke mit Positionslaternen aus, sodass die Wasserschutzpolizei bei der nächsten Fahrt nicht mehr in Gewissensnot gebracht werden müsste. Just am Tag, an dem Marianne Bachmeier zu sechs Jahren Haft verurteilt wurde, waren ihre Nachfolger auf der *Stadt Kiel* damit beschäftigt, die letzten Reste ihres Hausstandes auszumisten. Dabei kam immerhin ein voller Container ziemlich unappetitlichen Unrats zusammen – die Palette reichte von Lebensmitteln bis zu alten Matratzen. Vielleicht war es ein gutes Zeichen, dass die Ratten das Schiff die ganze Zeit nicht verlassen hatten – die vergammelten Schlafunterlagen hatten den Tieren offenbar Platz für eine ganze Reihe von Nestern geboten. Die Hauptmaschine wurde vom gröbsten Rost befreit, der zum Teil vom Schornstein ins Schiffsinnere gefallen war. Mit den letzten Reserven der Luftflaschen ließ sich der Roststaub von den Zylinderdeckeln blasen. Für diesen ersten Reinigungsgang musste ein handelsüblicher Staubsauger seine Qualitäten als Rostschlucker unter Beweis stellen. Michael Rentsch fand kurz darauf eine vorläufige Lösung des ewigen Kompressorproblems – bei der Firma Lobeck in Laboe lieh er sich ein Exemplar aus, das nicht mit einer Kupplung angesetzt, sondern mittels Keilriemen betrieben werden konnte. Werftarbeiter montierten den Verdichter, und bald gab es die begehrte Pressluft, sodass die Hauptmaschine fahrbereit war. Das Kapitel Luftflaschenbuckeln gehörte endgültig der Vergangenheit an. Nur der Hilfsdiesel wollte sich weiterhin nicht überzeugen lassen, dass die vom Kompressor erzeugte Luft ihn ebenso zum Laufen bringen sollte wie die Hauptmaschine. Solange niemand den „Sesam-drehe-dich"-Trick herausfand, den nur Erich Edel kannte, verhalf allein fleißiges Kurbeln dem Jockel zu den nötigen Umdrehungen. Ein weiteres Problem stellte die Tagestankpumpe dar, die offenbar keinen Brennstoff aus den vermeintlich vollen Bunkern förderte. Die Ursache fand sich, als den Dingen buchstäblich auf den Grund gegangen wurde – beim Öffnen des Mannlochdeckels an diesem Tank zeigte sich, dass er fast leer war. Dass der Peilstock eine Füllung vorgegaukelt hatte, lag ganz einfach daran, dass er im Innern abgeknickt war. Die letzten Ölreste reichten jedoch aus, den Tagestank so weit aufzufüllen, dass ein kurzer Törn möglich wäre.

Noch einmal zum „Schrottplatz"

Die Tage in der Baltika-Werft neigten sich dem Ende entgegen. Mit Klaus Jordt, dem jetzigen Besitzer der Marina am Stau, war vereinbart worden, dass die *Stadt Kiel* dort befristet weiteres Asyl finden konnte, wo sie ursprünglich verschrottet werden sollte. Ende Februar 1983 war es so weit – die Leinen wurden losgeworfen, und das Schiff, das als vermeintlicher Hochofenkandidat zur Werft gehumpelt war, begann mit einer kleinen Fahrt den Weg in eine große Zukunft. Zu den hilfsbereiten Werftarbeitern schallte ein dreifacher Typhongruß hinüber, ehe Jürgen Bohne das Leihruder Kurs Fahrwasser legte. Auf dem letzten Stück des Weges herrschte Eisgang. Mit mächtigem Rumpeln schoben sich Eisschollen am Rumpf entlang. Endlich kam der altvertraute Liegeplatz an der Herrenbrücke in Sicht. Mit einer langen Achterleine wurde das Schiff an einen Schwimmsteg gezogen. Über den Bug mussten die Männer schließlich metertief darauf hinunterklettern, um nach dieser kurzen Tour an Land zu kommen.

Festen Boden unter den Füßen hatte man auch bei den nächsten Schritten zum Schiffserhalt. Matthias Buchholtz vom DRK hatte schon nach dem Vorliegen der ersten Messergebnisse der Werft am 19. Januar 1983 ein Gespräch mit seinem Präsidenten, Dr. Schlegelberger, geführt. Die beiden kamen zum Ergebnis, dass ein Förderverein ohne Beteiligung des DRK gegründet werden und einige Vorleistungen erbringen müsse. Dann könne der Verein offiziell an den Verband herantreten und einen Plan vorschlagen, wie dieser in eine Nutzung einzubinden sei. Den würde Schlegelberger anschließend dem Präsidium vorlegen. Bis zu einem Beschluss dieses Gremiums gäbe es keinerlei Zusage des DRK über mögliche Beteiligungen. Bei einer positiven Entscheidung könnte eine Nutzung des Schiffes durch das DRK so aussehen, dass interessierte Mitglieder die Möglichkeit hätten, das Schiff in einer auf zwei bis drei Jahre angesetzten Renovierungsphase in Eigenbeteiligung herzurichten. Danach war an einen Einsatz als Jugendschiff gedacht, wovon man sich versprach, die derzeit geringe Attraktivität des Jugendrotkreuzes zu steigern. Das Schiff würde als Heimstatt einer Wanderausstellung des DRK dienen und während der Liegezeiten in Kiel Tagungsstätte sowie Unterkunft für Jugendrotkreuzler sein. Ungewöhnliche Öffentlichkeitsarbeit und soziales Lernen könnten, so hoffte man, zu einem Synergieeffekt zwischen der Renovierung des Dampfers und der Attraktivität des Jugendrotkreuz führen.

Am 24. Februar fand eine weitere Besprechung in den Räumen des Roten Kreuzes statt. Die Runde war diesmal größer: Acht Männer vom Schiff waren dabei, außerdem Matthias Buchholtz und der Geschäftsführer des DRK, Dr. Uebelhoer, sowie als Pressevertreter Bruno Bock. Dessen anfängliche Skepsis war mittlerweile verflogen, er zeigte sich aufgeschlossen und bereit, die weiteren Schritte publizistisch zu unterstützen, was nicht zuletzt ein Ergebnis der beharrlichen Überzeugungsarbeit von Matthias Buchholtz war. Vom 25. bis 27. Februar 1983 stand der „Kieler Umschlag" vor der Tür, ein mittelalterliches Marktfest, dessen neuzeitliche Kopie die Festlücke von einer „Kieler Woche" zur nächsten mit allerlei Spektakel überbrücken sollte. Einen Programmpunkt stellte ein so genannter Hafenrees im Terminal der schwedischen Stena-Line dar. Bock als Schifffahrtsexperte sollte ihn moderieren und dabei ein für die *Stadt Kiel* wichtiges Ereignis ankündigen: Im Anschluss an den maritimen Talk würde der Förderverein aus der Taufe gehoben, dem Michael Rentsch sein langjähriges Sorgenkind endlich offiziell übertragen könnte. Dr. Uebelhoer führte in einer längeren Rede die Bedingungen aus, unter denen sein Verband sich ein Engagement vorstellen konnte. Die darin zum Ausdruck kommende zögerliche Haltung löste Stirnrunzeln bei den anderen Anwesenden aus. Bremsen konnte dieser Teilrückzug den weiteren Gang der Dinge nicht mehr. „Dann machen wir unseren Verein eben so", sagte Michael Rentsch lakonisch. Immerhin verfügte er mittlerweile offiziell über ein „Kulturdenkmal, dessen Erhaltung im öffentlichen Interesse ist." Am 21. Februar hatte er diese Bestätigung von Dr. Beseler erhalten, der den Schiffsstatus damit dem der *Stettin* gleichstellte.

Rees, Schnaps, Fisch und ein neuer Verein

Tags darauf begann der Kieler Umschlag 1983, an dem der künftige Verein sich erstmals der Öffentlichkeit präsentieren wollte. Asmus Bremer, die Reinkarnation eines Kieler Bürgermeisters aus der Zeit des ursprünglichen Marktfestes, wurde wiedererweckt und eröffnete die Festtage. War der winterliche Rummel in den letzten Jahren schon zur festen Institution geworden, so stellte der so genannte Hafen-Umschlag, zu dem der Rees gehörte, eine Neuerung dar. Das Experiment erwies sich als voller Erfolg – wahre Völkerscharen stürmten die Göteborg-Fähre *Kronprinsessan Victoria*, die ihre Pforten geöffnet hatte. Vom Zollhund bis zur Rangierlok wurde Hafenbetrieb zum Anfassen präsentiert. Der Hafendirektor gewann bei einer Verlosung die Fahrt mit dem Boot des Hafendirektors, und der ohnehin für drei Tage entmachtete Oberbürgermeister Karl-Heinz Luckhardt wurde von farbenprächtigen Kanonieren auf der Fähre in Handschellen gelegt. Er hatte keine Legitimation zum Betreten schwedischen Bodens und kam erst gegen das Vortragen eines Liedes wieder frei. Wer nach alledem nicht genug von maritimer Spektakelei hatte, konnte sich am nächsten Morgen zum Hafenrees im eleganten Schwedenkai-Terminal einfinden. In diesem Rahmen wurden gleich eine ganze Reihe froher Botschaften verkündet: Reeder Cassen Eils stellte den Einsatz eines eleganten Bäderschiffes, der *First Lady*, für die Butterfahrt ab Kiel in Aussicht. Für die Indienststellung der *Thor Heyerdahl*, einem nach langjähriger Renovierung momentan noch in Dietrichsdorf vertäuten Dreimast-Toppsegelschoner, wurde ein Termin im Frühjahr festgeklopft. Dieser ehemalige Frachter, der zuvor 50 Jahre als Lastesel zwischen Mittelmeer und Karibik gefahren war, hatte am 19. Dezember 1980 bei den Howaldtswerken festgemacht und war seither in Privatinitiative zum zweitgrößten zivilen deutschen Segelschiff umgebaut worden. Zu den Gästen der maritimen Talkshow gehörten weiterhin Michael Rentsch und Werner von Unruh. Sie gaben die Absicht der Vereinsgründung bekannt und nutzten die Chance, sogleich um Freiwillige für die umfangreichen anstehenden Arbeiten zu werben. All diese guten Nachrichten galt es hinterher trotz der Morgenstunde mit einer Unzahl von Schnäpsen zu begießen. Sie fanden reichlich Platz auf einem Tablett mit dem rekordreifen Durchmesser von 1,82 Metern, dargeboten vom Terminal-Kantinenpächter Ewald Christiansen. Da kam der fangfrische Fisch, den Kutter anschließend direkt von der Ostsee anlieferten, gewiss gerade richtig.

Kaum, dass die Folgen solcher Beköstigung halbwegs ausgestanden waren, vollzog sich am 27. Februar 1983 um 11 Uhr planmäßig die Gründung des „Fördervereins MS *Stadt Kiel*". Zehn Männer sowie eine Frau nahmen an der ersten Versammlung teil. In der Überzahl waren dies natürlich jene, die in den vergangenen Monaten fast ihre gesamte Freizeit für das Schiff geopfert hatten, nämlich Dieter Böhm, Jürgen Bohne, Matthias Buchholtz, Erich Edel, Michael Rentsch, Uwe Rummer und Werner von Unruh. Aufmerksam geworden durch die Presseveröffentlichungen waren Irene Westphal und Rudolf Jacobi, seines Zeichens Nautiker und Bruder von Erwin Jacobi, hinzugestoßen. Schließlich ergänzten Norbert Nielson, ein Schiffbauer von Howaldt, sowie Dieter Koch, ein dampfschiffbegeisterter Apotheker, das Team der ersten Stunde. Jetzt wurde es ernst: Eine Satzung war zu verabschieden und ein Vorstand zu wählen. Der erste Punkt gestaltete sich einfach – kurzerhand wurde die Satzung des *Stettin*-Fördervereins in wesentlichen Zügen übernommen. Dessen Vereinsziel wurde dahingehend umformuliert, die *Stadt Kiel* als technisches Kulturdenkmal zu erhalten und für Jugend- wie Sozialarbeit zu nutzen. Der zweite Tagesordnungspunkt stand unter dem von Rentsch ausgegebenen Motto: „Kneifen gilt nicht". Daran hielten sich auch alle brav, sodass wenig später einmütig ein Vorstand gekürt war mit von Unruh als erstem sowie Rummer und Rentsch als zweiten Vorsitzenden. Die Kasse hatte Jürgen Bohne zu warten und Irene Westphal mit Rudolf Jacobi zu prüfen, Schriftwart wurde Matthias Buchholtz. Damit war dem Vereinsrecht vorerst Genüge getan, und man konnte sich wieder den drängenden praktischen Aufgaben zuwenden.

Wie zuvor versprochen, spendete Michael Rentsch dem frisch gebackenen Verein das Schiff. Als nächstes sollte es endlich in den angestammten Heimathafen zurückgebracht werden. Erich Edel wollte dies für den Maschinenbereich, Rudolf Jacobi für Deck und Ausrüstung vorbereiten. Wo aber sollte die *Stadt Kiel* nach der Rückkehr festmachen? Weder im Rathaus noch bei der KVAG war bis dato eine große Begeisterung für das ganze Vorhaben zu spüren. Umso mehr zeigte man bei den Howaldtswerken ein Herz für Oldtimer. Werner von Unruh hatte kurzerhand HDW-Vorstandsmitglied Klaus Neitzke angesprochen, der spontan einen kostenlosen Liegeplatz im Dietrichsdorfer Stammwerk anbot. Hier standen reichlich freie Kaiflächen zur Verfügung, nachdem Schiffbau und -ausrüstung nach und nach im Mitte der 1970er Jahre erbauten 500 000-Tonnen-Dock in Gaarden konzentriert worden waren. Im Augenblick wurden die Kajen überwiegend für aufliegende Handelsschiffe genutzt und für die Restaurierung der *Thor Heyerdahl*, die die Howaldtswerke ebenso großzügig wie später die *Stadt Kiel* unterstützten, indem sie „Manpower" und Infrastruktur zur Verfügung stellten. Dieses gut 50 Meter lange 211-BRT-Schiff verdankte seinen neuen Lebensabschnitt zwei Männern, die sich in den 70er Jahren auf dem Stückgutfrachter *Goslar* kennen gelernt hatten, dem Elektriker Günter Hoffmann und dem nautischen Assistenten Detlef Soitzek. Dieser gehörte später zur Crew einer Expedition des norwegischen Forschers Thor Heyerdahl, während Hoffmann Pläne für ein Segelschiff schmiedete, auf dem Jugendarbeit geleistet werden sollte. 1979 hatte er das altersschwache panamaische Küstenmotorschiff *Minnow* in einem Harburger Hafenwinkel entdeckt und am 17. August kurz entschlossen für 5700 DM ersteigert, nachdem es einem Schrotthändler nicht mehr als 5000 DM wert gewesen war. Rumpf und Maschine des 1930 in Westerbroek in Holland erbauten Kahnes waren durchaus noch brauchbar. Das äußerliche Erscheinungsbild wurde von den zweien während eines Jahres mühseliger „Heimarbeit" in Abbenfleth so weit geliftet, dass HDW sich hatte überreden lassen, dem Schiff für den weiteren Ausbau einen Liegeplatz in Dietrichsdorf zu überlassen. Als es am 19. 12. 1979 den Nord-Ostsee-Kanal passierte, gehörte auch Arved Fuchs zur Überführungscrew, der sich später durch waghalsige Expeditionen in den Bergen mit Reinhold Messner und im Polarmeer mit dem Kutter *Dagmar Aaen* einen Namen machte. Zunächst wurde die *Minnow* im HDW-Dock 13 gesandstrahlt und geprimt, ehe sie von Hoffmann, Soitzek und einer kleinen Schar von Enthusiasten in täglichen 14- bis 16-Stunden-Schichten nach und nach zu einem Toppsegelschoner umgebaut wurde. Am 22. 10. 1982 konstituierte sich ein Trägerverein, und am 13. 11. fand im Beisein von 120 Gästen die feierliche Taufe durch den Namenspatron Thor Heyerdahl statt. Mittlerweile war der ehemalige Frachter weitgehend fertig gestellt, und wenn die *Stadt Kiel* eintreffen würde, stand die erste Reise des fortan in Kiel beheimateten Segelschiffes unmittelbar bevor. Es verließ am 7. 5. 1983 den Werfthafen zur ersten Gästefahrt, zwei Wochen später hatte sich der Traum der Eigner erfüllt, der Dreimaster begann eine neue Karriere als Schiff für erlebnispädagogische Jugendarbeit, die ihn fortan mit bis zu 32 Passagieren und 12 Mann Besatzung in der Sommersaison nach Skandinavien und im Winter in die Karibik und auf die Kanaren führte.

In Lübeck wurde derweil die Überführung der *Stadt Kiel* vorbereitet. Natürlich mussten Rettungsmittel an Bord sein, einmal mehr waren Maschinentelegraph und Ruderrad aufzutreiben. Zum Steuern kam diesmal das Rad eines Binnenschiffes zum Einsatz, das erheblich besser passte als jenes der *Hindenburg*. Was die Befehlsübermittlung in den Maschinenraum anging, so fiel von Unruh der Telegraph der längst verschrotteten

Heikendorf ein, den er im Besitz des letzten Eigners Ingo Jaich wähnte. Der hatte ihn zwar unterdessen dem Kieler Schifffahrtsmuseum überlassen, jedoch sollte er nach dessen Einschätzung ausleihbar sein. „Die hängen ihn ja sowieso nicht auf", war die Klage des Spenders. Ein Anruf bei Museumschef Jensen genügte tatsächlich, um der *Stadt Kiel* den perfekt passenden, weil mit dem verschollenen Original identischen Telegraphen zu verschaffen. Endlich war es so weit, der Fahrtermin wurde auf den 16. April festgeklopft, Einladungen an Vereinsmitglieder, deren Verwandte, Freundinnen und Freunde verschickt. Bevor der große Törn starten konnte, waren allerdings noch zwei kurze Fahrten zu absolvieren. Die erste begann zur Mittagszeit des 15. Aprils und ging lediglich vom angestammten Liegeplatz zur gegenüberliegenden Wassertankstelle. Hier machte man große Augen, als statt der sonst üblichen, schnittigen Yachten der heruntergekommene, klobige Kahn an die Zapfsäulen heranscherte und 500 Liter Diesel geordert wurden. Als der Tank gefüllt und ein Scheck über immerhin 750 DM überreicht war, führte der nächste Weg zur Baltika-Werft. Der Belegschaft wurde als Dank für die umfassende Unterstützung ein Fass Bier übergeben und ein letztes Mal der Werftkai als Liegeplatz für die Nacht in Anspruch genommen. Michael Rentsch dokterte ein wenig an der Maschine herum, damit sie am großen Tag, der vor der Tür stand, auf allen acht Zylindern laufen konnte. Als Schutz gegen ungebetene Gäste wurde ein Schild mit der Aufschrift „Achtung Seuchengefahr" aufgestellt, ehe die Überführungscrew zur Übernachtung auf die in der Nähe vertäute *Stettin* wechselte. Diese Nacht brachte den wenigsten wirklich Ruhe. Würde das alte Schiff die Seefahrt überstehen? War wirklich alles bedacht worden? Besatzungsintern gab es jedenfalls keine Einigkeit darüber, ob es zu verantworten war, ein Kind mit an Bord zu nehmen. Es handelte sich hierbei um den damals 12-jährigen Jürgen Marth, der schon als Kleinkind durch seinen Vater die ersten Kontakte zum Schiff geknüpft hatte und jetzt an der Wiederinbetriebnahme seines einstigen Spielplatzes mitwirken wollte[23]. Aber war nicht die Stabilität des Rumpfes gerade geprüft worden? Der Kurs würde zudem küstennah abgesteckt werden, es gab ausreichend Rettungsmittel und Seenotraketen – was sollte also schief gehen? Solche Gedanken gingen denen, die die Verantwortung tragen sollten, in den langen Stunden der Nacht durch den Kopf. Allein, es gab kein Zurück mehr.

„Du duftest so herrlich wie früher" – Heimkehr nach 6 Jahren

Der 16. April 1983 brach an. Auf der *Stettin* gab es ein frühes Wecken, damit die *Stadt Kiel* pünktlich um acht seeklar gemacht sein konnte. Zehn Stunden später, so die Ablaufplanung, sollte sie in Laboe, eine Stunde darauf am Liegeplatz IV von HDW festmachen. 20 Menschen hatten sich an Bord eingefunden, ausdrücklich auf eigenes Risiko. Erich Edel packte sein Kesselpäckchen aus mit den Worten: „Ich hätte nicht gedacht, dass ich das nochmal brauchen würde". In der Zwischenzeit hatte er Dieter Böhm ebenfalls in die Geheimnisse der Maschine eingeweiht, sodass beide in der Lage waren, sie im Alleingang zu fahren. Aus alten Tagen wusste niemand so gut wie Edel, wo und wie der Diesel zu kitzeln war. Ein wenig drehen an diesem, ein wenig schrauben an jenem Zylinder, schon puffte die Maschine los, erst langsam, dann immer flotter. Die Spannung an Bord war trotzdem mit Händen zu greifen, als sich der Schiffsbug in Richtung offenes Meer drehte. Als die *Stettin* querab lag, gab es dreimal Lang aus dem Typhon von Veteran zu Veteran. Die Travemünder Hafenmolen glitten vorbei, das Land blieb zurück. Je mehr die *Stadt Kiel* zuverlässig wie ein Uhrwerk Meilen machte, umso deutlicher löste sich die anfängliche Nervosität. Nach vier Stunden war die Fehmarnsund-Brücke erreicht, und jetzt sollte geschaut werden, was die Maschine hergeben konnte. Zwar war es Erich Edel nicht möglich, wie auf Dampfschiffen „eine Schippe draufzulegen", aber trotzdem brachte er die Kolben fast zum Glühen. Mit schäumender Bugwelle zog die *Stadt Kiel* durch den Sund, 11,5 Knoten Geschwindigkeit wurden gemessen. Das war nicht nur ein Tempo wie in alten Tagen, sondern auch genug, den heutigen Fördeschiffen Paroli zu bieten. Die Quittung war, dass der Zeitplan ins Wanken geriet – man war ihm eindeutig voraus. Da half nur eins: Auf Höhe von Schönberger Strand, Kiel schon in Sichtweite, hieß es „Maschine stop. Angeln raus!" Mit der Auffüllung der Kombüsenvorräte wollte es zwar nicht recht klappen, der Stimmung tat dies jedoch keinen Abbruch. Endlich war es so weit, Schlag sechs hatte die *Stadt Kiel* ihr altes Revier erreicht, wurden die Leinen an der Mole von Laboe festgemacht, um Gäste vor der letzten Etappe an oder von Bord zu lassen. Jetzt war der Zeitpunkt gekommen, an dem es erstmals zu einem Zusammentreffen mit den heutigen Fördedampfern kam. Seit 1981 wurden die traditionellen Wasserbusse nach und nach abgelöst durch moderne Zweideckschiffe von 33 Metern Länge und knapp 300

BRT Vermessung, die mit Doppelschornsteinen, Bugstrahlruder und Wulstbug ausgerüstet waren. Als Alt-Bundeskanzler Helmut Schmidt ihrer bei einem Kiel-Besuch erstmals ansichtig wurde, soll er angesichts der klobigen High-Tech-Schiffe erschrocken gefragt haben: „Was sind denn das für hässliche Entchen?" Auf den rundum verglasten Brücken dieser Schiffe hatte man für die betagte Vorgängerin, die da jetzt zernarbt von den Zeitläuften heimkehrte, keinen Blick und keinen Gruß. Mehr noch – demonstrativ wie weisungsgemäß schauten die Kapitäne weg, als sie ihnen entgegentuckerte. Zu groß war die Sorge der KVAG-Oberen gewesen, dass in dem Oldtimer eine Konkurrenz in der Fördefahrt erwüchse und zudem der Eindruck entstehen könnte, ein kleiner Förderverein wäre der traditionsreichen Reederei überlegen darin, ein Schiff zu erhalten. Der Empfang im Heimathafen fiel also etwas frostig aus. Davon unbeeindruckt nahm man Kurs auf den KVAG-Anleger in Mönkeberg, um die letzten Gäste abzusetzen, ehe es auf die Zielgerade zum nahen Howaldt-Ausrüstungsbecken ging. Auf engstem Raum musste das Schiff hier 90 Grad gedreht werden, bevor es pünktlich um 19 Uhr mit der Backbordseite am inneren Querkai festmachte. Dort warteten schon Vertreter der Werksfeuerwehr, die den Schiffszustand kritisch beäugten. Sie fanden nichts auszusetzen und nahmen den Oldtimer daraufhin mit unter ihren Schutz. Auch Ruth Edel als „Maschinistengattin" erwartete die Heimkehrenden. Als ihr Mann stolz aus dem Maschinenraum kletterte, streckte sie prüfend ihre Nase in die Luft und rief begeistert: „Erich, du duftest so herrlich wie früher – ich liebe diesen Geruch von Diesel." Schließlich war die Presse noch zu befriedigen und anzukündigen, dass man hoffe, schon zur „Kieler Woche" in gut zwei Monaten das Schiff präsentieren zu können. Seine Feuertaufe hatte es jedoch zweifellos bereits am heutigen Tag gehabt.

Auferstanden in Ruinen

Der Liegeplatz in Dietrichsdorf passte ganz gut zum Erscheinungsbild der *Stadt Kiel*. Um beide stand es nicht zum Besten. Große Teile des Werftgeländes befanden sich nunmehr in einem Übergangsstadium vom Industriestandort zur Brache. Zwar reckten sich noch einige altehrwürdige Kräne empor, doch ihre Tage waren ebenso gezählt wie die der langgestreckten Werkshallen. Die Hellinge verfielen schon seit Jahren, in den Betonritzen wucherte Unkraut, und die Anzahl der das Gelände bevölkernden Kaninchen hatte die der Werftarbeiter längst in den Schatten gestellt. In dieses Bild zunehmenden Verfalls passte der Anblick der in geringer Entfernung schräg aus dem Wasser ragenden Aufbauten und Masten der *Galaxy*. Dieses Schiff, ursprünglich ein amerikanischer Minenleger, der sich im Zweiten Weltkrieg vor Okinawa seine Sporen verdient hatte, wurde in den siebziger Jahren der bekannte Piratensender „Radio London". Er hatte gerade bei Howaldt in Hamburg gelegen, als neue Gesetze gegen die Radiopiraterie die Eigner bewogen, das Schiff aufzugeben. Als „Nobody's Baby" blieb er zunächst dort liegen, bis er nach Kiel verholt und später in den vermeintlich sicheren Schutz der Ruine des U-Bootsbunkers Kilian gebracht wurde. Hier sank das 800-Tonnen-Schiff in einer Aprilnacht 1979 wohl aus Altersschwäche, und seither ragte sein Wrack aus den trüben Hafenfluten. Erst 1986 beseitigte die Stadt Kiel die still vor sich hin ölende *Galaxy* in einer aufwändigen, mehrtägigen Bergungsaktion, nachdem sie das Gelände von Howaldt erworben hatte.

In diesem etwas melancholischen Ambiente hatte die *Stadt Kiel* also festgemacht und kehrte der Promenade am gegenüberliegenden Westufer ihre Steuerbordflanke zu, die etwas präsentabler als die rostgescheckte Backbordseite war. Das äußere Erscheinungsbild zu verbessern war aus gegebenem Anlass der nächste Arbeitsschwerpunkt. Nachhaltige Besserung ließ sich auf die Schnelle aber nicht erreichen. Vielleicht war nach den aufreibenden vergangenen Wochen die Luft auch etwas raus, und entsprechend zaghaft wurde der Pinsel geschwungen. Eine deutliche Verbesserung trat erst ein, als mit frischen Kräften Erwin Jacobi anrückte, die Ärmel aufkrempelte und binnen kurzem den Rumpf im klassischen schwarz-weißen Glanz erstrahlen ließ. Der Schornstein allerdings musste sich vorerst mit einer gelben Schürze samt schwarzem Topp, den früheren Farben der Hafenrundfahrt AG, begnügen – an der Originalfarbgebung hatte die KVAG das Copyright. Im Gegenzug durfte sie zu ihrem Verdruss kein Schiff *Stadt Kiel* nennen – den Namen blockierte weiterhin das Original. Und wie sich im Fernsehen „2. Programm" nicht ganz so toll anhört wie „1. Programm", so wurde es bei der Reederei gewiss als Notlösung empfunden, eine *Stadt Kiel II* in der Flotte zu haben. Dahinter verbarg sich das 1978 eingecharterte, ehemalige Seebäderschiff *Westerland*, das seither die *Tom Kyle* in der Dänemark-Fahrt ersetzte.

Während einige Vereinsmitglieder damit beschäftigt waren, an ihrem aus vielerlei Gründen bei der KVAG unbeliebten Schiff herumzupusseln, um es zur „Kieler Woche" vorzeigbar zu machen, betrieb Matthias Buchholtz eifrig Lobbyarbeit. Am 18. Mai legte er dem DRK-Landesausschuss auf dessen Sitzung eine Nutzungskonzeption vor: „*[…] Nach* vielen Rücksprachen mit Mitgliedern des Fördervereines ist deutlich geworden, daß wir für das Schiff eine Aufgabe suchen und meinen, sie darin gefunden zu haben, daß das Schiff für Jugend- und Sozialarbeit des Jugendrotkreuzes eingesetzt werden kann. Wir denken daran, daß Mitglieder des Jugendrotkreuzes aus allen Kreisverbänden sich in Wochenendfreizeiten bis 1985 an der Renovierung beteiligen und dann nach Abschluß der Renovierung das Schiff für Jugendfahrten, Jugendfreizeiten, Riverboat-Shuffles und ähnliche Veranstaltungen nutzen können. An Bord befinden sich 12 Kojen, die ohne große Probleme wieder hergerichtet werden können, so daß das Schiff auch als ‚schwimmendes Hotel‘ für Mitglieder des Jugendrotkreuzes gelten kann. Mitglieder des Fördervereines, der aus Kapitänen, Lotsen, Steuerleuten, Schiffsmaschinisten, Dipl.-Ingenieuren und anderen Technikern besteht, haben sich bereit erklärt, nach der Renovierungsphase in nautischen und seemännischen Arbeitsgruppen wie auch in schifftechnischen Arbeitsgruppen junge Menschen aus dem JRK in ganz Schleswig-Holstein über Seemannschaft, Nautik und Technik auszubilden, um dann als Abschluß dieser Ausbildung in gemeinsamen Fahrten das Gelernte anzuwenden. M. E. bietet dieses Schiff dem Jugendrotkreuz die einmalige Gelegenheit, sowohl die Sehnsucht nach Altem und Nostalgischem wie auch nach Technik und Schiffen hier in Schleswig-Holstein durch ein Projekt zu realisieren, das in dieser Art wohl einzigartig ist. Das Schiff, das mittlerweile unter Denkmalschutz steht und als einziges fahrbereites Fahrgastschiff der Bundesrepublik diesen Schutz genießt, sollte gerade einer Jugendorganisation wie dem JRK Ansporn sein, hier eine Attraktion für die eigenen Mitglieder, aber auch für Gäste aus anderen JRK-Organisationen zu bieten, mit der es auch nach außen hin werben kann und sicherlich viel Freude haben wird. Der Förderverein wäre bereit, wenn das Präsidium des JRK Schleswig-Holstein in ihrer Sitzung am 01. 06. 83 dem Konzept des KJRK zustimmt, in die Satzung mit aufzunehmen, daß dieses Schiff der Jugend- und Sozialarbeit des Roten Kreuzes dienen soll. Damit wäre sichergestellt, daß dieses Schiff dem JRK als einziger Organisation dienen soll und deshalb auch von ihr gefördert wird. Der Träger des Schiffes ist der Förderverein MS Stadt Kiel e. V. mit Sitz in Kiel, der kooperatives Mitglied im DRK werden könnte und somit den Status eines ‚Ortsvereines‘ hätte. Da ich die Mitglieder dieses Vereines sehr gut kenne, kann ich hiermit garantieren, daß über Einsatz und Fahrten des Schiffes das JRK selber befinden könnte, und sowohl Mitglieder des Fördervereines wie auch Mitglieder der Lotsenbrüderschaft haben mir zu erkennen gegeben, daß sie bereit wären, einen kostenlosen Nautiker zu stellen, und auch bei den Maschinisten glaube ich sicherstellen zu können, hier stets *einen dienstbereiten Maschinisten zu haben. Der seemännische Dienst wie Festmachen und Decksarbeit könnte nach entsprechender Einweisung und Schulung von JRK-Mitgliedern durchgeführt werden.*

Für die Renovierungsphase ist es geplant, vier jugendliche Arbeitslose als sogenannte ABM-Kräfte zu werben, die die technischen Arbeiten wie Schweißen, Malerarbeiten, Installation u.ä. übernehmen. Mitglieder des Jugendrotkreuzes könnten hierbei helfen und könnten, sofern sie technische und handwerkliche Fähigkeiten haben, nach einem vorliegenden Plan systematisch bei der Renovierung und Restaurierung helfen. Durch Mitglieder des Fördervereines wäre es sichergestellt, daß die jeweilige Fachberatung und aktive Mithilfe von Fachleuten gewährleistet ist, so daß neben dem ‚Erfolgserlebnis‘ des Herrichtens und Gestaltens des ‚eigenen JRK-Schiffes‘ auch noch zusätzlich Fertigkeiten im Schiffbau und im Umgang mit Holz und Eisen erlernt werden. […]“

Was tut man nicht alles –
von tapezierten und gekauften Masten

Bis solche Ideen greifen konnten, musste vorerst improvisiert und Einfallsreichtum bewiesen werden. Ein Dachdecker aus dem nahen Ort Schönkirchen rückte samt seinem Kocher an. Er brachte Bitumen auf das Dach des oberen Salons auf, der bis dahin eher einer Tropfsteinhöhle geglichen hatte. Nun konnte dem landesüblichen Schietwetter ein wenig mehr Widerstand entgegengesetzt werden. Nach den Diskussionen anlässlich der Überführungsfahrt galt verstärktes Augenmerk den Rettungsmitteln. In diesem Fall half flinkes Kombinieren weiter: Als die *Stadt Kiel* in Laboe festgemacht hatte, sah man in einem Hafenbecken die *Wik* liegen. Diese kleine Fähre der KVAG war meistens auf dem Nord-Ostsee-Kanal zwischen der Wik und Holtenau im Einsatz gewesen, bis sie 1977 aus Kostengründen zurückgezogen wurde. Eine kleine Barkasse sollte viel ökonomischer sein. Leider wurde die *Hubert* nach wenigen Wochen Dienst vom russischen Frachter *Baltiskij 37* gerammt und versank wie ein Stein, ein Besatzungsmitglied ertrank. Erst danach sprach sich herum, dass das Schiff schon einmal unter dem Namen *Cäsar II* Schlagzeilen gemacht hatte: Bei der Kollision mit der HADAG-Fähre *Eppendorf* am 15. Februar 1972 hatte es auf der Elbe 17 von 45 Menschen an Bord in den Tod gerissen. Das Kapitel Barkassen auf dem viel befahrenen Kanal war im Licht dieser Ereignisse zu Ende, kaum dass es begonnen hatte. Den Zuschlag für den Liniendienst mit einem weniger anfälligen Schiff bekam im Rahmen einer Ausschreibung nicht mehr die KVAG, sondern die sonst im Wattenmeer tätige Adler-Reederei. Die *Wik* wurde seither nur noch als Ausputzerin im Fördeverkehr eingesetzt, bis die Motorenfirma Lobeck das 33-jährige Schiff erstand und am 1. April 1983 nach Laboe verholte. Hier lag sie von Stund an voll ausgerüstet, aber ohne konkrete Aufgabe. Auf der *Stadt Kiel* fragte man sich, ob die ganzen Schwimmwesten an Bord wohl noch jemals gebraucht würden. Tatsächlich rückte Franz Lobeck auf eine entsprechende Anfrage hin die Original-KVAG-Westen heraus, leider nicht als Spende, wie man hoffte, sondern nur gegen Bares. Der *Wik* brachte diese Einnahme nichts mehr, sie gammelte einige Jahre vor sich hin, bis 1991 die Hafenbehörden eine Zwangsverschrottung des maroden Schiffes anordneten.

Seine besten Tage hinter sich hatte auch der achtere Mast der *Stadt Kiel*. In ihm klafften aufgrund von Fäulnis so tiefe Löcher, dass keine noch so ausgefeilte Kosmetik sie zu kaschieren vermochte. Da ein neuer Mast nicht mal eben im Baumarkt gekauft werden konnte, entsann sich Erwin Jacobi einiger alter Tapetenrollen in seinem Keller. Damit wurden die Löcher kurzerhand übertapeziert. Einige Pinselstriche später glänzte der ganze Mast in unschuldig-frischem Gelb. Die Havarie eines anderen Schiffes verhalf der *Stadt Kiel* später zu einem Mast, der nicht jeden Moment umzustürzen drohte. Nach einer schweren Grundberührung hatte nämlich der Frachter *Garden Venus* mit aufgerissenem Schiffsboden im Juni 1983 das Werftbecken angelaufen. Bevor der Reparaturauftrag vergeben wurde, blieb er etliche Wochen dort liegen. Die Werftkräne hatten einen ihrer letzten Einsätze, als sie das Schüttgut aus den Laderäumen baggerten. Dafür waren sie eigentlich nicht konzipiert, entsprechend lange dauerte das Löschen des Havaristen. Dies zusammen gab Zeit genug, auf dem Schiff eine Stange zu entdecken, die trefflich als Mast dienen und günstig erworben werden konnte. Als die reparierte *Garden Venus* längst wieder die Weltmeere befuhr, blieb so ein Stück von ihr dauerhaft auf der Kieler Förde zurück.

Eine gute Nachricht kam am 10. Juni von der Krupp-MaK-Maschinenbau GmbH. Die Firma, die einst den Motor für die *Stadt Kiel* geliefert hatte, erklärte sich bereit, das Schiff mit der Lieferung von Ersatzteilen, die sie in ihrem Bestand reichlich wusste, zu unterstützen. Finanzielle Hilfe gab es von der Ratsfraktion der Grünen, die ohne das sonst in der Politik übliche öffentliche Getue durch ihr Kulturausschussmitglied Mins Minssen diskret einen Scheck überbrachte. Ebenso generös zeigte sich die Firma Raab-Karcher, die für die Kieler-Woche-Auftritte

1500 Liter Treibstoff spendete. Ein großer Ölmulti hatte zuvor eine Absage erteilt mit der lapidaren Begründung: „Es gibt so viel Not auf der Welt – wir spenden nicht für Vergnügungsfahrten."

Die „Stadt Kiel" brennt – zur Übung

Entscheidend für den weiteren Gang der Dinge war, dass aufgrund des schnellen Arbeitens von Erwin Jacobi das Schiff frisch gemalt zur Kieler Woche 1983 vorgestellt werden konnte. Premiere war die Begleitung der traditionellen Aalregatta am 18. Juni von Kiel nach Eckernförde. Bei dieser Wettfahrt startet eine kleine Bootsarmada zu einer Tagesfahrt in die kleine Nachbarstadt. Bei der Ankunft je nach Windstärke einige oder etliche Stunden später erhält jedes teilnehmende Boot als Anerkennung einen Aal, wie das Regattamotto schon ahnen lässt. Wenn alle Schiffe schließlich im engen Hafenbecken festgemacht haben, kann man bequem trockenen Fußes vom einen Ufer zum anderen gelangen.

Geführt wurde die *Stadt Kiel* jetzt von Erwin Jacobi, während von Unruh das Kommando über die *Stettin* übernommen hatte. Klein wie die Ostsee so ist, begegneten sich die zwei Oldtimer natürlich alsbald. Gemäß dem Motto, „wenn's ordentlich tutet, ist der Kapitän gesund", brachten beide Schiffe ihre Typhone und die Trommelfelle der Fahrgäste mächtig in Wallung. Abends trafen sich die Crews auf dem Lübecker Eisbrecher. Jacobi sorgte mit seiner Quetschkommmode für die passende Untermalung des feucht-fröhlichen Beisammenseins. Dass hinterher manch ein gestandener Seebär ein wenig schwankte, war keinesfalls mit Seegang zu erklären …

Für den 19. Juni stand lediglich eine kleine Hafenrundfahrt auf dem Programm. Denkwürdiger war der nächste Tag. Nach dem Kieler Umschlag wusste auch die „Kieler Woche" mit einem maritimen Paukenschlag aufzuwarten – einer Parade von 20 verschiedenen Spezialschiffen als Höhepunkt des 9. Deutschen Seeschifffahrtstages. Bevor es damit losging, war der *Stadt Kiel* eine besonders spektakuläre Rolle zugedacht worden: Sie sollte ein brennendes Schiff darstellen, von dem aus der Luft und von der Wasserseite her Menschen gerettet werden. Bei strahlendem Sonnenschein fuhr sie am frühen Nachmittag bis kurz vor die Kiellinie, der Amüsiermeile, auf der sich die Zuschauer drängten. Auf einmal wurde roter Feuerschein auf dem vorderen Freideck sichtbar. Programmgemäß war Hilfe nah: Der Laboer Rettungskreuzer *Theodor Heuss* rauschte heran, das Tochterboot *Tedje* glitt zu Wasser. Löschfontänen richteten sich auf die pyrotechnische Flammenimitation. Ein Seaking-Hubschrauber der Holtenauer SAR-Staffel näherte sich aus der Luft und ließ eine Rettungsschlinge aufs Deck des „Havaristen" herab, in der Augenblicke später ein „Geretteter" gen Himmel entschwebte. Inzwischen hatte Vormann Hans Eberhardt mit seiner *Heuss* eine Schleppverbindung hergestellt und zog die gestoppt liegende *Stadt Kiel* über den Backbordbug davon. Zusätzlich war der Rettungskreuzer *John T. Essberger* eingetroffen und übernahm die abgeborgenen „Schiffbrüchigen". Aus einiger Entfernung beobachtete die Crew der etwas östlich liegenden *Stettin* die Demonstration. Was während des Lübeck-Kiel-Trips ein Horrorszenario dargestellt hätte, blieb unter diesen Umständen allen Beteiligten in aufregender und guter Erinnerung. Im Ernstfall wäre das Schiff auch schwerlich in der Lage gewesen, sich direkt im Anschluss in eine Art schwermetallenes Wasserballett einzureihen, für das die Schiffe der Hafenparade auf der Förde nun in Stellung gingen. Da waren das leuchtend rote Reservefeuerschiff *Kiel*[24], die Tonnenleger *Johann Georg Repsold* und *Otto Treplin*, die Eisbrecher *Max Waldeck* und *Stettin*, die beiden Rettungskreuzer, die Wracksuchschiffe *Atair* und *Wega*, die Forschungsschiffe *Ludwig Prantel* und *Monitor* sowie Ölbekämpfungs- und Peilschiffe, Lotsenboote und Schlepper. Eher ungeplant, aber als schöne Ergänzung durchlief der Howaldt-Neubau *Cranach* die Paradeaufstellung. Mitten in dieser wohl einmaligen Ballung von Spezialschiffen lag die *Stadt Kiel*, die vielleicht nicht so grazil Ballett tanzen konnte wie manches modernere Schiff – dafür aber diese hervorragende Gelegenheit nutzte, sich den Kielern in ihrem frischen Farbkleid zu präsentieren.

Nach einigen weiteren Fahrten war die Kieler-Woche-Premiere gelaufen. Und sie war zweifellos sehr gut gelaufen. Einen besonderen Dank des Vereinsvorstandes gab es für Erwin Jacobi auf der Brücke, Erich Edel in der Maschine und die „Damengang", die in klarer Rollenverteilung „nicht nur mit Schrubber, Besen und Putztuch frischen Wind brachte, sondern die auch fröhlich und mit Schwung für Stimmung und den guten Geist an Bord sorgte." Der schöne Sommer ermöglichte es, bis August eine Reihe weiterer Kurztörns anzusetzen, sodass sich die *Stadt Kiel* als neues maritimes Wahrzeichen auf der Förde etablieren konnte. Ein Bordfest am 10. August sollte zwei Mangelerscheinungen abhelfen: Die Ehepartner und Freunde der Vereinsmitglieder hatten endlich Gelegenheit, ihre „besseren Hälften" einmal in Ruhe zu treffen, und diese konnten, was im Fahrbetrieb verpönt war, geistigen Getränken frönen.

Zum Saisonschluss eine Filmdiva

Vergangene Zeiten lebten im Herbst des Jahres auf. Matthias Buchholtz war zu Ohren gekommen, dass der Regisseur Hark Bohm gerade das Leben von Marianne Bachmeier mit Marie Collin in der Hauptrolle verfilmte. Mit dem Hintergedanken, nebst Filmruhm auch etwas Geld in die klamme Bordkasse zu bekommen, diente der rührige Buchholtz der Filmgesellschaft die *Stadt Kiel* als authentische Kulisse an. Bohm fackelte nicht lange, rasch wurde das Drehbuch, in dem das Schiff bislang nicht vorkam, umgeschrieben. Das Schifffahrtsmuseum half mit stilechter Dekoration vom Sextanten über eine Reihe von Blöcken bis hin zum nostalgischen *Hindenburg*-Ruderrad aus. Vom 22. bis 26. September beherrschten Scheinwerfer, Kabel, Kameras und nicht zuletzt das Filmteam die „Location", schallten statt seemännischer Befehle eher Rufe wie „Film ab" und „Action" übers Schiffsdeck. Fritz Marth führte das Schiff für Außenaufnahmen mit freiem Horizont an Laboe vorbei gen Osten. Vorm Schönberger Strand war Bohm mit dem „Setting" zufrieden. Hier ließen sich Filmeinstellungen bei gutem Licht realisieren, ohne dass gleichzeitig verräterisch der Kieler Leuchtturm im Bild aufgetaucht wäre. „Der Fall Bachmeier – keine Zeit für Tränen" lief im Januar 1984 bundesweit in den Kinos an. Bohm hatte das einfühlsame Porträt einer Frau geschaffen, die nie die Mutter sein konnte, die sie sein wollte, in einer aus den Fugen geratenen eigenen Welt, aus deren Zerstörtheit es kein Entrinnen gab. Das „klassisch-tragische" Machwerk geriet dem ehemaligen Strafverteidiger zu einem engagierten Plädoyer für „jene, die eine Strafjustiz endgültig vernichtet". Ursprünglich hatte Marianne Bachmeier persönlich an dem Film mitgewirkt, doch da Bohm kein gültiges Porträt einer lebenden Person liefern wollte, fiel die halbdokumentarische Rahmenhandlung in der Endfassung unter den Tisch. Aus Marianne Bachmeier wurde eine Marie Sellbach. Die *Stadt Kiel* wenigstens durfte ihrem Namen treu bleiben.

Mit dieser ungewöhnlichen Episode endete die Fahrsaison 1983. Nun wartete die Fronarbeit der nächsten Renovierungsschritte. Über die Presse erging ein eindringlicher Appell an die Öffentlichkeit, sich als Helfer, Spender oder gar Mäzen zur Verfügung zu stellen. Mangels anderer Möglichkeiten konnte zur Restaurierung ausschließlich das verarbeitet werden, was gerade so zur Verfügung stand. Das zweifellos hohe Engagement der Freiwilligen stand jedoch mangels eines übergreifenden Gesamtkonzeptes nur bedingt im Verhältnis zum eher geringen Arbeitsfortschritt. Leider ging zudem durch gelegentliches allzu forsches Anpacken, trotz entsprechender warnender Appelle des Vorstands, originale Denkmalssubstanz wie die Teakholz-Täfelung des achteren unteren Salons verloren. Immerhin stand ein neuer, wenn auch nicht eben üppiger Geldsegen ins Haus – Mins Minssen, unermüdlicher grüner Förderer der *Stadt Kiel*, hatte in den städtischen Haushalt den Entschluss eingebracht, sie jährlich mit 900 DM zu fördern. Und seit dem 5. Dezember bestand endlich die Möglichkeit, dass Spender ihre Gaben von der Steuer absetzen konnten – an diesem Tage wurde der Status des Fördervereins als „e. V." amtlich, sodass er fortan steuerbegünstigt Spendenbescheinigungen ausstellen durfte. Ein Grünkohlessen im Dietrichsdorfer „Luisenhof" setzte nicht nur den Schlusspunkt eines entscheidenden und ereignisreichen Jahres, sondern war zugleich der stimmungsvolle Beginn einer guten Tradition, die Vereinsmitglieder zum Jahresrückblick in netter Atmosphäre während der Weihnachtszeit zu versammeln.

Von Jubilarinnen und stählernen Wasserleichen

Das Jahr 1984 brach an. Für die Mitglieder des Fördervereins hieß das weniger „big brother" als vielmehr „big ship is watching you". Es war klar, dass die Restaurierung der *Stadt Kiel* allein mit ehrenamtlicher Arbeit nicht zu leisten war. Natürlich konnte der Verein mit seinem schmalen Budget auch keine professionellen Arbeitskräfte bezahlen. Warum also nicht die öffentliche Hand um Hilfe bitten? In ersten Gesprächen signalisierten Stadt und Arbeitsamt, der Beantragung von Arbeitsbeschaffungsmaßnahmen wohlwollend gegenüberzustehen. So begann das Jahr für den Vereinsvorstand mit dem Abarbeiten der notwendigen Formalien. Vier ABM-Kräfte sollten auf dem Schiff einen befristeten Arbeitsplatz finden. Weiter galt es, technische Fragen wie die Beschaffung von Maschinenteilen und weiterer Rettungsmittel zu klären, sich um das Jahresprogramm zu kümmern und anstehende Rechtsgeschäfte abzuwickeln. Aufrichtige Trauer erfüllte den Verein, als Heinz Flohr, ein Ingenieur, der in letzter Zeit die Renovierung mit seinem Fachwissen tatkräftig unterstützt hatte, überraschend am 6. April im Alter von nur 48 Jahren starb. Die Zeit des Überschwangs und des „anything goes" war zweifellos vorüber. Dennoch mangelte es nicht an guten Ideen für das Jahr, in dem die *Stadt Kiel* 50 würde. Der Termin war gewiss nicht perfekt, steckte man doch mitten in den Restaurierungsarbeiten und hatte noch keine wirklich präsentable Jubilarin. Aber auch ein Schiff hat gesellschaftliche Verpflichtungen, und Feste müssen gefeiert werden, wie sie fallen. Eine originelle Idee kam von Matthias Buchholtz – im Sommer sollten 50-jährige Kieler zu einer Jubiläumsfahrt eingeladen werden. Das Echo auf das Angebot war enorm, sodass schließlich sogar vier Fahrten angesetzt werden mussten, um den Ansturm zu bewältigen. Vor dem Feiern kommt aber immer noch die Arbeit – Anfang Mai ging das Schiff bei HDW in ein gratis zur Verfügung gestelltes Dock. Hier wurde der Rumpf intensiv gesandstrahlt. Der komplette Wassergang, also der Bereich um die Wasserlinie, erhielt bis hoch zur Scheuerleiste mit Hilfe der Firma Werner Zeise eine ordentliche Abreibung. An einer Stelle geschah des Guten sogar zu viel – unter dem Druck des Gebläses tat sich ein Loch auf. Eine Schallmessung zeigte, dass in diesem Bereich der Stahl zum Teil sehr dünn war. Als die Arbeiten beendet waren, hatte sich feiner Sandstaub überall auf dem Schiff verteilt. Bis zum Geburtstag am 26. Mai hieß es entsprechend ordentlich putzen, damit wenigstens der obere Salon den Rahmen für eine Feier abgeben konnte. Zuvor wurde die Fahrsaison mit einer Geschwaderfahrt des Wassersportclubs Ellerbek eingeläutet. Wie eine Glucke zog die *Stadt Kiel* inmitten einer Armada von 30 kleinen Booten ihre Bahn, Musik spielte, und die Jubilarin bot eine ebenso prächtige Kulisse wie Tribüne für das bunte Treiben vor dem Wellingdorfer Hafen. Schriftliche Gratulationen für das bisher Erreichte kamen von Detlev Ellmers aus Bremerhaven und von Mins Minssen. Dessen Postsendung enthielt nicht nur eine Spende der Grünen und antiquarische Bücher, von denen eines den beziehungsreichen Titel „Festigkeit der Schiffe" trug. Vielmehr lag die Kopie eines Dringlichkeitsantrages des Kulturausschusses bei, eine geplante Hamburg-Fahrt zum „International Congress of Maritime Museums" im September mit einem vierstelligen Betrag zu unterstützen. Minssen erwies sich in vielfältiger Hinsicht als Förderer von fahrenden Museumsschiffen. In einem Konzeptpapier schrieb er: „*Die Stadt Kiel muss wegkommen von der resignativen Konzeption, Schiffe nur als fahruntüchtige Hüllen zu erhalten. Für Wasserleichen bzw. amputierte Schiffe ist wenig Interesse zu wecken. Freiwillige Helfer zur Restaurierung bleiben weg – wie im Fall Bussard – auch für die Besucher sind in Fahrt gehaltene Schiffe attraktiver. [...] Die Stadt sollte die Gründung und Arbeit effektiv arbeitender Organisationen stärker unterstützen. Das betrifft z. Zt. vor allem den Förderverein MS Stadt Kiel. Die bisher ausgegebenen Mittel sind eher symbolische Beträge.*" Minssen führte weiter aus, dass fahrbereite Schiffe die Stadt auswärts repräsentieren könnten. Außerdem wären sie in der Lage, Geld zu verdienen, während stillgelegte Schiffe nur Kosten verursachten. In weiser Vorwegnahme moderner Museumsdidaktik forderte er außerdem, Wartungsarbeiten für jedermann sichtbar an den Seegartenbrücken durchzuführen, die museale Steifheit so durch Geschichte zum Begreifen in jeglichem Sinne aufzubrechen. Als Beispiel nannte er die Museumswerft Kromhout in Amsterdam, in der Restaurierungsarbeiten an historischen Schiffen der Öffentlichkeit zugänglich sind. Im mitunter etwas verschlafenen Kiel kam es leider bis heute nicht zu der vorgeschlagenen Arbeit zum Anfassen an der festgeketteten Flotte des Schifffahrtsmuseums und der *Stadt Kiel*.

In einem Essay beschrieb Minssen die damalige Situation so: *„[…] Die Stadt Kiel, die offizielle, die mit den Aktenordnern und Magistratsvorlagen, ist gegenüber der ‚Stadt Kiel' knauserig. Die ‚Stadt Kiel' liegt im gleichen Becken wie die ‚Devonshire'. […] Das ist ein Frachter, der aufgelaufen ist und dessen Ladung erst geleichtert werden muß. […] In den großen Werfthallen sind etwa die Hälfte der Fenster eingeschmissen. Man hört den Putz förmlich von den Wänden fallen, das Wellblech wellt sich gegen den Strich. Es ist dort ganz lebendig. In den Mauerwinkeln blüht Flieder im Mai, und zwischen den Schienen wächst Kamille. Ziemlich viele Katzen gehen ihren Angelegenheiten nach. Also wird es auch Mäuse geben. Die Kräne, die ganz selten einmal, zum Beispiel mit der ‚Devonshire', etwas zu tun kriegen, tragen die Aufschrift ‚Kampnagel' Hamburg. […] Vom Oberdeck der ‚Stadt Kiel' blättert Teerpappe. Am Steuerhaus, Backbordseite, muß man bei den Anlegemanövern immer die Türklinke festbinden, weil die Messingöse aus dem Holz gegammelt ist, die zum Festhalten. Im Salon ist der Holzfußboden eingebrochen, aber die Wände sind schön getäfelt, die Fenster haben Rundbögen, und das Mitteldeck schließt mit einer Art überdachtem Balkon ab, in dessen Rundung sich mit ihrem Lattenrost eine Bank schmiegt. Das ist die Schmuseecke, sagen die Leute, darunter der frühere Maschinist, die das Schiff in Fahrt halten und zu restaurieren versuchen, mag auch der Rost aus dem Schornstein in den Maschinenraum fallen, wenn das Typhon tutet. Sie haben das Schiff unter Denkmalschutz gestellt bekommen als einziges noch fahrendes dieser Art.*

Das Städtische Museum gegenüber (Westufer) hat ein noch älteres Schiff[25]*, aber das soll nicht mehr fahren und tuten und wird es auch bald nicht mehr können, weil der Kessel sich verzieht, wenn er nicht hin und wieder erwärmt wird, und die Ventile sich festsetzen, wenn keiner daran dreht. Dieses Schiff ist über eine angeschweißte und mit Schrauben versehene Konstruktion so festgemacht, daß es sich nur noch auf und ab bewegen kann, auf und ab wie eine Wasserleiche. Reden wir nicht mehr davon.*

Auf der ‚Stadt Kiel' gibt es noch über eine Kette betriebene klingelnde Maschinentelegraphen zwischen Brücke und unten und ein kupfernes Sprechrohr mit Messingmundstücken.

98

Wo hat man das noch? Die Vielfalt der Materialien, die Qualität der Verarbeitung und der Abwechslungsreichtum der Raumaufteilung bei aller Formenstrenge werden von den fortschrittlichen Verkehrsmitteln so bald nicht mehr erreicht werden. Für den Fortschritt von heute ist die Alltagswelt von gestern zumindest vom Material und von den Ornamenten her nicht mehr erschwinglich. Die neuen, für den in doppeltem Sinne billigen Transport von A nach B eingerichteten Fördeschiffe werden von manchen ,Contergandampfer' genannt, der Form wegen, oder auch ,Joghurtbecher', der reichlichen Verwendung von Plastik wegen, eines Materials, das nicht zu altern versteht, kein Leben nach dem Tod hat, weil es vorher nie lebendig war. [...]"[26]

Dieses lyrische Plädoyer für alte Dinge umreißt recht gut das, was die ABM-Kräfte vorfanden, als sie am 1. Juni 1984 ihre Arbeit auf dem Werftgelände begannen. Damit die Arbeiter unter Anleitung Erich Edels sinnvoll eingesetzt werden konnten, mussten aus Spendenmitteln als erstes allerlei Arbeitsmaterialen besorgt werden. Viel Zeit blieb vorerst nicht, denn in wenigen Wochen stand schon wieder die „Kieler Woche" vor der Tür, bei der die *Stadt Kiel* natürlich nicht fehlen durfte.

Von Flensburg bis Hamburg – die „Stadt Kiel" ist wieder da

Auftakt der festlichen Tage war für das Schiff die Teilnahme an einer Live-Übertragung des NDR-Hafenkonzertes vom Seefischmarkt in Wellingdorf am 17. Juni. An der Kaianlage, die nach Ende der Kieler Hochseefischerei in den letzten Jahren weitgehend verwaist war, drängte sich an diesem Tag ein Pulk von Schiffen. Dabei waren das Torpedofangboot *Thetis*, die *Stettin*, die *Theodor Heuss*, die *Asgard* und *Ariadne* vom Jugendwerk Segelschifffahrt e. V. sowie der Gaffelschoner *Fridtjof* von 1881, der bereits an einer Polarexpedition Fridtjof Nansens teilgenommen hatte. Die *Stadt Kiel* hatte etwas abseits am KVAG-Anleger Neumühlen-Dietrichsdorf festgemacht. Mit der *Sprott* des Hafenkapitäns kam Oberbürgermeister Luckhardt vom Westufer herüber und sprach ein Grußwort. Ab sechs Uhr früh wurde ein buntes Programm rund um Kieler-Woche-Themen abgespult. Hans Georg Prager und Kapitän Wilhelm Radke beantworteten Fragen zum aktuellen Zustand der *Stettin*, die Skipper von *Asgard* und *Fridtjof* informierten darüber, wie alte Segler in Fahrt gehalten werden konnten. Der Seenotrettungskreuzer machte Vorführungen mit seinem Tochterboot *Tedje*. Schiffe der Modellbaugesellschaft Kiel-Ost tummelten sich auf der Schwentine, deren Zufluss eigens gestoppt worden war, damit die Winzlinge nicht in der Strömung davontrieben. Werner von Unruh hatte im Vergleich zu den übrigen Interviewgästen die meiste Zeit, sich den Schlaf aus den Augen zu reiben: An Bord der *Thetis* brauchte er erst gegen acht Uhr im letzten Wortbeitrag Reporter Johannes Wiegels die Pläne zur Restaurierung und Infahrthaltung der *Stadt Kiel* zu erläutern. Die Teilnahme an der populären Sendung war für ihn eine willkommene Gelegenheit, einem breiten Publikum das Schiff näher zu bringen. Dieses brauchte anschließend nur einmal kurz um die Molenreste des Kilian-Bunkers zu kurven, um den Stammplatz bei Howaldt wieder einzunehmen. Von hier aus starteten in den nächsten Tagen einige Abend- und Regattabegleitfahrten.

Am 24. Juni 1984 folgte auf Einladung des Hafenamtes die Teilnahme an einer Aktion zum Weltpostkongress. Dieser wurde an Bord der Göteborg-Fähre *Kronprinsessan Victoria* abgehalten. Als Höhepunkt lief das Passagierschiff in einem Kordon von Fahrzeugen, darunter die *John T. Essberger*, die *Stettin*, das Feuerlöschboot *Kiel*, ein Zollkreuzer und die *Stadt Kiel*, auf die Strander Bucht zu. In unruhiger See bei bis zu sieben Windstärken war in dem schmalen Fahrwasser Fingerspitzengefühl gefragt, als eine Postboje, eine Art schwimmender Briefkasten, ausgesetzt wurde. Danach musste eine Postbotin in historischer Uniform den Inhalt aus der auf den Wellen tanzenden Tonne herausklauben. Die *Otto Treplin* vom Wasser- und Schifffahrtsamt fungierte hierbei als Posttonnenleger. Nach dieser Vorführung ging der Konvoi mit seinen gut durchgepusteten Passagieren unter Wasserfontänen und Getute auf Rückkurs in die Förde. In dieser „Kieler Woche" hatte sich gezeigt, dass die *Stadt Kiel* in ihrem Heimathafen mehr und mehr wahrgenommen und als Attraktion wie Aushängeschild begriffen wurde. Als nächstes erwarteten sie gleich zwei Repräsentationsaufgaben „fernab der Heimat". Da war sozusagen als „Warm-up" eine Tour nach Flensburg, wo 1984 das 700-jährige Stadtjubiläum gefeiert wurde. Die eigentliche Party war schon gelaufen, als Helfern des örtlichen DRK-Kreisverbandes sowie des Altenholzer Ortsvereins zum Dank für ihren Einsatz eine Nostalgiefahrt von Kiel nach Flensburg spendiert wurde. Bei herrlichem Sonnenschein gab es an diesem Sommertag ein pittoreskes Stelldichein von Segel- und Museumsschiffen, zu dem sich der für seine Verhältnisse weit gereiste Gast aus Kiel hinzugesellte.

Ungleich wichtiger war allerdings eine Einladung nach Hamburg: Vom 31. August bis zum 2. September 1984 fand dort auf Initiative des Museumshafens Övelgönne, des Museums für Hamburgische Geschichte sowie des Altonaer Museums der „International Congress of Maritime Museums" statt. *„Ziel dieses Treffens ist es, die Arbeit der maritimen Museen mit der heute noch lebendigen Tradition der segelnden Berufsfahrzeuge zu verbinden. Im Vordergrund stehen solche Fahrzeuge, die originalgetreu restauriert sind. Eine interessante schiffbauliche Vielfalt ergibt sich durch die Teilnahme von Schiffen aus ganz Nordeuropa"*, hieß es in der Einladung. Vor der offiziellen Aufnahme in den illustren Kreis internationaler Museumsschiffe gab es zunächst einige Probleme zu meistern. Werner von Unruh vollzog einen fliegenden Wechsel, als er am 29. August abends von Großer Fahrt zurückkehrte und schon am nächsten Morgen auf der Brücke der *Stadt Kiel* stand. Deren Tanks waren zuvor mit einer neuerlichen Bunkerölspende von Raab-Karcher gefüllt worden. In diesem Fall hätte es sich gelohnt, dem geschenkten Gaul genauer ins Maul zu schauen. Auf welche Weise auch immer dies geschehen konnte, jedenfalls war nicht nur Treibstoff, sondern auch Wasser in die Tanks gepumpt worden. Als dieses beim Ablegen in die Maschine eindrang, fiel sie natürlich prompt aus. Manövrierunfähig trieb das Schiff gegen die hoch aufragende *Garden Venus*, die immer noch ihrer Dockung harrte. Zwar entstand bei der Berührung kein nennenswerter Schaden, sodass Matthias Buchholtz nonchalant kommentieren konnte: „Dieser Stüber war als Referenz an das Weibliche zu verstehen." Erich Edel unten im Schiffsbauch hatte aber den Ärger – mühselig musste er das Wasser aus dem Rohrsystem entfernen. Auch die Düsen waren in Mitleidenschaft gezogen. Zwei Stunden lang wurde im Maschinenraum hart gearbeitet, dann konnte der zweite Versuch gewagt werden. Diesmal klappte es – die *Stadt Kiel* schleuste schließlich gen Mittag in Holtenau ein und machte sich an die Passage des Nord-Ostsee-Kanals. An Bord befand sich nicht nur eine große Kiel-Fahne, die das Presseamt ausgeliehen hatte, sondern ein wahres Campinglager: Viele Gäste wollten den großen Törn mitmachen und hatten sich mit Luftmatratzen in den Salons eingerichtet. Bis am Abend in Brunsbüttel die markante Silhouette der *Stettin* auftauchte, hatten die Passagiere keine Aufregung mehr durchzustehen. Für die Nacht wurde längsseits am Eisbrecher festgemacht. Wie verantwortungsvoll die Tätigkeit auch als ehrenamtlicher Kapitän ist, wurde durch einen Besuch der Wasserschutzpolizei deutlich. Während die Besatzungen der Schiffe zusammen feierten, führte Werner von Unruh die unverhofft erschienenen Beamten durch das in vielen Bereichen noch immer recht abenteuerlich wirkende Schiff. Diesen gefiel es schließlich so gut an Bord, dass sie erheblich länger blieben, als der dienstliche Auftrag dies erfordert hätte.

Am nächsten Tag ging es von Brunsbüttel in die Elbe hinein. Vor Schulau angelangt schallte von der berühmten Schiffsbegrüßungsanlage, wo sonst die dicken Pötte mit ihrer jeweiligen Nationalhymne in Hamburg empfangen werden, wie erhofft der „Gruß an Kiel" übers Wasser. Zwei Stunden später waren die Landungsbrücken erreicht. Hier gesellten sich die zwei Neuankömmlinge aus Brunsbüttel zum Feuerschiff *Elbe 3*, das dorthin verholt hatte vom Stammplatz im Museumshafen Övelgönne, an dem es ansonsten seit der Außerdienststellung 1977 lag. Vom Mast der *Stadt Kiel* wehte stolz das Nesselblatt-Banner ihrer Heimatstadt. Bis zum Nachmittag des 1. September präsentierten sich die Schiffe am traditionsreichen Liegeplatz, dann formierten sie sich mit anderen Veteranen zu einer vierstündigen Parade auf der Elbe. Auf der einen Seite liegt hier das beschauliche Övelgönne, am gegenüberliegenden Ufer dominiert die moderne Zeit mit den riesigen Containerbrücken des Athabaska-Kais[27], die ihre kantige Last in ebenso eckigen Schiffen verschwinden lassen oder sie im Akkord aus deren tiefen Bäuchen herausholen. Vor dieser spannungsvollen Kulisse hatten sich die *Stettin*, die *Elbe 3*, die Dampfschlepper *Tiger* und *Claus D* sowie zwei betagte Behördenboote aufgebaut, es folgten die *Stadt Kiel* und eine stattliche Anzahl ehemaliger Arbeitssegler. Heutzutage würde solch ein Treffen angesichts der opulenten Oldtimer-Aufgebote, wie z. B. beim Flensburger „Dampf-Rundum", wohl nicht mehr so viel Aufmerksamkeit erregen. In jener Zeit waren Nostalgietreffen erheblich rarer gesät, sodass die Parade überaus großen Zuspruch fand. Daran konnte selbst Petrus' Übellaunigkeit, die unablässig Regenwolken über die Elbe sandte, nichts ändern. Auf der *Stadt Kiel* musste in Ermangelung eines Scheibenwischers die Sicht durch die Fenster auf der Brücke in mühseliger wie feuchter Handarbeit mittels eines einfachen Schwammes sichergestellt werden. Abends war das Altonaer Museum mit seinem maritimen Ambiente genau der richtige Rahmen eines geselligen Beisammenseins, das für die beteiligten Schiffscrews ausgerichtet wurde. Die Überreichung des ICMM[28]-Standers besiegelte die Anerkennung des „Neulings" *Stadt Kiel* durch die Vertreter internationaler Schifffahrtsmuseen. Voller schöner Eindrücke machte sie sich – wieder als schwimmendes Zeltlager benutzt – am 2. September auf die zweitägige Heimfahrt. Die erste Etappe ging nach Rendsburg und die zweite in Charter des Roten Kreuzes zurück in den Heimathafen.

Wenn ein KVAG-Direktor Bauchschmerzen bekommt und ein Zuhälter querschießt

Die Verschnaufpause bis zum nächsten medienwirksamen „Event" war kurz. Schon am folgenden Wochenende wurde das Versprechen eingelöst, jeweils fünfzig 50-Jährige zum 50-jährigen Jubiläum auszufahren. Die Anwesenheit der stellvertretenden Stadtpräsidentin Silke Reyer, die die Gäste begrüßte, verlieh der ersten Fahrt am 8. September 1984 politischen Glanz. Die Tour ging in die Hörn hinein, was die Stadtbäckerei Lange zu einem besonderen Präsent inspirierte: Am Hafenende wurden so genannte „Kieler Hörnchen" gereicht, eine Gebäcksorte, die man speziell zu diesem Anlass kreiert hatte. Ein Fahrgast, der ehemalige Werftarbeiter Wilhelm Kruse, hatte den 50. Geburtstag zwar schon seit über einem Vierteljahrhundert hinter sich, war als ehemaliger Miterbauer des Schiffes jedoch selbstverständlich Ehrengast. Begeistert nahm er sein damaliges Werk in Augenschein und konstatierte: „Die Türen und Bänke habe ich selbst getischlert." Bei der zweiten Fahrt gesellte sich Kulturdezernent Johanning hinzu. Einmal mehr zeigte sich, wie wichtig das Pflegen von Beziehungen zur Politik ist. Er hatte die Idee, den Oberbürgermeister und andere Lokalgrößen einmal einzuladen, um das bisher Erreichte vorzustellen. Der Hintergedanke war, bei dieser Gelegenheit die Förderungsmöglichkeiten der öffentlichen Hand auszuloten.

Am 8. Oktober 1984 gab sich die Stadtprominenz ein Stelldichein. Der Einladung gefolgt waren neben Oberbürgermeister Luckhardt u. a. Vertreter des Kulturamtes, Stadtmuseumsdirektor Dr. Jürgen Jensen, Landeskonservator Dr. Hartwig Beseler, HDW-Betriebsdirektor Dirk Rathjens (der später deren Vorstandsvorsitzender wurde) sowie Pressevertreter und bemerkenswerterweise KVAG-Direktor Scharfenberg. Erwin Jacobi führte das Schiff, Erich Edel besetzte die Maschine, Werner von Unruh übernahm den Part des „Guides". Nach wie vor waren mehr oder weniger ernstgemeinte Vorurteile auszuräumen. KN-Redakteur Bock scherzte zum Denkmalspfleger Hartwig Beseler: „Wenn Sie mir Ihren Rettungsring geben, verspreche ich, Ihnen einen schönen Nachruf zu schreiben". Heinrich Scharfenberg dagegen gab sich zurückhaltender: „Wir haben das Schiff außer Dienst gestellt, weil es nicht mehr sicher war, und nun fängt es plötzlich an, hier herumzufahren." Bedeutsamer als die offenbar nicht auszuräumende Skepsis der KVAG-Chefetage war der Rückhalt bei Karl-Heinz Luckhardt: Er war vom Schiff spontan so angetan, dass er es prompt in seinem „kleinen Spendenbuch" verzeichnete, in das nur besonders unterstützungswürdige Einrichtungen aufgenommen wurden, und versprach: „Wir werden diesen Verein nach unseren Kräften fördern und nach Möglichkeiten suchen, bei der Erhaltung der *Stadt Kiel* auch finanziell zu helfen." Wer so viel Selbsthilfe aufgebracht habe, solle weitere Hilfe finden. So gab er sich auch in Hinblick auf einen künftigen Liegeplatz am Westufer „ganz hoffnungsvoll" und überreichte als Präsent und Symbol der Verbundenheit eine Glocke für das Schiff. Dieter Rümmeli vom „Förderkreis Lebendige Altstadt" gab zu bedenken: „Wenn Sie etwas Vernünftiges machen wollen, müssen Sie den Mitgliederbestand aufstocken". Nur so sei die finanzielle Basis für eine Unterhaltung zu schaffen. Dann sähe er aber gute Chancen, das Schiff für Nostalgie-Fahrten, als Treffpunkt während der „Kieler Woche" und des Umschlags, als Regattabegleitschiff und abendlichen Seglertreff zu etablieren[29].

Bis dahin wartete allerdings noch einiges an Arbeit. Nach der Herrichtung des äußeren Erscheinungsbildes sollte es bald ans Innenleben gehen. Zuvor musste das Oberdeck komplett erneuert werden. So erfolgreich die Präsentationen der *Stadt Kiel* in dieser Saison gewesen waren, so schwierig gestaltete sich mitunter das „Schattendasein" im zusehends herunterkommenden Howaldt-Becken. Es gab verschiedene persönliche Probleme und Fluktuation bei den ABM-Kräften, und mit einem neuen Hafennutzer war nicht gut Kirschen essen. Vor einigen Wochen hatte die *Albatross*, im früheren Leben Segler, Forschungs- und Handelsschiff, hier festgemacht. Es hieß, die ehemalige *Miranda* solle wieder zum Segelschiff umgerüstet werden. Tatsächlich passierte auf dem mennigegescheckten Kahn wenig, außer, dass es einen deftigen Liegeplatzstreit mit der *Stadt Kiel* gab. Wie sich herausstellte, entstammte der wenig kooperative Eigner dem Zuhältermilieu. Die *Albatross* kehrte lange Zeit später dorthin zurück, wo sie hergekommen war – sie hatte zuvor bereits Jahre in Lübeck aufgelegen. Ihre „Heimkehr" gestaltete sich jedoch trauriger als die des Kieler Pendants in umgekehrter Richtung – am Ziel wartete lediglich der Schneidbrenner.

Erfreulicher als das kleinliche Gerangel um den Liegeplatz war zum Jahresende das Gebaren der „hohen Politik" im Zusammenhang mit der *Stadt Kiel*. Mins Minssen plante, für die Grünen einen Antrag auf besondere Förderung in den Nachtragshaushalt einzubringen. Johanning wollte sich für die SPD nicht die Butter vom Brot nehmen lassen. Während der kommunalen Haushaltsdebatte verhandelte er an deren Rande mit Werner von Unruh über einen für die weiteren Reparaturarbeiten am Schiff ausreichenden Betrag. Als Resultat stellte er vor dem Plenum 25 000 DM als Sofortmaßnahme in Aussicht. Das war für den Verein eine Menge Geld, er war's damit mehr als zufrieden, und die Grünen zogen ihren Antrag zurück. Einem hoffnungsvollen Jahreswechsel schien damit nichts mehr im Wege zu stehen.

Das Sicherheitsrisiko „Stadt Kiel"

Tatsächlich war die *Stadt Kiel* nicht so weit über den Berg, wie der äußere Schein dies vermuten ließ. Spätestens die Dockung bei Howaldt im vergangenen April hatte klar gemacht, dass Sanierungsmaßnahmen am dünn gewordenen Rumpf in einem Umfang vonnöten waren, den der Verein trotz städtischer Geldspritzen nicht leisten konnte. Zudem wurde in der Politik die Forderung laut, Finanzmittel erst zu bewilligen, wenn die Seeberufsgenossenschaft eine Sicherheitsbescheinigung ausgestellt hätte. Zur Begründung hieß es in einem entsprechenden Antrag vom 7. Februar 1985: *„Schiffahrtsfachleute verfolgen mit großer Sorge die Entwicklung um das sogenannte ,fahrbereite Museumsschiff Stadt Kiel'. Eine finanzielle oder auch nur ideelle Unterstützung solcher ,Seefahrten' durch die Stadt macht die Stadtväter zu Mitschuldigen an dem Sicherheitsrisiko, in das sich unwissende Schüler und Erwachsene begeben. [...] Die Folgen einer Havarie der ,Stadt Kiel' mit Fahrgästen an Bord kann sich nur schwärzeste Phantasie ausmalen – die Stadt, die KVAG, die Seeberufsgenossenschaft, die Wasserschutzpolizei, sie alle sind dann schuldig!"* Fassungslos fragte man sich im Verein, was der Antragsteller bewirken wollte und welcher Logik seine Argumentation unterlag. Welche Schuld zöge beispielsweise die KVAG auf sich, die bislang zweifellos nichts unversucht gelassen hatte, sich von dem Museumsschiff zu distanzieren? „Das Verhalten der KVAG dem Verein gegenüber war teilweise befremdlich bis kühl", heißt es entsprechend in einer Replik. Die Reederei habe nichts mehr mit dem Schiff zu tun. Dies gelte ebenso für die Seeberufsgenossenschaft, da es heute den Status einer Yacht habe und als solche nicht deren Auflagen oder denen des Germanischen Lloyd unterworfen sei. Dies wäre bei anderen fahrenden Museumsschiffen wie der *Elbe III*, der *Tiger* oder *Claus D* auch der Fall. Das Konstrukt des ,Sicherheitsrisikos *Stadt Kiel*' erschiene völlig überzogen angesichts der Tatsache, dass der Antragsteller dieses selbst nach vollzogenen Reparaturen weiter als gegeben ansehen würde. Er trachtete auf diese Weise offenbar den städtischen Zuschuss zur Sanierung des Oberdecks zu torpedieren. Der Verein verwies schließlich auf die mittlerweile fünf Berufskapitäne, die das Schiff abwechselnd führten und die gewiss weder die Risiken falsch einschätzten noch ihre Patente durch fahrlässig herbeigeführte Freizeitunfälle gefährden wollten. Zudem seien Fahrtgebiet und -zeit sowie der Einsatz bei stärkerem Wind klar begrenzt, außerdem alle erforderlichen Sicherheitsmittel an Bord. Trotz dieser ernstzunehmenden Auseinandersetzung wurde der in Aussicht gestellte Zuschuss von 25 000 DM termingerecht bezahlt. Das Geld stellte einen wesentlichen Teil der Eigenbeteiligung des Fördervereins an den Materialkosten der späteren Arbeitsbeschaffungsmaßnahmen dar.

Gott sei Dank war der Umgang mit der Politik normalerweise nicht mit solchen Problemen behaftet. Ohne große Auswirkungen blieb beispielsweise der Verkauf des Dietrichsdorfer Werftgeländes an die Stadt, die hier einen neuen Handelshafen plante. Über das Materiallager, das sich der Verein im so genannten „Gebäude 170" eingerichtet hatte, wurde ein Mietvertrag abgeschlossen. Über den Punkt „Liegeplatzgebühren" war man mit dem Liegenschaftsamt schnell handelseinig: Der Verein zahlte sie vorschriftsmäßig an die Hafen- und Verkehrsbetriebe und ließ sie sich hinterher vom Kulturamt erstatten. Da beides kommunale Einrichtungen sind, handelte es sich letztlich um ein Nullsummenspiel, das zumindest für Beschäftigung in den Amtsstuben sorgte. Ansonsten sollte sich auf dem Gelände vorerst nicht viel ändern, die Planungen der öffentlichen Hand begannen ja erst, und so etwas dauert bekanntlich seine Zeit. Um derweil offensiv für das Schiff werben zu können, legte Werner von Unruh dem Vereinsvorstand ein Nutzungskonzept vor, das nach dessen Zustimmung als Anhang zur Satzung bestimmt wurde:

„Fahrten: Nach einer grundlegenden Restaurierung unter Beratung des Germanischen Lloyd und der Seeberufsgenossenschaft soll MS ‚Stadt Kiel' für interessierte Gruppen zu Fahrten im Bereich der Kieler Förde eingesetzt werden und damit eine Ergänzung zu den nicht fahrbereiten Schiffen des Kieler Schifffahrtsmuseums darstellen. Der ehemalige Fördedampfer hat den Status einer Yacht und wird nicht kommerziell eingesetzt, muß aber den Fahrbetrieb durch Spenden kostendeckend durchführen. Weiterhin steht das Schiff für spezielle Aufgaben bei besonderen Ereignissen wie ‚Kieler Woche' und Kieler Umschlag nach Absprache mit dem Förderverein zur Verfügung, wobei zu berücksichtigen ist, daß die freiwillige Besatzung aus beruflichen Gründen nicht ständig einsatzbereit ist.
Jugend- und Sozialarbeit: Neben dem musealen Bereich soll MS ‚Stadt Kiel' besonders für eine Jugend- und Sozialarbeit genutzt werden. Jugendliche ab 12–14 Jahre alt sollten an den nautisch-technischen Betrieb sowohl beim fahrenden wie auch beim liegenden Schiff herangeführt werden. Die großzügige Raumaufteilung der ‚Stadt Kiel' eignet sich be-

sonders für das Kennenlernen der Arbeiten auf der Brücke, in der Ma-
schine und an Deck. Je nach Alter und Reife sollten die Jugendlichen den
Sinn einer Arbeit auf dem Schiff verstehen und lernen, diese selbständig
und zuverlässig auszuführen. Weiterhin wird die Praxis durch theoreti-
sche Schulung von den jeweiligen Ressortleitern unterstützt. Besonders
wird auf ein gegenseitig rücksichtsvolles und hilfsbereites Verhalten in
der Gemeinschaft Wert gelegt. Unabhängig vom Alter kann sich jeder
Interessent am Schiff beteiligen und hat so die Möglichkeit einer sinnvol-
len Freizeittätigkeit.

Kultur: Die drei unterschiedlich großen Innenräume der ‚Stadt Kiel'
eignen sich für Filmvorführungen, Schauspielaufführungen, Lesungen
etc. Besonders der hintere untere Salon soll hierfür als Mehrzweckraum
zur Verfügung stehen. Auch für Wanderausstellungen in verschiedenen
Hafenstädten ist das Schiff zu nutzen.

Speziell maritime Themen bieten sich für diese Aktivitäten an. Eine
Ausgewogenheit und politische Unabhängigkeit ist dem Charakter des
Schiffes entsprechend zu beachten. "

Es war klar, dass es zur Umsetzung dieses Konzeptes einer so umfas-
senden Reparatur bedurfte, dass jeglichen Bedenken in Sicherheitsfra-
gen begegnet werden konnte. Dies ließ sich im begrenzten Rahmen der
kleinen Arbeitsbeschaffungsmaßnahmen nicht leisten. Darum erhielten
eine Reihe namhafter Firmen, Institutionen und politischer Entschei-
dungsträger im Laufe des Frühjahrs „Bettelbriefe", in denen auf dieses
Dilemma hingewiesen und mehr oder weniger offen um weitergehende
Finanzhilfen geworben wurde. Die Ernte beschränkte sich leider zu-
meist auf wohlmeinende Worte. Ein Brief erwies sich aber als Treffer ins
Schwarze. Empfänger war der Landtagsvizepräsident Kurt Hamer. Er
war gleichzeitig Vorsitzender des „Fördervereins Museum für Indus-
trie- und Alltagskultur". Dieser plante, die karge Kieler Museumsland-
schaft um eine Einrichtung zu ergänzen, die vom Schiffbau bis zum
Gaardener Tante-Emma-Laden die Lokalhistorie „von unten" präsentierte. Am Ende der Hörn, wo sich die Schiffswerkstätten der KVAG befanden, sollte ein werfthallenartiger Bau ins Wasser hinauskragen. Flankiert wurde er in Architektenplänen von der alten Howaldt-Gießerei,
die von Dietrichsdorf Stein für Stein umzusetzen gewesen wäre, sowie
dem letzten der großen Kampnagel-Kräne, der im Stammwerk der Werft
unlängst die Verschrottung seiner Kollegen überlebt hatte. Die Idee war,
die *Stadt Kiel* diesem Projekt anzugliedern und sie, wie seinerzeit Mins
Minssen angeregt hatte, als „work in progress" zu präsentieren. Um es
vorweg zu nehmen – dem ambitionierten Museumsprojekt war ein kläg-
liches Ende beschieden. Konservativen Politikern war diese arbeiterori-

entierte Geschichtsbetrachtung von jeher ein Dorn im Auge gewesen, und als die Pläne in die Öffentlichkeit kamen, gab es zwar eine Vorstellung von der Museumshülle, aber kein durchdachtes inhaltliches Konzept. Dadurch wurden die Pläne natürlich derart angreifbar, dass sie in den Mühlen der Politik so lange zerredet werden konnten, bis die vorhandenen Exponate schrottreif waren und die Finanzierung zusammenbrach. Das Ende der Museumspläne vollzog sich in Raten, die DGzRS nahm ihre Spende, das historische Rettungsboot *Wilhelmine Wiese*, verärgert in völlig demoliertem Zustand zurück, um es selbst aufzuarbeiten. Der Kampnagel-Kran musste verschrottet werden, als der Rost seine Standfestigkeit gefährdete. Die Gießerei erwies sich als extrem schadstoffbelastet und wurde ganz schnell zugenagelt. Andere Exponate gammeln bis heute in verschiedenen Ecken der Stadt vor sich hin.

Unabhängig von diesem politisch-kulturellen Trauerspiel markierte die Kontaktaufnahme der zwei Vorsitzenden ihrer jeweiligen Vereine, Hamer und von Unruh, den Beginn des „dritten Lebens" der *Stadt Kiel*. An einem kalten, ungemütlichen Tag trafen sich die beiden auf dem verödeten Werftareal, das die damalige Heimstatt des Schiffes war. Von der Brücke bis zur Bilge wurde Hamer jeder Winkel gezeigt. Ein anschließendes offenes Gespräch pointierte sehr klar die akuten Probleme, die sich seit der letzten Dockung abzeichneten. Der Politiker versprach, seine Beziehungen zum Direktor des Kieler Arbeitsamtes, Dr. Olaf Koglin, spielen zu lassen. Eine Idee war, der Lehrlingswerkstatt von Howaldt Arbeitsbeschaffungsmaßnahmen anzugliedern. Die Renovierung des Schiffes könnte, so wurde sinniert, parallel zum Aufbau des Industriemuseums durchgeführt und sozusagen an dessen Arbeitsprojekte angedockt werden. Die *Stadt Kiel* würde hierzu in die Nähe des künftigen Museums gelegt und stünde diesem für Besichtigungen und Fahrten zur Verfügung.

Im Mai ging das Schiff erst einmal zur genauen Substanzermittlung bei Howaldt ins Dock. Hier wurde eine umfassende Schallung des Rumpfes vorgenommen. Das Ergebnis war ernüchternd: Nicht weniger als 17 Platten waren so dünn geworden, dass sie hätten ausgewechselt werden müssen. Vorausgesetzt, der Verein hätte das Material gestellt, wären trotzdem 70 000 DM reine Arbeitskosten angefallen. Das war aus dessen notorisch klammer Kasse keinesfalls aufzubringen. Die Hoffnung auf die baldige Erteilung einer Klassifizierung zerschlug sich schlagartig. Das Schiff ging zu Wasser, ohne dass etwas an ihm getan worden wäre. Die spontane Reaktion Kurt Hamers auf die wenig frohe Botschaft war: „Oh Gott, wo sollen wir das Geld denn hernehmen?" Im Bezug auf dieses Problem hatte er aber mehr Fortune als mit dem siechen Industriemuseum. Zum ersten Mal tauchte in einem Gespräch kurz danach der auf der Jöhnk-Werft in Harburg aktive Verein „Jugend in Arbeit" als potentieller Partner auf. Dieser habe über Berufsqualifizierungsprojekte bereits Erfahrungen mit der Aufarbeitung alter Schiffe gesammelt. Hamer wollte mit Dr. Koglin abklären, ob die *Stadt Kiel* eine geeignetes Objekt für die Werft und entsprechende Fördermaßnahmen wäre.

Fontänen und Sirenen

Parallel zu diesen Planungen lief, allen Rostproblemen zum Trotz, die Fahrsaison 1985 an. Am 15. Mai legte sich das Schiff zur (Nach)Feier der Hochzeit von KN-Redakteur Thomas Lange und Uta Semper an den idyllischen Tiessen-Kai in der Ausfahrt des Nord-Ostsee-Kanals. Tags darauf ging die Gästeschar zum Katerfrühstück in See. Nicht kolportiert wurde, ob Neptun umständehalber seinen Anteil an der Mahlzeit bekam. Auf jeden Fall ahnte zu diesem Zeitpunkt niemand, dass solche Hochzeiten in maritimem Ambiente Jahre später zum finanziellen und inhaltlichen Hauptstandbein des Vereins avancieren würden. Weitere Charter- sowie vereinsinterne Fahrten schlossen sich an und die neuerliche Teilnahme am traditionsreichen Hafenkonzert zur Eröffnung der „Kieler Woche" 1985. Als sich die weiteren, überwiegend wohlbekannten Teilnehmerschiffe wie *Stettin*, *Thetis*, *Thor Heyerdahl* und *Fridtjof* am Seefischmarkt aufreihten, stand diese langjährige Institution allerdings bereits vor ihrem Ende. Schon kurz darauf stieg der quotengedrückte NDR aus, Versuche, das Frühaufsteher-Event in Privatregie zu retten, scheiterten. So gab die *Stadt Kiel* am Dietrichsdorfer KVAG-Anleger in jenem Jahr zum letzten Mal die Kulisse für die Sendung ab.

Veränderungen zeichneten sich ebenfalls bei der DGzRS ab: Am 8. Juli 1985 sollte der Seenotrettungskreuzer *Theodor Heuss* im stolzen Alter von 28 Dienstjahren durch den Neubau *Berlin* auf der Laboer Station abgelöst werden. Der lag momentan bei der Lürssen-Werft Vegesack in der Endausrüstung. Aus diesem Anlass hielt Professor Georg-Christoph von Unruh am 25. Juni auf der *Stadt Kiel* einen Vortrag über „Theodor Heuss – ein Vorbild für Bürger", der das Werk des früheren Bundespräsidenten und dessen Beziehungen zur Rettungsgesellschaft würdigte. Heuss, von 1950 bis 1959 Schirmherr der „nobelsten Gilde der Welt", hatte während seiner Amtszeit persönlich dem Seenotkreuzer einen Besuch abgestattet, dessen Namenspatron er war. Vormann Johannes Eberhardt samt Crew waren mit ihrem Schiff längsseits gekommen und erhielten aus den Händen Werner von Unruhs ein Präsent. Der jüngste

Gast der Veranstaltung war mit 10 Jahren Jan-Friedrich von Hassel. Der Steppke aus Politikerfamilie[30] hatte an den amtierenden Bundespräsidenten Richard von Weizsäcker geschrieben und angeregt, das Rettungsboot unter diesem Namen dauerhaft zu erhalten. Bei der *Theodor Heuss*, die tatsächlich nach einem aufwendigen See- und Landtransport seit 1987 im Deutschen Museum München zu besichtigen ist, handelt es sich allerdings um eine Mogelpackung – hinter ihr verbirgt sich das eigens umgetaufte Schwesterschiff *H. H. Meier*. Die originale *Heuss* hingegen war fortan als Sportboot namens *Frido Spatz* in Nord- und Ostsee anzutreffen.

Die nächste Fahrt der *Stadt Kiel* hing auch mit dem Thema Seenot zusammen. Die *Elbe III* war während einer Regattabegleitfahrt auf der Kieler Förde am 26. Juni 1985 dem aus der Schleuse des Nord-Ostsee-Kanals auslaufenden russischen Frachter *Baltiskij 26* vierkant in die Backbordseite gefahren. Die 80 Fahrgäste und 15 Besatzungsmitglieder kamen wie die russische Crew zwar mit dem Schrecken und leichten Verletzungen davon. Der Klüverbaum des Feuerschiffes war aber rechtwinklig abgeknickt, als er sich tief in die Aufbauten des Kollisionsgegners bohrte. Damit war die „Kieler Woche" für den Hamburger Oldtimer gelaufen. Die *Stadt Kiel* sprang umgehend in die Bresche und bewahrte am nächsten Tag die *Elbe III*-Passagiere davor, auf dem Trockenen sitzen zu bleiben. In der späteren Seeamtsverhandlung kam die bis dahin gängige Praxis zur Sprache, Museumsschiffe mit Sportbootführerschein fahren zu dürfen. Die Führung des Feuerschiffes hatte entsprechend nicht über die notwendigen Revierkenntnisse verfügt. Das Seeamt empfahl, solchem Mensch und Material gefährdenden Kompetenzmangel künftig einen Riegel vorzuschieben. In personeller Hinsicht konnte dieser Spruch die *Stadt Kiel* nicht mehr treffen: Nurmehr Erinnerung war die Ära in Lübeck, als ein Sportbootführerschein als einzige Legitimation herhalten musste, sie in zweifelhaftem Zustand durch die Gegend zu schippern. Inzwischen stand ja eine veritable Kapitänsriege zur Verfügung. Den technischen Sicherheitsforderungen, die das Seeamt formulierte, hätte die *Stadt Kiel* ohne die spätere Generalrestaurierung aber nicht mehr genügen können und entsprechend ihren Fahrbetrieb über kurz oder lang einstellen müssen.

„Klangraum Hafen" nannte sich das Experiment des Komponisten Alvin Currau, an dem das Schiff am 29. Juni teilnahm. Der Plan: 30 Typhone von Wasserfahrzeugen sollten im Wechsel mit 80 Instrumentalisten des Förde-Blasorchesters und der Bläserharmonie erklingen, die auf dessen Freideck Platz genommen hatten. Immerhin hatte vergleichbares zuvor auf Schiffen in namhaften Städten wie Amsterdam und La Spezia stattgefunden. Um 12 Uhr 10 begann „The Docks" vor den Mikrophonen von Funk und Fernsehen mit einem 15-sekündigen Fortissimo aller vorhandenen Hörner, von den großen Skandinavien-Fähren bis hin zur Flotte des Instituts für Meereskunde. Dazwischen tuteten die KVAG-Dampfer, die Wasserschutzpolizei und Boote der Marine. Im weiteren Verlauf regelte die Stoppuhr das Mit- und Durcheinander von Sirenen und Pfeifen, die zum Entstehen einer atonalen Collage beitrugen. Von der *Stadt Kiel* aus wurde nach Kräften, letztlich aber chancenlos entgegengeblasen. Denn der Krach war so infernalisch, dass selbst ein Chorkonzert in der Nikolaikirche mitten in der Stadt abgebrochen werden musste. „Monotonie in der Südsee", „Autobahnstaumusik" oder schlicht wie ignorant „Die ha'm ja 'nen Vogel", lauteten die Kommentare zur maritimen Kakophonie. Der 46-jährige Komponist war's zufrieden: „Beautiful, fantastic! Great compliments to the musicians!"

Am 8. Juli 1985 wurde planmäßig der Rettungskreuzer *Berlin* in Dienst gestellt. Zu diesem Ereignis begleitete eine stattliche Flotte das bullige 27,5-Meter-Boot vom Landeshaus an der Kiellinie nach Laboe. Die KVAG hatte mit der *Laboe*, *Holtenau* und *Stein* gleich drei Schiffe aufgeboten, ein Lotsenboot war ebenso mit von der Partie. Die *Stadt Kiel* schäumte von der Reventlou-Brücke kommend hinter dem Tross her. War der Tag zuerst bedeckt gewesen, so brach sich die Sonne just in dem Moment Bahn durch die Wolken, als das Maasholmer Rettungsboot *Günter Kuchenbecker* in Gegenrichtung „durchbrach" und sich mit einem temperamentvollen Wendemanöver in den Korso einreihte. Samt ausgesetztem Tochterboot und zwei Strandrettungsbooten wurde in wildem Tanz die unter schweren Wolken glitzernde Förde förmlich zum Kochen gebracht. „Wie spielende Katzenkinder", beschrieb recht bodenständig eine Zuschauerin den Reigen. Mittenmang schob sich die *Stadt Kiel* mit mächtiger Bugwelle durch das Szenario. Sie machte an der Laboer Außenmole fest, während die neue *Berlin* die Kraft ihrer Feuerlöschmonitore eindrucksvoll unter Beweis stellte, indem sie riesige Wasserwände zauberte.

Wasserfontänen gab es ebenso, als das Museumsschiff am 18. Juli die Tradition der Jugendfahrten nach Falckenstein wieder aufnahm. Diesmal wurden sie zur Gaudi der jungen Passagiere vom alten *Feuerlöschboot* serviert. 120 Kinder gingen mit auf die erste von insgesamt vier Extratouren hinaus auf die Kieler Förde. Oberbürgermeister Luckhardt übernahm die Schirmherrschaft für diese Goodwill-Aktion und verteilte höchstpersönlich bei einer der Fahrten Bonbons an die Kinder. Die Kinderfahrten waren umso wichtiger und wertvoller, als der Vorsitzende des Vereins „Kieler Jugenderholung", Steffen Etzel, hinterher bilanzierte: „Die Ferienangebote hatten in diesem Jahr eine Nachfrage wie schon lange nicht mehr, denn immer weniger Eltern können sich weite und teure Reisen leisten." Die *Stadt Kiel* hatte mit ihrem Sommerangebot allenthalben unter Beweis gestellt, für Jugend- und Sozialarbeit zu taugen.

Ein sportliches Großereignis begleitete das Schiff am 8. September 1985. Kiel war Startpunkt der 3000-Meilen-Europaregatta einer Flotte gigantischer Trimarane nach Sardinien. Vom Binnenhafen ausgehend überholten die 26 High-Tech-Yachten den Oldtimer nach und nach im Morgendunst. Als die Leichtbauschiffe dann ihre riesigen, bunten Spinnaker setzten und in der Sonne leuchtend rasch am Horizont verschwanden, bot sein Vordeck einen perfekten Logenplatz für das einmalige Schauspiel. Einmalig war es nicht zuletzt deswegen, weil einige Schiffe ihr Ziel nie erreichen sollten – kurz vorm Ziel tobte ein schwerer Sturm über das Race hinweg. Mehrere Boote hatten den Gewalten trotz oder wegen ihrer Ausmaße nichts entgegenzusetzen: Einige zerbrachen und sanken im Unwetter, andere trieben kopfüber in den Wogen, als die Luftretter das Unglücksgebiet erreichten.

Der 80. Geburtstag des Tonnenlegers *Bussard* am 15. September 1985 war Anlass zu einer Kooperation mit dem Schifffahrtsmuseum. Am Vorabend gab es einen Diavortrag an Bord der *Stadt Kiel*, die, wie schon zur „Kieler Woche", am Seegarten festgemacht hatte. Werner von Unruh ließ die Fahrtzeit dieser beiden Schiffe sowie der *Stettin* und der *Heikendorf* Revue passieren. Am Tag danach gab es erst ein „Open Ship" und im Anschluss daran eine Rundfahrt, während der er den Gästen die Entwicklung vom Dampf- zum Motorschiff erläuterte. Die Jubilarin selbst konnte sich dabei mangels funktionsfähigen Antriebs nur ans (Stahl)Bett gefesselt feiern lassen. Die Schiffe in dieser Art dauerhaft als Doppelpack zu präsentieren, wie es eigentlich angedacht war, realisierte sich über dieses Wochenende hinaus nicht.

Ein Arbeitsamtschef leckt Blut

Ohne Probleme waren damit die öffentlichen Fahrten dieses Jahres gemeistert. Auch war es gelungen, das Schiff in den Schlagzeilen der Lokalpresse zu halten. Für die Zukunft bedeutsamer erwies sich die weniger PR-trächtige Tour, die am 25. Juli stattfand. In den vorangegangenen Wochen war Kurt Hamer nicht untätig geblieben und erreichte, dass Dr. Koglin am Renovierungs-Projekt „Blut leckte". An diesem Tage schiffte sich an der Reventlou-Brücke eine Delegation des Arbeitsamtes ein und nahm das Schiff in Augenschein. Offenbar erkannte sie haufenweise Mängel, die Arbeitsmaßnahmen rechtfertigten, denn, so Arbeitsamtsmitarbeiter Hummel zu seinem Kollegen Lausch: „Wir machen alles für die, Hauptsache, sie lassen uns lebend wieder von Bord!" Tatsächlich war es nicht zuletzt Olaf Koglins ehrliche Begeisterung für das Schiff, die sein Engagement in dieser Sache begründete. „Jugend in Arbeit" hieß seine Idee. Hinter diesem Namen verbarg sich ein Hamburger Verein, der 1983 gegründet worden war und als Träger von Arbeitsbeschaffungsmaßnahmen fungierte, um arbeitslosen, schwer vermittelbaren Jugendlichen eine Berufsperspektive zu verschaffen. Erstes Projekt war die Renovierung eines gespendeten Wohnschiffes gewesen, das 20 Jugendliche unter Anleitung von vier Meistern und einem Ingenieur hergerichtet hatten. Zeitgleich entstanden Werkstätten und Schulungsräume in Eigenregie. Das Gesamtprojekt erfreute sich guter Zusammenarbeit mit Arbeitsverwaltung und Behörden, aus der Wirtschaft kamen großzügige Spenden. Diese viel versprechenden Erfahrungen bewogen Koglin, Kontakt nach Hamburg aufzunehmen. In einem Schreiben konstatierte er, die *Stadt Kiel* sei in einem fahrbereiten Zustand und eine Überführung nach Hamburg jederzeit möglich. *„Jedoch muß ganz schnell Entscheidendes passieren, soll die noch vorhandene Schiffssubstanz nicht langsam aber sicher verlorengehen. Der gesamte Rumpfbereich bedarf einer grundlegenden Konservierung [...] Alle Schiffsdecks müssen auf ihre Festigkeit hin überprüft werden [...] Das gleiche gilt für den Bereich der Stahlaufbauten bis hin zum Schornstein [...] Das noch intakte, alte Holz muß aufgearbeitet werden. Die gesamte Elektrik bedarf einer grundlegenden Überprüfung [...] Die Holzdecks im Vorschiffsbereich müssen aufgearbeitet werden [...] Am hölzernen Brückenhaus scheint eine Reihe von Holzarbeiten notwendig zu sein [...] Im Hauptdeck fehlt die gesamte Inneneinrichtung [...] Die hölzernen Rettungsboote sind nicht mehr vorhanden [...]"*

Im dramatischen Licht dieser unvollständigen Aufzählung sah Koglin umgehenden Handlungsbedarf. Ihm schwebte vor, das Schiff schon im Herbst in die Hansestadt zu überführen, um es komplett als Hamburger ABM-Projekt überholen zu lassen. So bat er den Vorstand von „Jugend in Arbeit", sich das Objekt möglichst bald anzuschauen. Der Vorstand des *Stadt-Kiel*-Vereins beschloss, dem Plan zuzustimmen. Im Oktober zeichnete sich ab, dass es tatsächlich ratsam wäre, das Schiff möglichst umgehend in die Elbe zu bringen, auch oder gerade weil die Finanzierung der dortigen Maßnahmen noch nicht gesichert war. Die endgültige Entscheidung würde nach Einschätzung Koglins mit dem Anschauungsobjekt vor Augen wohl leichter fallen. „Jugend in Arbeit" entwickelte einen Vier-Phasen-Plan zur Restaurierung, von denen jede einzelne ein in sich geschlossenes ABM-Paket darstellte. Schon nach Abschluss von Phase eins, der Sanierung des Unterwasserschiffes, könnte, so glaubte man, das Schiff nach Kiel zurückkehren. Der Finanzierungsrahmen aus Bundes- und Landesmitteln steuerte unterdessen auf die Zwei-Millionen-Marke zu, für die Männer und Frauen der ersten Stunde natürlich eine schwindelerregende Summe im Vergleich zum bisher gewohnten Investitionsrahmen. Während in Kiel auf den endgültigen Bescheid gewartet wurde, machte sich „an der Basis" Unmut breit: „Was soll das Ganze, dass wir da nach Hamburg gehen, das können wir doch auch hier machen", so murrte es vernehmlich, dabei aber die eigenen Kräfte überschätzend. Die Dinge nahmen dessen ungeachtet ihren Lauf – die Maßnahmen wurden genehmigt, die Finanzierung stand, am 22. November trafen sich Vertreter beider Vereine zum entscheidenden Koordinierungsgespräch im Konferenzraum der Jöhnk-Werft. Der Beginn der Arbeiten wurde auf den 25. des Monats festgelegt. Innerhalb eines Jahres sollte die erste Phase abgeschlossen sein. Acht Jugendliche, vier Facharbeiter, vier Helfer sowie ein arbeitsloser Schiffbaumeister von der Danziger Lenin-Werft waren hierfür eingeplant. Der Förderverein hatte die inhaltlichen Vorgaben zu machen, die Bauleitung würde „Jugend in Arbeit" innehaben und ebenso für die finanzielle Abwicklung im Personal- und Materialbereich zuständig sein.

Dank des Engagements von Olaf Koglin und Kurt Hamer war die Renovierung auf den Weg gekommen. Die bevorstehende Kanalpassage, für die meisten Schiffe ein kleiner Schritt zwischen Nord- und Ostsee, war der sprichwörtliche große für die Zukunft der *Stadt Kiel*. Dass die eingesetzten Mittel und die freigesetzte Wirtschaftskraft nicht deren Heimathafen zugute kamen, lag gewiss mit daran, dass die Uhren hier traditionell langsamer gehen. Weder hatte ein Mäzen den Wert des Schiffes zu würdigen gewusst, noch war es bisher gelungen, ein lokales Pendant zu „Jugend in Arbeit" aus der Taufe zu heben. „Das ist eine optimale Einrichtung", lobte Dr. Koglin über die Landesgrenze hinweg: „Selbst eine Maßnahme wie die mit der *Stadt Kiel* rechnet sich langfristig für das Arbeitsamt und den Staat." Jugendliche würden in den Arbeitsprozess eingegliedert, gleichzeitig kränkelnde Betriebe gestützt. So war die Jöhnk-Werft faktisch pleite gewesen, als mit dem ABM-Projekt neues Leben in die verödeten Hallen und Kaianlagen einzog. Lachende Dritte würden in diesem Falle am Ende natürlich die Kieler und der Förderverein sein. Nach Abschluss der Überholung sollte dem begehrten German-Lloyd- und Seeberufsgenossenschafts-Zertifikat nichts mehr im Wege stehen.

Auf nach Hamburg

Jetzt hieß es klarmachen zur letzten Fahrt auf unabsehbare Zeit. In den kalten Novembertagen stellte der Hamburg-Törn eine größere Herausforderung dar als im Sommer. Der Hilfsjockel hatte zu wenig Kilowatt Leistung, um 220-V-Geräte daran anschließen zu können. Erich Edel versuchte erfolglos, den vorderen Brennstofftank als Umlauftank zu nehmen in der Hoffnung, dass Wärme entstünde. Ein Petroleumofen und ein kleiner Heizlüfter sorgten auf der Brücke wenigstens für ein paar Plusgrade. Trotz der winterlichen Witterung herrschte an Bord ausgelassene Stimmung. Noch einmal konnte die Chance genutzt werden, dem Maschinisten durch das Sprachrohr statt der erwarteten Anordnung eine Erbse ins Ohr zu pusten, wohl wissend um das Risiko, dass mit Druckluft postwendend eine Ladung Maschinenstaub die Brücke einnebeln könnte. „Zwischen Wildwest und Zeltlager" wurde die Stimmung auf der Überfahrt hinterher charakterisiert, der auch Schiffsfreunde wie Mins Minssen beiwohnten. Auf dem Kanal nahm man eine Yacht in Schlepp und taute sie bis zum Betriebshof Brunsbüttel, wo als Dank eine Schnapsbuddel den Besitzer wechselte. Am nächsten Morgen ging es mit der Tide die Elbe hinauf. An Steuerbord wurde der betriebsame Waltershofer Containerterminal passiert, hindurch ging es unter der eleganten Köhlbrandbrücke. Endlos erstreckten sich an Backbord Tanklager, an Steuerbord waren die letzten Reste des abgeräumten Fischerdorfes Altenwerder zu ahnen, auf dessen Fläche ein weiterer Containerhafen entstehen sollte. Die kleine Schwester der Köhlbrand-Brücke, die Hubbrücke des Kattwyk-Damms, war zu unterqueren, dahinter ragte im Schatten eines großen Kraftwerkes traurig der rostbraune Bug des Walfängers *Mountbatten* aus den Elbfluten, der hier seit fast 20 Jahren allmählich im Schlick versank. Endlich lag Harburg voraus, seine verwaisten Hafenbecken mit den Ehrfurcht gebietenden, alten Speichern. Eine kleine Schleuse bedeutete eine kurze Wartezeit, dann tuckerte die *Stadt Kiel* in den Werfthafen hinein. Als die Leinen fest waren, wurde allen klar, dass eine Epoche in der Schiffskarriere zu Ende ging, die Zeit der Improvisation, aber auch eine ziemlich abenteuerliche. Das Schiff, das diese Werft zu einem noch unbekannten Termin verlassen würde, würde ein anderes sein als jenes, das der Verein bisher gehabt hatte. Feierlich wurde „abgeklingelt", also der Maschinentelegraph mehrmals gelegt zum Zeichen, dass die Maschine fertig sei. Von Unruh drängte, rasch den Befehlsübermittler und das Ruderrad abzumontieren. Insbesondere der untere Telegraph von der *Heikendorf* war unersetzlich und sollte nicht

Gefahr laufen, „in die Grabbel zu kommen". Ebenso ging es anderen Ausrüstungsgegenständen von Wert. Anschließend wurde das Schiff der Werft überantwortet, die es postwendend aufdockte. Jetzt konnten Vertreter von „Jugend in Arbeit" eine gründliche Inspektion vornehmen. Angesichts der langen Mängelliste runzelte sich deren Stirn zwar bedenklich, doch die Entscheidung fiel: „Wir machen das." Der Einzige, der die Tragweite hiervon erfasste, war Michael Rentsch. Andere hatten das als selbstverständlich empfunden, doch genauso gut hätte das Urteil lauten können: „Sorry, aber das Schiff ist reparaturunwürdig." Und nicht anders wäre es wahrscheinlich gekommen, wenn die Inspekteure den tatsächlichen Reparaturbedarf zu diesem Zeitpunkt erkannt hätten.

Langeweile kam im nun seines Schiffes entblößten Verein nicht auf. Michael Rentsch übernahm zunächst den Part des Ansprechpartners für „Jugend in Arbeit", war durch seine starke berufliche Einbindung aber ziemlich gehandicapt. Werner von Unruh zog sich derweil etwas aus dem Geschehen zurück, er war als Vereinsvorsitzender von Wilfried Gerling abgelöst worden. Als offizielle Begründung hatte er die Vorbereitung auf sein Jura-Staatsexamen angegeben, doch es war nicht nur das. Im Verein war im Vorfeld eine große Unruhe entstanden. Das ständige Ringen um Strategien und Konzepte hatte bei den teilweise sehr unterschiedlichen Charakteren Spuren hinterlassen. Auch der verdienstvolle Matthias Buchholtz war als Folge von Meinungsverschiedenheiten wie aus beruflicher Überlastung genauso wie Jürgen Bohne nicht mehr im Vorstand. Modernisten und Traditionalisten, Moralisten und Betriebswirtschaftler erhoben die Stimme. Hatte der reine Existenzkampf den Verein bislang zusammengehalten, so war jetzt Zeit und Raum vorhanden, unterschiedliche Vorstellungen vom weiteren Gang der Dinge zu entwickeln. Wilfried Gerling gelang es innerhalb seines Amtsjahres aber, gemeinsam mit seinem Vorgänger, der nach einem Jahr wiederum sein Nachfolger wurde, das Vereinsschiff allmählich in ein ruhigeres Fahrwasser zu bringen.

Fernab dieses Geschehens wurde die *Stadt Kiel* in Harburg zunächst förmlich auseinander gerissen. Um am Rumpf selbst arbeiten zu können, mussten mit Ausnahme der Maschine praktisch alle Einbauten wie Kammern und Messe entfernt werden. Erst als das dergestalt skelettierte Schiff im Mai 1986 ins Dock kam, ließ sich die übrig gebliebene Rumpfschale genau untersuchen. Das Ergebnis war verheerender als erwartet: An vielen Stellen plumpsten den verblüfften Arbeitern geradezu die Nieten entgegen. Wurde an einer Roststelle gekratzt, tat sich dabei oftmals ein immer größer werdendes Loch auf. Etliche marode Spanten und Stahlplatten waren komplett auszutauschen. Die Prognosen über den zu erwartenden Materialverbrauch und Arbeitsaufwand wurden kontinuierlich nach oben korrigiert. Bald zeichnete sich ab, dass die Phase der Stahlarbeiten um ein Jahr verlängert werden müsste. „Ein Neubau wäre einfacher", konstatierte nüchtern der engagierte technische Leiter Günter Arldt. Ein ungenannter Arbeiter hinterließ mit ungeschlachtem Pinselstrich auf der Bordwand seine persönliche Meinung: „Spinner".

Am 21. Mai 1986 brach eine größere Delegation des Vereins auf, sich ein Bild vor Ort zu machen. Stilecht stieg man im Museumshafen Övelgönne vom Bus in die Dampfbarkasse *Tiger* um und ließ sich über die Elbe zur Werft „shutteln". Der Anblick, der sich am Ziel bot, erinnerte weniger an das vordem zumindest äußerlich respektable Schiff, das man dort ein halbes Jahr zuvor abgeliefert hatte, als vielmehr an das klägliche Aussehen der *Heikendorf* in ihren letzten Monaten am Kieler Abwrackkai. Schornstein und Steuerhaus waren abgebaut, Teile der Außenwände fehlten, leere Fensterhöhlen gaben den Blick frei auf abgerissene Verkleidungen, Rostfraß und große Löcher. Es kam noch dicker: Als weitere Decksverkleidung entfernt wurde, zeigten sich die Seitenwände auf etlichen Metern in so schlechtem Zustand, dass ihnen nur noch Schrottwert attestiert werden konnte. Fast wäre dies das Aus gewesen – der Verein konnte so viel Stahl, wie als Ersatz nötig war, nicht finanzieren. „Im Schnorren sind wir ganz gut", hieß es jedoch seit jeher unter den Vereinsmitgliedern, diese Eigenschaft musste sich einmal mehr bewähren. In der Werft HDW fand sich erneut ein großzügiger Sponsor – sie stellte 60 Quadratmeter Schiffbaustahl zur Verfügung. Vermittler war diesmal Diplom-Ingenieur Fritz Petersen aus der Abteilung Sonderschiffbau, der in bewährter Weise auf dem „kleinen Dienstweg" angesprochen wurde. Im Herbst 1986 war die *Stadt Kiel* kaum noch zu erkennen – 10 Meter der Aufbauten fehlten, darüber war ein klobiger Wetterschutz errichtet, Stellagen verbargen den Blick auf die tiefer liegenden Bereiche, die schon saniert waren. Denn nicht weniger als zwei Drittel des Unterwasserschiffs waren bereits fertig gestellt. Zu größerer Einsicht in den Sinn der Maßnahme führte offenbar der Diavortrag Werner von Unruhs „Alte Schiffe auf der Kieler Förde", den er als Revanche für die aufmerksame Betreuung durch Schiffbaumeister Edgar Kneels zeigte: „Nun verstehen wir, warum so ein alter Pott wiederaufgefixt wird", hieß es hinterher anerkennend unter den „Jugend in Arbeit"-Angehörigen. Den übergeordneten arbeitsmarktpolitischen Sinn würdigte der wohl prominenteste Gast des Jahres, Bundesbildungsministerin Dorothee Wilms. Über eine wacklige Hühnerleiter erklomm sie, geführt vom „Jugend in Arbeit"-Vorsitzenden Clemens Caesar, die Bordwand der *Stadt Kiel* und lobte das Projekt in höchsten Tönen. Die bisherige Bilanz konnte sich in der Tat sehen lassen: Mit der Kombination aus praktischer Arbeit, flankierender Fortbildung und, wenn nötig, sanftem disziplinarischen Druck wurden die Beschäftigten so weit arbeitsmarkttauglich gemacht, dass 70 Prozent von ihnen anschließend im ersten Arbeitsmarkt unterkamen.

Versenkt im Dock

Am 20. Dezember 1986 gab es eine unschöne vorweihnachtliche Bescherung. Da die Werft auch einen rein gewerblichen Zweig hatte, war in den letzten Monaten parallel zur Überholung der *Stadt Kiel* im selben Dock der Neubau eines Kutters entstanden. An diesem Tag sollte er ausgeschwommen werden. Falsche Berechnungen führten dazu, dass der eigentlich feierliche Moment jäh getrübt wurde. Viel zu tief senkte sich das Schwimmdock ab, was für den benachbarten Fördedampfer, der ja mit offenem Leib dalag, fatale Folgen hatte. Natürlich sackte er mitsamt dem Dock ab, und in den Maschinenraum sprudelte ungehindert das Wasser, bis er einen Meter hoch überflutet war. Zwar erhielt eine dem Werftleiter persönlich bekannte Firma umgehend den Reparaturauftrag, war damit allerdings offenkundig überfordert. Der beschädigte Motor wurde auseinander gefleddert, seine Einzelteile fanden sich eher planlos in der Gegend verstreut wieder, wo sie fortan munter vor sich hinrosteten. Da der Gesamtschaden im fünfstelligen Bereich lag und die Versicherungsfrage zunächst nicht geklärt war, bedeutete dies für den Verein, einen 20 000-DM-Kredit aufnehmen zu müssen. Der Zeitplan geriet durch diesen Zwischenfall weiter ins Wanken. Zu Jahresbeginn 1987 wurde als Fertigstellungstermin der Mai 1989 anvisiert. Nach Rückkehr in den Heimathafen sollte, so war die Idee, das Schiff eine Ausstellungsrundreise durch Skandinavien als Werbeträgerin für die Wirtschaft der Landeshauptstadt unternehmen. Als potentielle Träger dieser Tour hatten die Fördergemeinschaft Lebendiges Kiel, das Berufsbildungswerk der Deutschen Angestellten Gewerkschaft und das Wirtschaftsdezernat Interesse signalisiert. Da die Finanzierung unter Berücksichtigung der wegen der Kredittilgung gestiegenen Tageskosten des Schiffes nicht sichergestellt werden konnte, wurde das Projekt aber nicht realisiert.

Im Juli 1987 wurden Seiten- und Rückwände des oberen Salons fertig gestellt. Der gesamte Boden-, Wand- und Decksbereich der vorderen Schiffshälfte im Unterwasser- und Hauptdecksbereich war erneuert,

118

Gleiches galt für den Unterdeckbereich in Achterschiff und Maschinenraum. Inzwischen war der zeitgleich durchgeführte Neubau eines Pontons für „Jugend in Arbeit" abgeschlossen, sodass die dort freigesetzten Arbeitskräfte auf die *Stadt Kiel* wechseln konnten. Dennoch ließen sich als Folge von Koordinierungsschwierigkeiten Leerläufe nicht vermeiden – wenn von seiten des Fördervereins keine Pläne vorlagen und „Jugend in Arbeit" solche vor dem Abriss des Alt-Materials nicht erstellt hatte, nutzte die geballte Manpower wenig. Der zudem häufige Wechsel von Mitarbeitern war zwar für die Betroffenen gut – diese hatten dann dauerhafte Beschäftigung gefunden – aber für den Arbeitsfortschritt im Projekt natürlich weniger. Absehbar war in diesem Sommer immerhin, dass nach den Stahlbauphasen I und II jetzt Phase III der Installations- und IV der Holzarbeiten in Angriff genommen werden konnte.

Der Herbst brachte neuerliche Rückschläge. Immer noch rottete der zerlegte Motor vor sich hin, waren etliche Teile durch Rostfraß bereits unwiederbringlich zerstört. Der Maschinenraum war ebensowenig wie das Oberdeck witterungsgeschützt, sodass Regenwasser eintreten konnte. Pure Nachlässigkeit trug Schuld am Verlust mancher Originalsubstanz, so waren alte Fliesen und Holzverschalungen zu Bruch gegangen. Allerdings sprachen Verein und Projektleitung auch mit zu vielen Stimmen. Mangelndes Verständnis Einzelner für Denkmalschutzfragen und Fraktionsbildungen formten einen zuweilen recht dissonanten Chor, dessen Lied zu Pannen und Missstimmungen führte. Der Fertigstellungstermin 1. Mai 1989 war unter diesen Umständen nicht zu halten. Ein Besuch mit der Schleifähre *Bente* auf dem Salondampfer *Alexandra* war eine Art Fortbildung für die Mitglieder des Fördervereins: Der Veteran der Flensburger Fördereederei wurde gerade in Arnis von ABM-Kräften aufgemöbelt. Obwohl dort vergleichbare Probleme mit Personalfluktuation und entsprechendem Know-how-Verlust auftraten, schien dieses Projekt zügiger und schiffbaulich überzeugender über die Bühne zu gehen. Eine Konsequenz war, dass im Herbst 1987 ein Anlauf gestartet wurde, die Kompetenzen klarer zu verteilen. Das Planungskonzept oblag fortan alleinig dem Verein, „Jugend in Arbeit" war ausschließlich ausführendes Organ. So sollte einerseits den Eigenmächtigkeiten, die Innenausbau und Maschinensanierung erheblich zurückgeworfen hatten, ein Riegel vorgeschoben, andererseits der Förderverein zu eindeutigen Planungsvorgaben veranlasst werden. Als ausgleichende Persönlichkeit in dieser für alle Beteiligten nicht leichten Zeit trat immer wieder der 1. Vorsitzende und geistige Vater des Vereins „Jugend in Arbeit", der ehemalige Hauptgeschäftsführer der Industrie- und Handelskammer Hamburg, Clemens Caesar, auf.

Ein weiteres Problem stellte die anstehende behördliche Sicherheits-klassifizierung dar. Einerseits sollte das Schiff, das nur durch Fahrgast-transport die für den weiteren Erhalt erforderlichen finanziellen Mittel erwirtschaften konnte, wieder entsprechend eingesetzt werden. Hierzu war die Klassifikation des Germanischen Lloyd, die Fahrterlaubnis durch die Seeberufsgenossenschaft bzw. alternativ das Schiffsattest der Schiffsuntersuchungskommission (SUK) erforderlich. Andererseits sollte der anerkannte Status des Kulturdenkmals, soweit möglich, nicht durch den Einbau modernen Kunststoffmaterials gefährdet werden[31]. Dieses Problem glich der Quadratur des Kreises und war auch für die ausführenden Arbeitskräfte mitunter schwer nachzuvollziehen. Bei-spielhaft sei aus einem Brief des Vereins an einen Projektleiter zitiert: *„Wie mir die Bauaufsicht mitteilte, sind Sie mit unserer Vorgabe, den Ki-osk/Maschinenschacht nicht zu verschalen, nicht einverstanden. Ich bit-te Sie, Ihren Standpunkt noch einmal zu überdenken. Das Schiff wird re-stauriert in dem Stil, wie es Ende der vierziger Jahre aus dem alten Wrack wieder erbaut wurde. Typisch für Schiff und Zeit war dabei, dass der Ma-schinenschacht nicht verschalt wurde, sondern einen holzähnlichen An-strich (mit Kamm) gemalt bekam. Auch dieses war ein Attribut, das die Anerkennung als Kulturdenkmal begründete. Auch wenn eine Verscha-lung vielleicht zunächst für das Auge gefälliger wirken würde, so ist aber Aufgabe des Eigners, das Original zu bewahren und nicht daraus ein schöneres Objekt zu machen".* Parallel zu solchen Grundsatzfragen füll-ten sich dicke Aktenordner mit den notwendigen Einzelvermerken über technische Details, die von der ersten Planke des Oberdecks bis zum letzten Zapfen der Maschine reichten. Eine typische Aktennotiz konnte dabei so lauten: *„Für die Verlegung der Anfahrluftleitung sind die bereits zu einem früheren Zeitpunkt erstellten Zeichnungen zu verwenden. Es ist zu beachten, dass die Anfahrluftleitungen sämtlich mit einem Druck von 45 Kilogramm, also das 1,5fache des Betriebsdrucks, abzudrücken und dem Germanischen Lloyd zur Abnahme vorzulegen sind."*

Und sie schwimmt doch

Im Frühjahr 1988 drohte ein Eklat. Den immer neuen Problemen schie-nen die „Jugend in Arbeit"-Kräfte nach Ansicht des Fördervereins nicht so gewachsen zu sein, wie dies bei Facharbeitern der Fall gewesen wäre. Es kam die Befürchtung auf, dass eines Tages alle ABM-Phasen ausgelaufen wären und das Schiff erst halbfertig im Dock stünde. Im

Verein wurde erwogen, die *Stadt Kiel* „as she is" in den Heimathafen abzuziehen und auf sachkundige Hilfe dortiger Werften zu hoffen. Letztlich kam es nicht dazu, gute Neuigkeiten wie eine 10 000-DM-Geldspritze der Landesregierung zur authentischen Wiederherstellung des Oberdecks vermochten die Stimmung ein wenig aufzuhellen. Diese Spende war allerdings auch das Ergebnis hartnäckiger Überzeugungsarbeit durch den Vereinsvorstand.

Am 31. Mai 1988 kam Bewegung im wahrsten Sinne des Wortes in das Projekt – der feierliche Tag war gekommen, die *Stadt Kiel* auszudocken. Gäste und Presse waren zugegen, für die „Kieler Nachrichten" jedoch berichtete nicht mehr der langjährige Wegbegleiter Bruno Bock. Er war im April, kurz nach Fertigstellung seines letzten Buches über die Howaldtswerke, einer Krebserkrankung erlegen. Leider war auch Schiffbaumeister Kneels, dem der Verein in den vergangenen Monaten viel zu verdanken hatte, kurz vor dem Ereignis verstorben.

Bevor das Schiff wieder in sein Element eintauchte, wurde in Reden Rückschau gehalten auf nun schon einige Jahre zurückliegende Fahrenszeiten. In einem Grußwort des Vereinsvorstandes hieß es: *„[…] Besonders schön war es aber, daß jung und alt, Berufsseemann und Laie auf MS Stadt Kiel ehrenamtlich zusammenarbeiteten. Jeder Interessierte hatte die Möglichkeit, einen Einblick in den nautisch-technischen Betrieb zu bekommen. So lernten auch Kinder, das Schiff zu steuern und die Maschine zu pflegen. Sie wurden vom Bootsmann in die Decksarbeit eingewiesen und konnten schließlich nach Kommando das Schiff sogar anlegen. Ältestes Besatzungsmitglied ist der frühere aktive Maschinist Erwin Edel mit über 70 Jahren. Die damals 12 bzw. 14jährigen Jürgen Marth (Sohn des letzten Stadt-Kiel-Kapitäns) und Sven Gerling arbeiteten sich vom Moses zur Fachkraft auf."* Marth junior war es auch, der nach diesen Worten einen kurzen Abriss der Geschichte des Dampfers gab und schloss: *„[…] Als wegen des schlechten Zustandes erneut Deine Stillegung drohte, begannen 1986 arbeitslose Jugendliche, Dich von Grund auf zu restaurieren. Sie haben Dir wieder einen guten und starken Rumpf gegeben. Nach Deiner Wiedererstehung wünsche ich Dir hier ‚Allzeit gute Fahrt'! Mögest Du wieder vielen Menschen Freude machen."* Dem Verein „Jugend in Arbeit" wurde anschließend vom „Förderverein MS *Stadt Kiel*" ein besonderes Präsent überreicht: Der frühere Fördedampferkapitän Emil Kröhnert hatte ebenso liebe- wie kunstvoll die *Stadt Kiel* in alter Pracht auf einem Ölgemälde wiedererstehen lassen.

Es war aber klar, dass noch viel Wasser die Elbe hinunterzufließen hätte, bis ein solcher Anblick wieder Realität würde. Was sich jetzt auf den Dockpallen in die Elbe absenkte, lief zwar nicht mehr postwendend voll

Wasser, war äußerlich jedoch kaum mehr als ein Torso. Ruderhaus und Schornstein fehlten, Kunststofffolien ersetzten fehlende Wände. Über allem trohnte ein gewaltiges Notdach und gab dem Gefährt ein eher dschunkenartiges Gepräge. Aber immerhin – es schwamm. Ein jugendlicher Schiffbauer eilte zur Sicherheit trotzdem mit einer Taschenlampe bewaffnet in die Bilge und bestätigte: „Sie ist dicht – beinahe jedenfalls!" Dieses Beinahe war genug, um zwei kleine Schlepper antauen zu lassen, die die *Stadt Kiel* an den Werftkai bugsierten. Dort allerdings wuchteten sogleich Werftarbeiter schweres Werkzeug an Bord, um die Leckage – eine Stopfbuchse war undicht – zu dichten. Anschließend konnten die Gäste das bisher Geleistete besichtigen, was allein vom Materialeinsatz mehr war, als der äußere Schein hergab. Zu diesem Zeitpunkt waren schon 80 Tonnen Stahl, 5 Kilometer Teakholzbalken, 110 Kilometer Schweißelektroden und Farbe, ausreichend für die Fläche mehrerer Fußballfelder, aufgewendet worden.

Den Feierlichkeiten dieses Tages auf dem Fuße folgten die altbekannten Probleme. Im November 1988 wurde Wassereinbruch in die Bilge festgestellt. An der Steuerbordseite war eine Leckage, die durch eine Mischung aus Hanf und Dichtungsmasse geflickt werden musste. Eine Tauchpumpe sollte vor weiteren unliebsamen Überraschungen schützen. Schuld an diesem Leck waren wohl die Zustände im Maschinenraum, die nach wie vor für Unmut sorgten. Viele empfindliche Teile lagen weiterhin offen herum und korrodierten folglich in der herrschenden Feuchtigkeit. Es sah aus, als seien die Arbeiten im Schiffsbauch schlagartig abgebrochen worden. Tatsächlich war die beauftragte Firma offenbar nicht in der Lage, die Maschine sachgerecht zu reparieren. Ein ähnliches Schicksal schien auch anderen Abschnitten beschieden zu sein, so drohten die ABM-Maßnahmen im Holzbereich tatsächlich auszulaufen, bevor man zum Abschluss gekommen war. In manchen Fällen, wie der erwähnten Kiosk-Verschalung[32], musste der Verein gar förmlich beim Vorsitzenden von „Jugend in Arbeit" protestieren, ehe das persönliche Schönheitsideal des Projektleiters sich den Anforderungen des Denkmalsschutzes unterordnete. Die vermittelnde Stellungnahme durch Clemens Caesar vom 20. April 1989 konstatierte Schwachpunkte bei allen Beteiligten: *[…] Wir leugnen nicht, daß der Arbeitsfortschritt auf MS Stadt Kiel zeitweise völlig unbefriedigend war. Die Ursachen liegen nach meiner Überzeugung auf beiden Seiten. Wir, d. h. die verantwortlichen Techniker, haben versäumt, das Schiff gleich zu Beginn der Arbeiten gründlich zu untersuchen und einen Ablaufplan für alle notwendigen Arbeiten aufzustellen. Die Folge davon waren vor allem personelle Fehldispositionen. Ihr Verein hat es versäumt, unseren Mitarbei-*

tern präzise Vorgaben zu machen, die Voraussetzung für die Erstellung eines Ablaufplanes gewesen wären. Es gab Perioden, in denen wochenlang keine definitiven Angaben über bestimmte Details der Restaurierung von Ihnen zu erhalten waren. Kurzum, auch Sie werden nicht in Abrede stellen, eine wesentliche Mitschuld an dem teilweise schleppenden Fortgang der Arbeiten zu tragen [...]" Versöhnlich resümierte er abschließend, dass es sich aber auch nicht um einen normalen Auftrag handele und jetzt mit Hochdruck daran gearbeitet werde, die Restaurierung zum Abschluss zu bringen.

Diese optimistische Einschätzung Caesars bestätigte sich im weiteren Verlauf des Jahres. „Unsere Jungs sind mit Feuereifer bei der Sache, schwingen Schraubenschlüssel und Pinsel mit Begeisterung", hieß es auf einmal bei „Jugend in Arbeit", was von den Beschäftigten bestätigt wurde: „Die Arbeit hier macht Spaß, und man lernt etwas dazu."[33] Im Oktober 1988 waren an die 60 Menschen auf der *Stadt Kiel* tätig. Unter anderem mussten jetzt die Schweißnähte des Unterwasserschiffes nachgearbeitet werden, da der Germanische Lloyd den Rumpf andernfalls nicht abgenommen hätte. Dazu kam das Schiff einmal mehr ins Dock. Bei dieser Gelegenheit wurde gleich die hochglanzpolierte Bronzeschraube auf die Welle gesetzt. Statt wie ein fernöstlicher Flußdampfer sah die *Stadt Kiel* immer mehr wie sie selbst aus. Das Originalsteuerhaus, Stück für Stück zerlegt, hinterher an Land aufgearbeitet und nun glänzend wie am ersten Tage, war auf seinen angestammten Platz zurückgekehrt. Der Salon hatte neue Wände erhalten und einen frisch duftenden Teakholzboden. Die Scheuerleiste präsentierte sich aus erst kürzlich geschlagenem, massivem Eichenholz. Auch hier hatte sich die Originalsubstanz aufgrund langjähriger Abnutzung nicht wieder verwenden lassen. Das Oberdeck verhüllte eine schwere Persenning – solange die Verfugung nicht völlig abgedichtet war, musste verhindert werden, dass durchnässender Regen den darunter liegenden Salon sogleich wieder in die altbekannte Tropfsteinhöhle verwandelte.

Mastenklau und Folgen eines Hurricanes

Einen ungewöhnlichen Verlust gab es im Jahre 1989 zu beklagen: Nachdem in den Vormonaten schon ein Schmierölumlauftank und eine Auspuffanlage gestohlen wurden, stellte die Bauaufsicht am 28. Juni fest, dass die beiden Schiffsmasten komplett verschwunden waren. Die mit Lampen und Signalmasten sowie Stahlwanten, Stagen und Spannschrauben versehen Kiefernholzmasten, an die sechs bzw. 10 Meter lang und von einem Fußdurchmesser von ca. 20 Zentimetern, waren vorübergehend auf dem Werftgelände gelagert worden. Als sie aufs Schiff zurückgebracht werden sollten, suchten die Arbeiter vergeblich nach ihnen. Eigentlich konnte nur der werfteigene Kran samt schwerem Transportgerät sie vom Fleck bewegt haben. Doch weder der Kranfahrer noch ein Werftmitarbeiter, der zwei Wochen zuvor um Überlassung der Masten gebeten hatte, vermochten Licht in das Mysterium zu bringen. Lediglich die Beschläge fanden sich eine Woche später in der Werfthalle auf.

Ungewöhnlich für ein Schiff war auch die Art und Weise, wie Ausrüstungs- und Einrichtungsgegenstände der *Stadt Kiel* in der Nacht vom 27. auf den 28. August 1989 einen Wasserschaden erlitten. Denn zum einen befanden sie sich auf Land, zum anderen kam das Nass nicht von unten, sondern von oben. Schauplatz war in diesem Falle Kiel, wo der Verein immer noch Mieter eines Kellerraumes der Howaldt-Kesselschmiede in Dietrichsdorf war. Es war zwar nicht geplant, das Schiff an den dortigen Liegeplatz zurückkehren zu lassen. Die maroden Piers und verfallenen Schuppen hatten in den vergangenen Jahren zudem hochfrequentierten, modernen RoRo-Anlegern und riesigen Papierlagerhallen weichen müssen. Im rückwärtigen Gelände hatte aber als eines der letzten Industrierelikte die Schmiede den Wandel vorerst überlebt. Hier waren nebst verfallenden Exponaten des Industriemuseums wertvolle Teile des Fördedampfers eingelagert, die erst nach der Rückkehr aus Hamburg an Bord zurückkommen sollten. An diesem Ort hätte dem Inventar eigentlich kaum Gefahr gedroht, am wenigsten von Hurricanes. Doch es kam anders:

Eine mäßige Brise wehte an besagtem 27. August auf der Förde, einige Fahrtensegler genossen den ausklingenden Sommer bei einem Sonntagstörn. Nachmittags begann es jedoch heftig zu regnen, und als sich der Abend senkte, fegten schon kräftige Sturmböen übers Wasser. Unheil verkündend schwankten die Masten der in den Häfen dicht an dicht liegenden Yachten immer heftiger gegeneinander, jaulte der Wind in der Takelage. Wenig später brach in nächtlicher Finsternis ein Inferno aus: Böen aus Nordost mit 68 Knoten Spitzengeschwindigkeit bauten binnen kürzester Zeit eine meterhohe Brandung auf, die unter Orkandruck als Sturmflut auf die deutsche Ostseeküste zurollte. Am Ausgang der Kieler Förde wurde die idyllische Marina Wendtorf förmlich überwältigt, an die 100 Boote sanken allein dort im tobenden Wasser, weitere 70 fanden sich vom Winde verweht säuberlich aufgestapelt an der Kaimauer wieder. Im „Millionärsbecken" in Düsternbrook dümpelten die Reste der zerschmetterten benachbarten Seebadeanstalt traurig zwischen den

124

Mastspitzen etlicher versunkener Dickschiffe, die wiederum in ihrem Todeskampf die Hafenanlagen demoliert hatten. Binnen kurzem zog sich von Flensburg bis Rostock eine Schneise der Verwüstung und zu Kleinholz zermahlener Boote. Weniger der Wind als vielmehr die begleitenden 11 cm Niederschlag pro Quadratmeter, die innerhalb von 24 Stunden vom Himmel stürzten, waren es, die den Lagerkeller in Dietrichsdorf unter Wasser setzten und schweren Sachschaden anrichteten. Das Problem für den Verein war hinterher dasselbe, vor dem viele vormalige Bootseigner standen, die über Nacht nurmehr einen Haufen Schrott oder Sondermüll ihr Eigen nennen durften: Für viele gab es keinen Versicherungsschutz gegen Naturgewalten wie jenen Rest des Tropenhurricanes „Erin", der unvermittelt vom Nordatlantik einen Schlenker gen Norden vollzogen und hier zu einer „zyklonalen Rotation", wie es im Meteorologendeutsch heißt, geführt hatte.

In Harburg ging es unterdessen an die abschließenden äußerlichen Details der *Stadt Kiel*. Bei Ingo Jaich in Arnis fand sich sogar das leicht zerbeulte Original-Rettungsboot des Schiffes und wurde günstig zurückgekauft. Damit rentierte sich für Jaich der Erwerb des Fördedampfers 1976 ein weiteres Mal – ohnehin war er durch den Verkauf an Christian Bertholdt 1976 der Letzte gewesen, der an ihm Geld verdient hatte. Die Schleistadt stellte mit ihren zahlreichen Kleinwerften über den wertvollen Fund hinaus eine unerschöpfliche Fundgrube für Schiffssanierer mit Detektivsinn dar. So hatten Vereinsmitglieder auf der dortigen Eberhard-Werft weitere nützliche Dinge ausgemacht: Ein alter Laboer Angelkutter namens *Orion I*, der halb abgewrackt und rost- statt originalrot im flachen Wasser vor der Uferpromenade lag, barg z. B. Ankerketten, die besser waren als die bisherigen ihres Schiffes. Immer noch gut brauchbar waren hingegen die Original-Fünfziger-Jahre-Lautsprecher an Bord, die man wieder angeschlossen hatte. Gänzlich neue, hellblaue Bezüge polsterten dafür jetzt die Sitzbänke im Salon der *Stadt Kiel*. Und – woran zeitweise kaum jemand zu glauben gewagt hatte – die Maschine war zusammengesetzt und törnte. Am 8. März 1990 durfte der erfolgreiche Projektleiter Wolfgang Puls die Wiederholung des historischen Moments – das Starten nach jahrelangem Stillstand – vollziehen. Einmal mehr zierte sich zwar der Diesel und produzierte als Erstes eine gewaltige Fehlzündung. Danach lief er aber vorerst wie in alten Tagen.

Bereits am 4. Januar 1990 hatte ein Schiffsschätzer die *Stadt Kiel* begangen und aktuellen Zustand wie Wert geprüft. Die Metallbauarbeiten waren abgeschlossen, Rauchsalon und Aufbaudeck in einem dem aktuellen Zeitgeist angepassten Zustand der fünfziger Jahre wiederhergestellt. So schön wie nach der Restaurierung war das Schiff nämlich nie zuvor gewesen. Der achtere Salon und die vorne gelegenen Mann-schaftskammern befanden sich gleichfalls in fortgeschrittenem Stadium. *„Alle Arbeiten sind handwerklich ausgezeichnet ausgeführt und werden im Detail unter Verwendung ursprünglicher Teile den Anforderungen an ein Museumsschiff voll gerecht. Die Planung und Bauaufsicht wird ein-wandfrei durchgeführt, so daß die Voraussetzungen für die Erteilung der GL-Klasse sowie des SBG-Fahrterlaubnisscheines nach Fertigstellung gegeben sind"*, hieß es anschließend im Gutachten[34], das dem einstigen Schrotthaufen jetzt fast einen Millionenwert attestierte.

Während immer mehr Gewerke zum Abschluss kamen, schützten Kunststoffplanen die frischen Polsterungen und Interieurs und verlie-hen den holzgetäfelten Salons fast das Ambiente eines verlassenen Adelssitzes. Sehr zum Kummer einiger Vereinsmitglieder konnte, an-ders als bei der späteren Restaurierung des Dampfschiffs *Scharhörn*, eine originalgetreue Replik der alten, nicht wiederverwendbaren Holzvertä-felung nicht eingebaut werden. Schuld trug die damalige Auslegung der Sicherheitsvorschriften. Die in deren Beachtung hier verwendeten Ma-terialien blieben deutlich als Plagiat identifizierbar. Kopfzerbrechen be-reitete bis zum Schluss der störrische Motor. Als der Tag der feierlichen Übergabe feststand, die Einladungen für den 3. Mai 1990 verschickt wa-ren, brachte er die Männer der Jöhnk-Werft arg ins Schwitzen. In letzter Minute mussten vier der acht Zylinder nochmals zerlegt und neu zusam-mengesetzt werden. In mehreren Tag- und Nachtschichten gelang die Zähmung des widerspenstigen Diesels. Rechtzeitig zur Probefahrt der *Stadt Kiel* am 1. Mai tat er endlich zuverlässig seinen Dienst.

Comeback der alten Dame

Zwei Tage später war der große Moment da, die zweite Indienststellung des neugeborenen Schiffes stand bevor. Die Sonne schien wie bestellt auf das Szenario, als die Gäste und Medienvertreter vormittags auf der Werft eintrafen. Dazu schrammelte eine Pankoken-Kapelle, ehe der Vorsitzen-de von „Jugend in Arbeit", Clemens Caesar, gegen elf die Anwesenden begrüßte. Anschließend ergriff Werner von Unruh als Vereinsvorsitzen-der das Wort:

„Sehr verehrter Herr Caesar, sehr verehrte Mitarbeiter und Gäste des Vereins ,Jugend in Arbeit', ein besonderer Anlass hat uns heute zusam-mengeführt. Nicht ein Neubau wird nach kurzer Bauzeit übergeben, sondern ein über 50 Jahre altes Schiff nach langer Restaurierungszeit

wieder in Dienst gestellt. [...] Ohne ‚Jugend in Arbeit' hätte dieses Exponat der Schifffahrtsgeschichte trotz allen guten Willens und umfangreicher Hilfe verschrottet werden müssen. Dagegen stellt MS Stadt Kiel heute ein Zeugnis Hamburger Schiffbaukunst dar. Obwohl das Schiff nach dem Hafengeburtstag den Hamburger Hafen zunächst verlassen wird, so werden der zukünftige Einsatz und die Nutzungsmöglichkeiten dieses ABM-Projektes die Landesgrenzen überschreiten. Durch die spezielle Raumaufteilung und Gestaltung ist MS Stadt Kiel besonders auch als Tagungs- und Seminarort geeignet. Zur Nutzung dieser Möglichkeiten möchten wir besonders Hamburger Institutionen und Vereinigungen einladen. Am 19.8.1976 wurde MS Stadt Kiel unter dem Kommando des letzten aktiven Kapitäns Fritz Marth außer Dienst gestellt. Heute kann Kapitän Marth für den Förderverein erneut das Kommando des Schiffes übernehmen. Dafür bedanke ich mich im Namen des Fördervereins bei ‚Jugend in Arbeit' Hamburg ganz herzlich!"

Es folgten, wie zu solchen Anlässen üblich, weitere Grußworte einer Reihe politischer und gesellschaftlicher Wegbegleiter. Endlich war der Augenblick gekommen, in dem die Übergabe des Schiffes von Vereinsvorsitzendem zu Vereinsvorsitzendem durch Übergabe der Schiffspapiere vollzogen wurde. Die anschließende Wiederindienststellung der *Stadt Kiel* erfolgte in umgekehrter Reihenfolge des Zeremoniells der Außerdienststellung 14 Jahre zuvor. Fritz Marth, der unverändert in den Diensten der KVAG stand und extra für diesen Tag freigenommen hatte, gab mit der Bootsmannspfeife das Signal. Im Anschluss an sein Kommando „Heiß Flagge" stiegen die Schleswig-Holstein-Farben am Mast empor. Die 150 Ehrengäste, unter ihnen die Kieler Stadtpräsidentin Silke Reyer und KVAG-Direktor Holger Ipsen, gingen an Bord, wenig später hieß es „Leinen los". Als hätte er nie etwas anderes getan, manövrierte Kapitän Marth, für den dieser Tag natürlich ein besonders schönes Gefühl war, die *Stadt Kiel* souverän ins Fahrwasser der blau schimmernden Süderelbe. Mit glitzernder Bugwelle rauschte das Schiff ein kleines Stück dem Meer entgegen. Nach einigen hundert Metern stoppte Marth die Maschine und legte das Ruder hart Steuerbord über. Der Kapitän zeigte sich zufrieden: „Wie in alten Zeiten. Sie dreht auf dem Teller." Er sparte auch nicht an Lob für die Leistung der „Jugend in Arbeit"-Crew, das Schiff wieder herzurichten. Währenddessen hatten die Passagiere Gelegenheit, alle Räume des Schiffes zu inspizieren und sich auch über den Verein zu informieren, der sich in einer Selbstdarstellung präsentierte.

Zufriedenheit herrschte an diesem Tag nicht zuletzt beim Verein „Jugend in Arbeit". Dessen Vorsitzender Clemens Caesar stellte über das

Fünf-Millionen-Projekt, zu dem die Restaurierung letztlich angewachsen war, fest, dass es nirgendwo so viele Lernmöglichkeiten gäbe wie an diesem Schiff. Hamburgs damaliger Sozialsenator und späterer Erster Bürgermeister Ortwin Runde ergänzte: „Diese Verbindung von Arbeit und Qualifikation schafft eine realistische Chance für die Arbeitslosen."[35] Eine kleine Heerschar von immerhin 230 Jugendlichen hatte über fast fünf Jahre an dem Projekt mitgearbeitet, ein Viertel davon schaffte schon während der jeweiligen ABM den Sprung in den ersten Arbeitsmarkt, die Mehrzahl fand im Anschluss daran dauerhafte Beschäftigung. Gerade für den problematischen Süderelbe-Raum mit seinen hohen Arbeitslosenzahlen und entsprechenden sozialen Problemen wurde dies als beachtlicher Effekt gewertet. Gleichzeitig stellte das Gesamtkonzept eine Chance zur Erhaltung kulturhistorischer Werte dar.

Nach der Ablieferung der *Stadt Kiel* drohte den Werftanlagen jedoch keine neuerliche Verödung. Seit dem März hatte das 102 Jahre alte Feuerschiff *Elbe 3* bei Jöhnk festgemacht, wo Decks, Elektroinstallation und Maschine für 200 000 DM von „Jugend in Arbeit" instandgesetzt wurden. Ein weitaus dickerer Fisch hing aber bereits an der Angel, und dazu hatte die Anwesenheit der *Stadt Kiel* unmittelbar beigetragen: Zu der Zeit, als die Maschine gerade ihre ersten Schnaufer tat, machte an ihrer Backbordseite ein Zweimastschoner zu Instandsetzungsarbeiten fest. Es war die *Undine*, der letzte deutsche Frachtsegler mit knapp 60 Lebensjahren auf dem Buckel, der seit Mitte der 1980er Jahre praktischer Sozialarbeit mit Jugendlichen dient. Deren Skipper Joachim Kaiser hatte drei Jahre zuvor auf einem Törn die ehemalige Hamburger Staatsyacht *Scharhörn* im englischen Hafen Maryport ausfindig gemacht. Das dampfgetriebene Schiff war 1908 bei der Hamburger Werft Janssen und Schmilinsky vom Stapel gelaufen und hatte sowohl zu Repräsentationszwecken wie auch in der offiziellen Funktion als Peilschiff bis 1971 Dienst getan. Der damals durchaus noch schmucke Dampfer wurde zwei Jahre später nach Schottland verkauft. Dort war er jedoch über die Jahre ziemlich heruntergekommen und lag zuletzt völlig demoliert mit Schlagseite am Ufer des kleinen Hafens Buckie im Modder. Kaiser hatte sich spontan in die Rostlaube verliebt und suchte seither nach Möglichkeiten, sie vorm drohenden Hochofen zu retten. Was schrottreife Oldtimer anging, hatte „Jugend in Arbeit" offenkundig in den vergangenen Jahren eine Menge Know-how sammeln können, das bewies der Anblick der fast fertig gestellten *Stadt Kiel*. Zunächst noch eher aus allgemeinem Interesse fragte der Kapitän die Werftarbeiter nach etwaigen Anschlussaufträgen: „Und was macht ihr dann?" „Wir brauchen dringend ein neues Schiff", kam umgehend die Antwort. „Da hab ich doch genau das Richtige für euch", erwiderte Kaiser[36]. Es sollte nicht bei diesen spontan von Blaumann zu Blaumann hingeworfenen Worten bleiben.

Tatsächlich war in diesem Moment das Projekt *Scharhörn* geboren. Umgehend nahm Kaiser Kontakt mit Clemens Caesar auf, dem ein neuer Auftrag mit lokalem Bezug sehr zusagte. Caesar beauftragte die Geschäftsführer von „Jugend in Arbeit", Reinhard Wolf und Holger Weber, in der hanseatischen Geschäftswelt um Unterstützung für die Rettung eines traditionsreichen Hamburger Schiffes zu werben. Die Initiative war erfolgreich. Strohmännern gelang es kurz darauf, die *Scharhörn* zu kaufen. Hätte der letzte Eigner erfahren, dass die Hamburger Geschäftswelt dahinter stand, würde dies den Preis wohl ins Unermessliche gesteigert haben. Ein Hamburger Reeder stellte kostenlos seine *Condock III*, einen wie ein Dock absenkbaren Spezialfrachter, zur Verfügung. In dessen Bauch verließ der auch äußerlich nur noch teilweise vorzeigbare Dampfer im April 1990 Birkenhead und querte auf diese Weise sicher die Nordsee. Just als die *Stadt Kiel* bei ihrer Übergabefahrt das Elbfahrwasser erreichte, traf sie dort auf die Huckepack-*Scharhörn*. Bei der Blohm & Voss-Werft entließ die *Condock III* ihren Schützling, der sich von da auf den Weg nach Harburg machte.

Nachdem „Jugend in Arbeit" auch aus diesem fast hoffnungslosen Fall in wiederum fast fünfjähriger Detailarbeit ein prächtiges Stück Schiffbaukunst geschaffen hatte, kam es bei Oldtimer-Paraden zum erneuten Zusammentreffen der „Meisterstücke" *Stadt Kiel* und *Scharhörn*, wobei die in kaiserlichem Glanz wiederhergerichtete Dampfyacht dem Fahrgastschiff an Prächtigkeit zweifellos überlegen ist.

Das arbeitsmarktpolitische Beispiel machte inzwischen auch andernorts Schule: In Kiel erstellte ein Ableger von „Jugend in Arbeit" seit 1987 einen kompletten Neubau, allerdings nach mittelalterlichen Bauplänen: Bei der Rathje-Werft in Friedrichsort entstand getreu dem Vorbild eines 1962 aus der Weser geborgenen Wracks die originalgetreue Kopie einer mittelalterlichen Hansekogge. Dieses Schiff wurde nach der Fertigstellung 1991 zu den übrigen Museumsschiffen am Kieler Seegarten gelegt, unternimmt aber in der Sommersaison auch zahlreiche Fahrten auf alten Handelswegen. Ein ähnliches Projekt wurde in Bremerhaven realisiert, wo mit der *Ubena von Bremen* ein Schwesterschiff entstand.

Als die *Stadt Kiel* am 3. Mai 1990 nach zweistündiger Gästefahrt am Harburger Lotsestieg festmachte, fand sich im Salon dezent drapiert eine letzte, wichtige Gabe: Das Zertifikat des Germanischen Lloyd. Dies war der vorläufige Schlusspunkt eines Projektes, in dem nicht weniger als 92 Tonnen Stahl, 650 Meter Rohre, 2000 Meter Elektrokabel, 750 Quadratmeter Holz und 1000 Liter Farbe aus einem von Rost und Tünche eher schlecht als recht zusammengehaltenen Seelenverkäufer fast so etwas wie einen weißen Schwan gemacht hatten. Bevor dieser endgültig in den Heimathafen zurückkehrte, schnupperte er noch ein wenig Elbluft. Für „Jugend in Arbeit" wurden eine Reihe von Vorführungsfahrten gemacht, und ein Höhepunkt war gewiss der Auftritt beim Hamburger Hafengeburtstag vom 11. bis 13. Mai. Zwischen Ballett tanzenden Schleppern und einem Aufgalopp historischer Schiffe entlang des budengesäumten Elbufers und vor der Kulisse der großen Museumsschiffe *Rickmer Rickmers* und *Cap San Diego* bot die Elbe das ideale Ambiente für ein prachtvolles Comeback.

Treffen der Generationen

Am 20. Mai 1990 verließ die *Stadt Kiel* den Hamburger Hafen. In frisch glänzendem Farbkleid lief sie in den Nord-Ostsee-Kanal ein und legte abends in Rendsburg an. Auf dem verbleibenden Teil der Reise in den Heimathafen fand am nächsten Tag eine Pressekonferenz der Bundesanstalt für Arbeit mit Präsident Franke statt, an der auch Clemens Caesar und der geistige Vater des Restaurierungsprojektes, der Kieler Arbeitsamtsdirektor Dr. Olaf Koglin, teilnahmen. Caesar und Dr. Koglin hatten während der langen Restaurierungszeit entscheidend dazu beigetragen, die immer wieder lauernden Untiefen in Finanzierung und Durchführung des Projektes zu umschiffen. In unzähligen Gesprächen mit Werner von Unruh als Vorsitzenden des Fördervereins sowie Entscheidungsträgern der Arbeits- und Sozialverwaltung war eine Basis geschaffen worden, auf deren Grundlage der Förderverein schließlich mit weniger als einem Prozent der Gesamtrestaurierungskosten belastet worden war. MS *Stadt Kiel* war also letztlich ein Geschenk von „Jugend in Arbeit" und der Arbeitsverwaltung an den Verein. Dass es auch ganz anders aussehen kann, hatte die Finanzierung der Restaurierung des Flensburger Salondampfers *Alexandra* gezeigt. Hier musste der Eignerverein einen erheblich höheren Eigenanteil erbringen, dessen Tilgung noch Jahre nach der Wiederinbetriebnahme des Schiffes andauerte und nur durch gemeinsame Anstrengungen der Flensburger Bürger und der Wirtschaft ermöglicht wurde.

Für die offizielle Rückkehr nach Kiel, also die Fahrt vom Holtenauer Tiessen-Kai in die Innenförde, hatte Werner von Unruh ein kleines Spektakel organisiert, das in dieser Form einmalig in Kiel war: eine Parade von drei Fördeschiffsgenerationen, die die Entwicklung der Fördefahrgastschifffahrt über einen Zeitraum von mehr als 60 Jahren in identischen Reedereifarben demonstrierte. Für die Umsetzung dieser Idee nutzte er seine Kontakte zu seinem früheren Wachgänger auf Großer Fahrt mit dem Hapag-Lloyd-Containerschiff *Sydney Express*, dem jetzigen Kapitän und Reeder Sven Paulsen. Dieser hatte kurz zuvor die *Mönkeberg*, den letzten in Kiel aktiven Vertreter der so genannten Wasserbusse, gekauft. Bevor diese den bisherigen Heimathafen verließ, sollte sie zusammen mit der zurückkehrenden *Stadt Kiel* als letzter Vertreterin der Vorkriegsgeneration und einem der gegenwärtigen, nach 1980 erbauten Fördeschiffe eine gemeinsame Fahrt machen. „Sven, wir können aber nichts zahlen", gab von Unruh seinem früheren Wachgänger im Vorfeld zu bedenken. „Man muss nicht immer nur ans Verdienen denken", entgegnete der jetzige Kaufmann und übernahm selbst für dieses Ereignis die Führung seines neuen Schiffes.

Da die KVAG für die Veranstaltung kein Schiff zur Verfügung stellen konnte, wurde kurzerhand das fahrplanmäßig verkehrende MS *Heikendorf* eingebunden, dessen Kapitän Liersch spontan und kooperativ mitmachte. Das sich nun bietende Bild der Entwicklung der Kieler Fördeschiffe wurde „verwässert" vom KVAG-Schlepper *Bülk*, der aus allen Rohren kräftig Fontänen in den Himmel schoss. „Ich schicke Ihnen die Wasserrechnung", drohte Jan Friedrich Döbeling, damaliger Chef der KVAG-Flotte, später nicht ganz ernst gemeint dem Verein. Bis zum Ende der Kieler Förde, der Hörn, fuhren die Schiffe gemeinsam. Der vorläufige Liegeplatz, den die *Stadt Kiel* hier ansteuerte, war derselbe wie bis 1976 – inmitten der KVAG-Flotte. Bug an Heck mit dem rund 50 Jahre jüngeren Fahrgastschiff *Strande* machte sie am Hafenende fest. Abschied nehmen von diesem Revier hieß es gleichzeitig für die *Mönkeberg*. Kapitän Paulsen gab dreimal lang, als sein Schiff in schneller Fahrt Richtung Holtenau ablief. „Es ist zwar 22 Jahre alt, aber in einem hervorragenden Zustand. So schöne und elegante Schiffe werden heute nicht mehr gebaut", sagte er zu seiner Neuerwerbung, und zum Trost für die Nostalgiker: „Wir kommen bestimmt noch einmal nach Kiel zu Besuch"[37]. Dass Paulsen ohnehin ein Gespür für alte Schiffe hatte, stellte er zehn Jahre später erneut unter Beweis, als er seine Flotte um den 1905 in Rotterdam erbauten Raddampfer *Westerschelde* erweiterte. Unter dem Namen „Freya" startete er im April 2000 zu Vergnügungsfahrten von List auf Sylt aus, und die Wintersaison über verdiente er sein Geld mit Ausflugstörns auf der Kieler Förde. Das 51 Meter lange Dampfschiff gleicht weitgehend einer gleichnamigen Vorgängerin, die, bevor der Hindenburgdamm Sylt ans Festland ankoppelte, von 1904 bis 1927 zwischen der Insel und Nordschleswig verkehrte.

Am Ziel: Nach 14 Jahren wieder Fahrgastschiff

Weniger Traditionsbewusstsein herrschte in Kiel beim Empfang der *Stadt Kiel* vor – die Resonanz war überaus mager, die „Menage à trois" wurde außer von den direkt Beteiligten kaum wahrgenommen. Die Hafenverwaltung hatte sich zuvor bereits bürokratisch korrekt außerstande gesehen, den Beispielen des Umgangs mit der *Alexandra* in Flensburg oder der *Stettin* in Lübeck wie auch in Hamburg zu folgen und die Liegeplatzgebühren großzügig zu erlassen. Es kam noch schlimmer: Das mündlich zugesagte Sicherheitszertifikat der Schiffsuntersuchungskommission ließ auf sich warten. Auf Nachfrage hieß es plötzlich, es sei eine Reihe von Auflagen nicht erfüllt worden. Prompt erschien die Wasserschutzpolizei an Bord, im Gepäck ein Auslaufverbot der Seeberufsgenossenschaft, und erstattete eine Ordnungswidrigkeitsanzeige. Deren Rechtsgrundlage trug allerdings dem Status eines Traditionsschiffes nicht Rechnung. Ohnehin war die Abnahme als Fahrgastschiff innerhalb der Kieler Förde geplant. Die Seeberufsgenossenschaft, die zwei Jahre vorher einen Antrag auf Abnahme des Schiffes mit der Begründung, für Museumsschiffe nicht zuständig zu sein, abgelehnt hatte, bemühte sich um Schadensbegrenzung. Der Leiter der Rechtsabteilung, Assessor Bodo Schwarzenberg, fand mit Werner von Unruh einen Weg, der die Aufhebung des Auslaufverbotes ermöglichte und darüber hinaus beide Seiten das Gesicht wahren ließ[38]. Die Howaldtswerke kamen einmal mehr großzügig zu Hilfe und sorgten dafür, dass die Beanstandungen gegenstandslos wurden. Am 18. September 1990 kam der Leiter der Schiffsuntersuchungskommission, Dipl.-Ing. Gerd Neumann, persönlich nach Kiel, um die Prüfung zur Erteilung des Sicherheitsattestes als Fahrgastschiff innerhalb der Kieler Förde abzunehmen. Zusammen mit dem Leiter der HDW-Reparaturabteilung, Hans Joachim Vedder, wurde die Beseitigung der letzten Mängel festgestellt. Gerd Neumann stellte das begehrte Zertifikat aus, wonach das Schiff laut Binnenschiffs-Untersuchungs-Ordnung mit bis zu 120 Passagieren die Zone 2, also das Hafengebiet bis zur Linie Bülk–Laboe befahren durfte. 14 Jahre nach der Außerdienststellung durch die KVAG war der Traum, die *Stadt Kiel* weiterhin auf der Förde als Fahrgastschiff einsetzen zu können, wahr geworden. Dieser Moment war für von Unruh Lohn aller Mühe und Entschädigung für einiges Unverständnis bis hin zu Feindseligkeiten, die ihm auf dem Weg dorthin manches Mal entgegengebracht worden waren.

Versehen mit dem Zertifikat wurde die *Stadt Kiel* wenig später sogar zu einem kleinen Kreuzfahrtschiff. Vorangegangen war, dass die Kieler

Kulturverwaltung eine so genannte Opernkreuzfahrt organisiert hatte. Das städtische Orchester war an Bord eines großen Passagierschiffes auf eine Ostseerundfahrt gegangen, die dem Stadtsäckel am Ende – was Szenekenner nicht überraschte – ein sattes Minus von 750 000 DM bescherte. Dieses in kürzester Zeit „erwirtschaftete" Defizit war ziemlich genau die Summe, die dem Jahresetat des kommunalen Kulturzentrums „Pumpe" entsprach. Dieser Einrichtung, in deren Industrieambiente der *Stadt Kiel*-Verein vor Rückkehr des Schiffes seine Sitzungen abgehalten hatte, drohten im Gegenzug massive Kürzungen zur Deckung des entstandenen Verlustes. Aus Protest stellten die Mitarbeiter der „Pumpe" ein attraktives wie kostengünstiges Programm für all diejenigen auf die Beine, die sich eine Opernkreuzfahrt nicht leisten konnten oder wollten. Als schwimmende Bühne charterten sie zu diesem Zweck die *Stadt Kiel*. Ihre „Pumpenkreuzfahrt" sollte auf die Diskrepanz zwischen den hoch subventionierten Sparten und der kürzungsbedrohten „Low-Budget"-Kultur aufmerksam machen. Hierfür kam das Schiff in seiner Symbolhaftigkeit gerade recht als Sinnbild eines erfolgreich abgewendeten Untergangsszenarios. Die Plätze auf dem etwas anderen Traumschiff waren ausverkauft, als Musikgruppen, Kabarettisten, Tänzer, Chöre und andere Vertreter der Kieler Kulturszene am 30. Juni unter dem Motto „Die Pumpe geht baden" die Decks erbeben ließen. Sicherheitshalber waren die Fahrgäste für den Fall, dass die Kultur Schiffbruch erlitte, zuvor vermessen worden: Mit Leichenbittermiene, einem riesigen Zylinder, der bedenklich auf dem Kopf wackelte, und Maßband stand Theaterorganisator Rainer Dau an der Gangway: „Höhe 188, Breite 56", konnte es dann heißen, „da kommt nur unser Sargmodell für zwei Personen in Frage, Ausführung Marmor schwarz". Die Kulturmacher und die Mini-Kreuzfahrt-Passagiere erwiesen sich am Ende glücklicherweise als ebenso seefest wie ihr schwimmender Untersatz.

Entsprechend der Vereinsphilosophie kam das soziale Engagement nicht zu kurz. Einen spontanen Anlass dafür lieferte der Besuch der Bark *Sedov* in Kiel im September 1990. Der russische Viermaster, mit fast 3000 Tonnen das weltgrößte Segelschiff, war 1921 ebenfalls bei der Germania-Werft unter dem Namen *Magdalene Vinnen* vom Stapel gelaufen. Nachdem er 1945 als Kriegsreparation an die Sowjetunion abgeliefert werden musste, war er lange Zeit nicht mehr in westlichen Häfen gesichtet worden. Das Schiff hatte aber die Zeitläufte überstanden und kehrte jetzt zum ersten Mal an den Geburtsort zurück. Die Stadtoberen übten sich in gewohnter Ignoranz, was den Umgang mit potentiellen Attraktionen angeht – der prächtige Windjammer wurde in den abgelegensten Winkel im Scheerhafen gelegt und ansonsten mit Nichtachtung gestraft. Dieses

Verhalten ließ Mitglieder des *Stadt Kiel*-Vereins nicht ruhen. Man stimmte sich kurz ab, dann war klar: Wir bieten der *Sedov*-Crew eine Fahrt an. Deren Kapitän Alexej Perivoszikow war zunächst misstrauisch, als ihm die Einladung angekündigt wurde. Doch er ließ sich rasch von der Lauterkeit des Angebots überzeugen, als er im Organisator der Fahrt einen Segelschiffskollegen erkannte: Bei der Windjammerregatta 1989 von Malmö nach Travemünde hatte Perivoszikow Werner von Unruh bereits kennen gelernt, der damals die *Thor Heyerdahl* geführt hatte. Wenig später kam also die *Stadt Kiel* längsseits, voll gepackt mit Bier, das die Holsten-Brauerei ohne Zögern gespendet hatte, ging mit den russischen Seeleuten auf Hafenrundfahrt und besiegelte die deutsch-russische Freundschaft anschließend mit Hilfe des Gerstensaftes. Einhellig war man hinterher der Meinung, noch nie zuvor so dankbare Gesichter an Bord gesehen zu haben.

Dieser Stil war prägend für die erste Saison nach der Rückkehr. Jugendliche aus der Kieler Partnerstadt Stralsund lernten die Förde an Bord der *Stadt Kiel* kennen. Es wurden Fahrten mit Behinderten durchgeführt, der Niederdeutschen Bühne diente das Schiff als maritimes Ambiente für Dichterlesungen. Ein Empfang des Deutschen Städtetages auf dem Schiff bot während der „Kieler Woche" auch Binnenländern die Möglichkeit, Anregungen für das „Jugend in Arbeit"-Programm zu gewinnen. Touren nach Rostock zur „Hansesail" und nach Flensburg waren weitere Gelegenheiten, das Museumsschiff zu präsentieren. Charterfahrten füllten die Vereinskasse ein wenig auf und den Terminkalender bis Ende November. Im Gegenzug konnte einer in Kiel weilenden Delegation der Partnerstadt Tallinn am 15. Dezember, gleichsam als verfrühtes Weihnachtsgeschenk, eine Benefiz-Fahrt unter Schirmherrschaft und Teilnahme von Oberbürgermeister Luckhardt und im Beisein weiterer Stadtprominenz geboten werden. Als Abfahrtsort wurde die Seegartenbrücke, die als künftiger Dauerliegeplatz ohnehin anvisiert war, gewählt. Der Gratis-Törn war gleichzeitig offizieller Abschluss des Comeback-Jahres.

Danach galt es, einige Mängel, wie sie üblicherweise im Anschluss an umfassende Überholungen auftreten, zu beseitigen. Im Fahrbetrieb hatte sich gezeigt, dass irgendwo Wasser in die Ölleitungen geriet. Um der Leckage auf die Spur zu kommen, mussten Kolben und Buchsen von vier Zylindern gezogen werden. Außerdem war der Einbau eines neuen Hilfsdiesels vorzubereiten. Am 1. April 1991 ging die *Stadt Kiel* bei der Werft Gebrüder Friedrich in Friedrichsort auf Slip. Gleichzeitig wurde ein gründlicher Frühjahrsputz durchgeführt. Der in den vergangenen Monaten angewachsene Muschelbart, den freiwillige Helfer von

350 Quadratmetern Rumpf kratzten, hätte schon wieder ein gutes Abendessen gesichert. Hinterher musste auf derselben Fläche Anti-Fouling als temporärer Schutz gegen Meeresflora und -fauna aufgebracht werden. Im Innern des Schiffes wienerten fleißige Hände die Salons auf Hochglanz. Solche Tätigkeiten, die sich normalerweise nicht allzu großer Beliebtheit erfreuen, wurden hier in 10-Stunden-Schichten mit Feuereifer durchgeführt.

Als Krönung ein Kulturdenkmal

Der Abschluss seiner beruflichen Ausbildung war ein Grund für den Rückzug Werner von Unruhs aus Vorstand und Schiffsführung im Januar 1992. Dieser Schritt wurde zweifellos erleichtert durch Streitereien im Verein über das Für und Wider der Beantragung einer neuen ABM sowie unterschiedliche Ansichten über die Gewichtung wirtschaftlicher und karitativer Schiffsnutzungen. Als Konsequenz aus diesen Meinungsverschiedenheiten zog sich mit Irene Westphal noch ein weiteres Gründungsmitglied des Vereins zurück.

Werner von Unruh wurde Anfang 1993 ein letztes Mal in Sachen *Stadt Kiel* aktiv. Der Verein plante zu diesem Zeitpunkt technische Veränderungen am Schiff. Vorher sollte die historische Substanz bewertet werden. In Absprache mit Dr. Gert Kaster vom Landesamt für Denkmalpflege stellte von Unruh am 21. Februar 1993 den Antrag, MS *Stadt Kiel* als Kulturdenkmal von besonderer Bedeutung anzuerkennen, also unter Denkmalsschutz zu stellen. Als Begründung fügte er ein ausführliches Gutachten über das maritime Kulturdenkmal bei:

„[...] MS Stadt Kiel repräsentiert den Übergang vom Dampf- zum Motorschiff der dreißiger und frühen vierziger Jahre. Nach Restaurierung und Wiederinfahrtsetzung der Schiffe Salondampfer ‚Alexandra‘ und MS ‚Stadt Kiel‘ wird in Kiel und Flensburg, beginnend mit diesen Exponaten, die Entwicklung der Förde- und Fahrgastschiffahrt in diesem Jahrhundert repräsentiert (DS ‚Alexandra‘, MS ‚Stadt Kiel‘, MS ‚Glücksburg‘ als letztes Schiff der Fördeschiffe der sechziger Jahre sowie die heutige ‚Friedrichsort‘-Klasse in Kiel).

Zu berücksichtigen dabei ist allerdings, daß die ‚Stadt Kiel‘ heute nicht mehr vollständig dem Zustand entspricht, wie sie 1934 erbaut worden war. Die Restaurierungsplanung hat sich an dem nach dem Krieg wieder in Fahrt gebrachten Schiff orientiert. Dies hatte unterschiedliche Gründe: Zum einen ist das Schiff fast 50 Jahre in dieser Form gefahren. Weiter

*wurde der Rumpf während der Reparaturarbeiten im Kriege verlängert,
so daß hier ein für die Restaurierungswerft unmöglicher Rückbau des
Schiffes notwendig gewesen wäre. Schließlich wären die Nutzungsmöglichkeiten erheblich eingeschränkt, wenn der seit dem Anfang der fünfziger Jahre existierende große obere Salon wieder geteilt worden wäre und
über die Hälfte als Innenraum verlorengegangen wäre. So ist die Restaurierung nach Plänen und Bildern der vierziger Jahre vorgenommen worden. Dies ist als gelungen zu bezeichnen.*

*Typisch an dem Schiff für diese Zeit sind der gerade Steven, die eckigen
Formen mit dem Sonnendeck auf dem Vorschiff, das Steuerhaus aus
Teakholz, zwei Masten und der davon freistehende Schornstein sowie
das mit einem Schwingbaum auszusetzende (originale) Rettungsboot.
Repräsentativ sind weiter die Holzscheuerleiste sowie die doppelten Ein-
gänge auf jeder Seite. Erwähnenswert neben dem teilweise noch genie-
ten Unterwasserschiff sind auch die Konstruktionslinien des Schiffes mit
ausfallendem Steven und Kreuzerheck, die 1934 den neuesten Erfahrungen der Strömungslehre entsprachen (s. Heinrich Werner, die neuen Doppeldeck-Motorschiffe der Hafenrundfahrt, V.d.I.-Zeitschrift). Die Aufbauten sind heute größtenteils geschweißt, was aus arbeitstechnischen
Gründen notwendig war, jedoch den äußeren Gesamteindruck nicht be-
einträchtigt. Damit ist festzustellen, daß das MS ,Stadt Kiel' heute im
äußeren Bild in vollem Umfang dem Schiff bei der Wiederinfahrtsetzung
1946 entspricht. Dabei ist auch zu berücksichtigen, dass alle anderen Ree-
dereischiffe der Kieler Verkehrs AG ebenfalls in dieser Art umgebaut
wurden und damit die ,Stadt Kiel' repräsentativ für die Fördeschiffe der
vierziger und fünfziger Jahre ist.*

Zum Innenausbau:

*Während die noch erhaltene Originalsubstanz des Schiffes, so wie sie
noch wiederverwendungsfähig war, während der Restaurierungsarbeiten wieder eingebaut wurde, mußten jedoch einige Zugeständnisse an die
Verwendung des Schiffes bei der Planung der Innenarbeiten gemacht
werden. So wurde der vordere untere Salon nicht mehr mit den Sitzbän-
ken der Fahrgastschiffzeit, die bereits bei der Übernahme des Schiffes
durch den Förderverein verschwunden waren, ausgestattet, sondern als
Beratungssalon für Gespräche in kleinem Kreis hergerichtet.*

*Die Betriebsgänge dagegen zeigen die Originalausgestaltung mit den
Holzdecks und den Originaltüren.*

*Auch der achtere untere Salon mit Seitenvertäfelung in Teakholz-An-
sicht und massivem Holzdeck sowie dem Blick gegen die freiliegenden
Decksbalken des Oberdecks mit dem darauf laufenden Holzdeck gibt*

Zeugnis über die angenehme, aber doch recht sparsame und damit im Ge-
gensatz zur ,Alexandra' in erster Linie funktionale Ausgestaltung der
Fahrgastschiffe vor und unmittelbar nach dem 2. Weltkrieg. Ein festes Ge-
stühl, das zur Zeit der Übernahme des Schiffes durch den Förderverein be-
reits nicht mehr vorhanden war, wurde aufgrund der geplanten Mehr-
zweckverwendung dieses Raumes nicht installiert. Die anderen genannten
Kriterien bieten aber bereits eine nicht unerhebliche Denkmalssubstanz.

Der große obere Fahrgastraum entspricht in seiner Aufteilung exakt
der aktiven Fahrgastschiffszeit. Bänke, Tische und Lampen sowie Heiz-
körperverschalungen und Gardinenkästen, die Anfang der fünfziger
Jahre eingebaut worden waren, konnten hier wiederverwendet werden.
Auch der Maschinenschacht mit Kiosk und Brückenaufgang ist mit sei-
nen Rundungen und Nietführungen im Originalzustand erhalten. Be-
merkenswert sind weiter die geringe Deckshöhe, die Rundungen und die
Bauart der Fenster sowie die sechs Skylights (Oberlichter), die nicht nur
die Lichtverhältnisse im Raum verbessern sollten, sondern auch für aus-
reichende Lüftung zu sorgen hatten.

Trotz der Seitenverschalungen aus feuerfestem Material, die jedoch in-
nerhalb der übrigen Einrichtungen nicht störend wirken, ist auch in die-
sem Raum eine erhebliche Denkmalsubstanz vorhanden.

Großen historischen Wert besitzt auch das originale Ruderhaus aus
Teakholz auf dem Bootsdeck. Es ist charakteristisch für Schiffsbauten bis
in die fünfziger Jahre, da der Magnetkompaß durch Stahlaufbauten zu
stark abgelenkt worden wäre und Leichtmetall hier noch nicht verwen-
det wurde.

Hervorzuheben sind hier besonders das System der Ruderanlage über
Kettenzug[39] ohne Rudermaschine sowie der mechanisch über Seilzug ar-
beitende Maschinentelegraph, der bis in die fünfziger Jahre hinein auf
Schiffen aller Größen Verwendung fand. Beachtenswert dabei ist, daß
der Telegraph nach dem Kriege in Zeiten des Mangels nicht, wie üblich,
aus Messing, sondern aus Stahl gefertigt wurde. Dagegen sind der Ruder-
radbock als auch die Sprachrohre zur Maschine und zu den Betriebsgän-
gen aus Messing gefertigt und sind daher als Originalbestandteile zu be-
stimmen.

Allein störend in diesem historischen Umfeld wirken die Sicherungs-
kästen an der Rückwand des Ruderhauses, die aber nach optischer Ver-
deckung den Gesamteindruck nicht mehr stören würden.

Schließlich ist auch auf die Reling rund um das Brückenhaus hinzu-
weisen, die mit ihren Knotenverbindungen im Stil der dreißiger Jahre
original rekonstruiert wurde. Auch der Holzbelag des Bootsdecks ent-
spricht dem Originalzustand.

Einen besonderen historischen Dokumentationswert stellt die gesamte, gut zugängliche Maschinenanlage dar.

MS ‚Stadt Kiel‘ hat eine MaK-Maschine vom Typ M 423 mit 520 Pse bei 375 UpM. An den acht Zylindern ist das Beobachten der arbeitenden Kipphebel der Ein- und Auslaßventile, die bei neueren Motoren verkapselt sind, auch für den technischen Laien ein interessantes Schauspiel. Diese Hauptmaschine wurde 1954 gegen den ursprünglichen Deutsche Werke-Motor mit 6 Zylindern und 300 Pse ausgetauscht[40]. Das Schiff hatte damals für die Dänemarkchartern, insbesondere für die Fahrten im strömungsreichen Sund, eine stärkere Maschine benötigt. Anerkanntermaßen ist es seitdem etwas ‚übermotorisiert‘.

Die Hauptmaschine ist repräsentativ für viele Antriebsanlagen der Küstenmotorschiffe der fünfziger und sechziger Jahre. Einige Maschinen sind, obwohl schon lange nicht mehr auf dem Markt, heute noch im Einsatz. Mit Ausnahme der Umstellung des Kühlwasssersystems zur Erhaltung einer längeren Lebensdauer, was optisch nicht ins Gewicht fällt, sind keine Veränderungen an der Maschine vorgenommen worden.

Das Besondere der Antriebsanlage der ‚Stadt Kiel‘ ist die Übertragung der Maschinenkommandos vom Steuerhaus zur Hauptmaschine. MS ‚Stadt Kiel‘ ist das letzte Motorschiff, das über den ‚Telegraphenantrieb‘ gefahren wird, d. h., daß die georderten Maschinenkommandos über einen Kettenantrieb mechanisch auf einer Anzeigetafel im Maschinenraum angezeigt werden und dort vom Maschinisten abgelesen und an der Maschine eingestellt werden. Diese Kommandoübertragung ist typisch für fast alle Maschinenanlagen bis Ende der fünfziger Jahre. Da die Maschinenleistung direkt, also ohne Getriebe, auf den Propeller übertragen wird, muß bei jedem Abstoppen oder Umsteuern, das vom Maschinisten durch Verschieben der Nockenwelle mit Handradbedienung erfolgt, die Maschine mit Preßluft neu gestartet werden. Das Beobachten dieses Vorgangs ist auch für einen technischen Laien beeindruckend.

Besonderen Denkmalswert hat die sehr viel kleinere Hilfsmaschine, die zur Stromerzeugung und zum Auffüllen der Luftflaschen dient. Es handelt sich hierbei um eine Zwei-Zylinder-, Bohn & Kähler[41]-Maschine einer alten Kieler Firma, die als Hilfsmaschinen sowohl Dieselmotoren als auch Dampfmaschinen herstellte (So befindet sich beispielsweise eine solche Dampfmaschine als Stromerzeuger im Maschinenraum des Eisbrechers ‚Stettin‘, der ein Jahr vor der ‚Stadt Kiel‘ gebaut worden ist). Die ‚Bohn & Kähler‘-Hilfsmaschine vom Typ K 12 mit 23 Pse bei 750 UpM ist ein Originalaggregat im Maschinenraum des Fahrgastschiffes. Die Ersatzteilbeschaffung für diese Maschine ist bereits sehr schwierig. Zu berücksichtigen dabei ist aber, daß dieses Exponat schon erheblich durch *einen neu eingebauten, optisch versteckten Hilfsdiesel entlastet wird und so nur noch gelegentlich im Einsatz ist. Vor einem eventuell geplanten Ausbau dieses historischen Objektes sollten alle Möglichkeiten einer Grundüberholung sorgfältig geprüft werden.*

Neben den beiden überdimensional wirkenden Luftflaschen von jeweils 1000 Litern bei 30 bar Fülldruck beeindrucken auch die originalen Pumpenaggregate (eine Kolben- und eine Kreiselpumpe) mit den 110-Volt-Gleichstrommotoren. Auch die elektrische Schalttafel stellt einen Teil des technischen Kulturdenkmals dieser Maschinenanlage dar.

Insgesamt gibt der Maschinenraum ein zusammenhängendes Bild einer Schiffsmaschinenanlage der ersten Motorschiffe. Bei einigen notwendigen technischen Erneuerungen wie beispielsweise der Entöleranlage oder dem Frischwasserdruckbehälter wäre eine spätere optische Einfügung in das historische Arrangement zu prüfen. Alle weiteren neueren Aggregate und elektrischen Schaltungen sind in einen Sonderraum eingebaut.

So ist für den Maschinenraum abschließend festzustellen, daß hier eine erhebliche Denkmalsubstanz zu finden ist.

Einen besonderen Denkmalwert stellt auch die Kombüse auf dem Hauptdeck dar. Sowohl die Decksfliesen als auch das massive Arbeits- und Durchreichebrett sind gut aufgearbeitete Originalteile.

Besonders beeindruckend ist hier der große ölgefeuerte Herd der Firma Bohnhoff. Er wurde Anfang der fünfziger Jahre hier eingebaut und ist repräsentativ für die Kombüsenherde der damaligen kleineren Schiffseinheiten. Nach fast zwanzig Jahren wurde dieser Herd wieder betriebsfähig gemacht und ist häufig bei Fahrten im Einsatz. Von den Betriebsgängen des Hauptdecks hat jeder Interessierte Gelegenheit, diese historische Kombüse aus nächster Nähe in Betrieb zu sehen.

Auch die Mannschaftskammern unter dem Hauptdeck im Vorschiff zeigen historischen Dokumentationswert. Durch den notwendigen Einbau eines Schotts mußte die ursprüngliche Aufteilung zwar etwas verändert werden, ist im Stil aber in gleicher Weise wie im Originalzustand wieder aufgebaut worden. Die Kammern geben Zeugnis von den engen Raumverhältnissen, in denen Schiffsbesatzungen bis in die sechziger Jahre hinein leben mußten.

MS ,Stadt Kiel' stellt damit ein einzigartiges Kulturdenkmal dar, das, auch unterstützt durch die gute Pflege der Besatzung sowie durch die emotionale Bindung vieler Kieler an dieses Schiff, eine Eintragung in das Denkmalbuch verdient. "

Diesen Worten vermochte sich das Landesamt für Denkmalpflege nicht mehr zu verschließen. Am 5. März 1993 lag der Text in einer Dezernentenbesprechung auf dem Tisch, kurz darauf sickerte durch, dass dem Antrag entsprochen würde. Bereits am 27. Februar kündigten dies die zehn Gründungsmitglieder des Fördervereins anlässlich dessen zehnjährigen Bestehens der Presse an. Gleichzeitig äußerte der damalige Schiffsspender Michael Rentsch seine Enttäuschung darüber, dass er von der satzungsmäßig vorgesehenen Jugend-, Sozial- und Kulturarbeit wenig spüre – selbst zum Kieler Umschlag und zu diesem Jubiläum dümpelte die *Stadt Kiel* untätig an der Seegartenbrücke. Immerhin: „Sie ist gut unter Farbe", wurde beim Ortstermin zufrieden festgestellt. Ansonsten machte dieser Termin deutlich, dass die Kluft zwischen den „Veteranen" der ersten Stunde und den Betreibern inzwischen recht groß war.

Am 14. März 1993 kam die offizielle Bestätigung des neuen Schiffsstatus als Kulturdenkmal von Landeskonservator Dr. Johannes Habich. Darin hieß es bürokratisch nüchtern:

„Das Motorschiff ‚Stadt Kiel', Seegartenbrücke in 24103 Kiel, ist gemäß §§ 5 und 6 Denkmalschutzgesetz unter Band B Blatt 92 in das Denkmalbuch für die Kulturdenkmale aus geschichtlicher Zeit eingetragen worden und steht damit unter Denkmalschutz […] Der Denkmalschutz erstreckt sich auf das gesamte Motorschiff ‚Stadt Kiel', erbaut im Jahr 1934 auf der Germania-Werft für den Linienverkehr auf der Kieler Förde und bestehend aus einem 29 Meter langen Metall-Schiffsrumpf mit abgestuften Doppeldeck-Aufbauten, hölzernem Steuerhaus und freistehendem Schornstein sowie der teilweise noch originalen Innenausstattung. Die Schiffsmaschinentechnik wurde in der Nachkriegszeit teilweise erneuert und ist als Dokument der Schiffbauentwicklung in den Denkmalschutz eingeschlossen. […]"

Geburtstagsfeier mit Sorgenfalten

Nur ein Jahr später stand trotz frischer Farbe und Denkmalsstatus unvermittelt die grundsätzliche Existenzfrage wieder auf der Tagesordnung. Eigentlich waren lediglich Routinearbeiten geplant gewesen, als das Schiff im März 1994 in der Werkshalle der Rendsburger Krögerwerft aufgebockt wurde – Sandstrahlen, Neuanstrich, das Sicherheitssiegel des Germanischen Lloyd bis zum Jahr 2000 erhalten. So hatte man sich den Verlauf der Überholung vorgestellt, doch es kam ganz anders. So überraschend gut der Erhaltungsgrad des Unterbodens 1983 in Lübeck gewesen war, so dramatisch schlecht zeigte er sich 11 Jahre später. Rund ein

Fünftel der Stahlplatten erwiesen sich bei den Messungen durch den Germanischen Lloyd als zu dünn. Gerade mal 3,5 Millimeter waren an manchen Stellen übrig, mehr als zwei Millimeter weniger als an den schlimmsten seinerzeit bei der Baltika-Werft georteten Punkten. Wie konnte das angehen? Die Erklärung war schnell gefunden: Bei den durchgerosteten Platten handelte es sich um genau jene, die bei der Grundüberholung eine noch ausreichende Stärke aufgewiesen hatten. In den seither vergangenen Jahren waren sie kontinuierlich weggerostet. Sandstrahlen und Anstreichen hatte sie zwar sauber, aber keinesfalls dicker gemacht. Und so stand die *Stadt Kiel* jetzt eingerüstet und durchlöchert wie ein Schweizer Käse traurig in der großen Werfthalle. Guter Rat war im wahrsten Sinne des Wortes teuer – wollte man nicht die Klassifizierung verwirken, musste der Stahl erneuert werden. Und das kostete 350 000 DM anstelle der ursprünglich für die Werftarbeiten geplanten 50 000 DM. Der Vorstand fackelte nicht lange: „Der Rumpf wird repariert", war die einmütige Entscheidung. Wie das jemals zu bezahlen wäre, konnte zu diesem Zeitpunkt allerdings nicht so genau gesagt werden. Ein Darlehen von 100 000 DM sollte durch erhöhten Fahrbetrieb finanziert werden, damit blieb trotzdem eine Deckungslücke von 200 000 DM. Die Worte „Konkurs" und „Verkauf" geisterten umher. Um den Spuk zu vertreiben, gingen die Ideen eher in Richtung langfristiger Vercharterung oder Produktwerbung auf dem Rumpf. Dies hätte gewiss zu Zwist mit den Denkmalsschützern geführt, den zu umgehen das Amt aber selbst auf noble Weise mithalf und zum anstehenden 60. Geburtstag einen Scheck von 20 000 DM überreichte. Das war zwar längst nicht ausreichend für die Rettung, aber in der Not war jedwede Spende hochwillkommen. So steuerte in guter Tradition auch Kiels neuer Oberbürgermeister Otto Kelling aus seiner Verfügungsmasse eine Summe bei. In Rendsburg begannen die Werftarbeiter die durchgerosteten Stahlplatten aus dem Rumpf zu schneiden, und rechtzeitig zur Jubilarsfeier kehrte die *Stadt Kiel* mit Zertifikat und einem Schuldenberg ausgestattet nach Kiel zurück.

Als am 26. Mai 1994 der Jubeltag da war, präsentierte sie sich rüstig, in frischer Farbe und über die Toppen geflaggt. In geselliger Eintracht von Vereinsmitgliedern, Freunden des Schiffes und der Presse vertrieb eine Hafenrundfahrt ein wenig die Sorgenfalten im Förderverein ob der Finanznöte. Bei dieser Gelegenheit übergab Denkmalpfleger Gerd Kaster auch die Denkmalsurkunde und erklärte dabei den kleinen, feinen Unterschied zwischen „Museumsschiffen" wie der *Bussard* und „Schiffsdenkmälern" wie dem, auf dessen Planken man jetzt stand. Erstere wären Wasserfahrzeuge, die nicht mehr fahrtüchtig seien oder ihren end-

gültigen Liegeplatz zu Wasser oder zu Land gefunden hätten. Schiffs-
denkmäler hingegen müssten technisch noch funktionieren und eine
dem ursprünglichen Zweck entsprechende Aufgabe erfüllen. Umso er-
staunlicher sei es, dass trotz 100 Jahren Denkmalspflege in Schleswig
Holstein, wo kein Ort mehr als 50 Kilometer vom Meer entfernt liegt,
neben der *Stadt Kiel* nur die *Alexandra* und der Raddampfer *Kaiser Wilhelm* aus Lauenburg dergestalt im Denkmalbuch verzeichnet wären. Ein
besonderer Ehrengast der Jubiläumsfahrt darf nicht unerwähnt bleiben:
Der 78jährige Otto Burmeister aus Ellerbek hatte an das Schiff ganz spezielle Erinnerungen. Als es 1934 auf der Germania-Helling lag, war er
selbst dort Schiffszimmermannslehrling. Er hatte als solcher nicht nur
im Schweiße seines Angesichts die Scheuerleiste bearbeitet, sondern als
Anerkennung auch die erste Fahrt mitmachen dürfen. „Das war etwas
ganz Besonderes"[42], blickte der damals 18-Jährige zurück, und: „Es ist
schon ein stolzes Gefühl, dieses Schiff immer noch auf der Förde fahren
zu sehen".

Auf dem Honeymoondampfer in den Hafen der Ehe

Die Entscheidung des Fördervereins, das Risiko des finanziellen Jam-
mertals einzugehen, führte zur Geburt einer Idee, die das Image des
Schiffes fortan entscheidend prägte: Wenn Japaner für den schönsten
Augenblick im Leben zu Europas höchstem Schienenbahnhof, dem
Schweizer Jungfraujoch, anreisen, könnte das norddeutsche Pendant
doch eine zünftige Dampferfahrt in den Hafen der Ehe sein! Heiraten
auf dem Wasser, hieß fortan die Devise. Am 3. Juli 1994, knapp zehn Jahre, nachdem Erwin Jacobi mehr als Schnapsidee und ohne offiziellen Se-
gen schon einmal Brautpaare über die Förde geschippert hatte, fand die
erste „richtige" Hochzeit auf der *Stadt Kiel* statt, und schon kurz nach
Bekanntgabe dieses neuen Angebotes standen 70 trauungswillige Paare
auf einer Warteliste. „Mit fünf Knoten in die Ehe", titelte die Presse tags
darauf über ein Ereignis[43], das für das Brautpaar aus verschiedenen
Gründen sicherlich unvergesslich war. Denn eine Unzahl von Kameras
und Mikrophonen harrte der ersten maritimen Hochzeit in Deutschland, hinter der die Hauptpersonen mehr als einmal verloren zu gehen
drohten. Endlich hatten Anja Bühler und Thomas Koch sich im Gewühl
gefunden und Arm in Arm die Gangway überschritten. Wären die Eltern nicht einverstanden mit der Ehe, so könne man sie auch außerhalb
der Drei-Meilen-Zone schließen, hieß es. Was vielleicht ein wenig See-

mannsgarn sein mochte. Ansonsten ging es nicht viel anders zu als auf dem Standesamt: „Wir veranstalten hier keine Las-Vegas-Nummer", versetzte streng der Standesbeamte, „es soll immer noch mit Würde zugehen". Folgsam tauschte Kapitän Kothhöfer sein Hawaii-Hemd mit einer Uniform, als er auf Position 54.20 Nord 10.09,5 Ost das Schiff gestoppt hatte, was exakt der Höhe Olympiahafen entsprach. Im Salon wurde die Trauung vollzogen, danach empfahl es sich, rasch auf Deck zurückzugehen, wo es wieder „Action" gab. Der Seenotrettungskreuzer *Berlin* rauschte heran und feuerte aus den Löschrohren, was das Zeug hielt. Das Tochterboot *Steppke* sollte den Brautstrauß überbringen. Womöglich hatte aber ein Rettungsmann den alten Brauch des Straußwurfes missverstanden, jedenfalls bot sich auf einmal bestenfalls noch einer Bewohnerin von Neptuns Reich die Möglichkeit, ihn aufzufangen und damit die nächste Glückliche zu werden. Dafür gab es auf dem Hochzeitsdampfer ausschließlich für die Landratten Champagner und Kanapees.

Die Idee der Eheschließung auf See entwickelte sich zum echten Renner, und jedes „Rennen" spülte eine stattliche Summe in die Bordkasse. Die Kieler Tourist-Information übernahm das bundesweite Marketing und hoffte auf diese Weise auch für sich auf steigende Einnahmen. Immerhin war jede auswärtige Hochzeitsgesellschaft eine gute Option für belegte Hotelbetten, so würde eine Hand die andere waschen. Schon am 4. August 1996 konnte – erneut mit mächtigem Medienauftrieb – die 100. Hochzeit an Bord gefeiert werden. Diesmal traf der Rummel Axel Gummich und Claudia Kirchhoff, die aus Berlin angereist waren. Auf die Binnenländer wirkte Kapitän Heinz Horn überaus stilecht: „Ich dachte, gleich kommt Käpt'n Iglu mit 'ner Packung Fischstäbchen", grinste Gummich. Ursprünglich hatte er sogar eine zünftige Seeräuberhochzeit geplant, zu der der Anblick des bärtigen Seebären perfekt gepasst hätte. Auf die Würde des Augenblicks bedacht, hatte der Standesbeamte Dieter Brandenburg aber sein Veto eingelegt und schickte das Paar mit Worten von Hermann Hesse und nicht von Klaus Störtebeker in den Hafen der Ehe. Zumindest auf die Spuren der Wikinger konnten sich die Frischvermählten anschließend aber begeben – Rolf Schroedter von der Tourist-Info spendierte ihnen als Jubiläums-Hochzeitsgeschenk eine Fahrt nach Oslo.

Neben dieser Einnahmequelle setzte der Verein außerdem verstärkt auf Charterfahrten. Das hatte den schönen Nebeneffekt, dass man seither die *Stadt Kiel* häufiger über die Förde tuckern sah. Obwohl der Abtrag der Schuldenlast absehbar Jahre dauern würde, hatte offenbar auch die Krögerwerft Vertrauen in die Bonität des Vereins. Ein Jahr, nachdem das Schicksal des Schiffes so unvermutet Spitz auf Knauf gestanden hatte, nahm die Werft das Schiff erneut zur Überholung auf. Sie wurde in den Folgejahren zur Stammwerft für die *Stadt Kiel*, sodass sie mitunter schon als deren zweite Heimat bezeichnet wurde. Trotz manchen Entgegenkommens waren ihre Preise zwar nicht immer die niedrigsten, dafür wurde die Qualitätsarbeit im Förderverein hoch geschätzt. Im April 1995 gab es immerhin keine unliebsamen Überraschungen. Dafür konnten weitere Altlasten angegangen werden, so wurde vermutlich zum ersten Mal seit 60 Jahren die Ruderradanlage vollständig restauriert und mit neuen Lagern versehen. Es gab eine neue Ankerkette, das Ankerspill wurde restauriert, Tanks gereinigt und konserviert sowie der Bolzen der Hauptmaschinen-Pleuelstange erneuert. Der untere Salon, in den nach wie vor Feuchtigkeit eindrang, bedurfte der Renovierung, das Ruderhaus der Isolierung und frischen Lacks und der komplette Rumpf neuer Farbe. Maßgeblich an den Arbeiten beteiligt waren etliche der 150 Vereinsmitglieder. Trotzdem fiel eine neue Rechnung von 35 000 DM an, was wiederum doppelt so viel wie erwartet war.

Die Mienen beim Vorstand blieben gelassen: „Das Chartergeschäft, die Vermietung und private Feiern und Feste haben im vergangenen Jahr sehr gut eingeschlagen. Wir hätten diesen Zuspruch nicht vermutet. Wenn er anhält und keine überraschenden Reparaturen anfallen, bekommen wir die Unterhaltung des Schiffes wirtschaftlich in den Griff", so Vorstandsmitglied Peter Beckmann[44]. Innerhalb des vergangenen Jahres konnte der Kreditbedarf schon auf 200 000 DM der ursprünglich fast halben Million gedrückt werden. 2002, war die Prognose, könnte der Schuldenberg abgetragen sein. Dazu war es notwendig, neben den Hochzeitsfahrten mit weiteren hochkarätigen Attraktionen die Plätze zu füllen. Die Niederdeutsche Bühne gastierte häufig auf dem Schiff, es fanden River-Boat-Shuffles statt, die „Musikfreunde Kiels" machten fortan einmal jährlich mit „Klassik an Bord" die *Stadt Kiel* zu einem wirklichen Musikdampfer. Es gab Gästefahrten zum „Tag des offenen Denkmals", bei denen sich die Stadtprominenz vom Kulturdezernat über das Landesamt für Denkmalspflege bis zur Chefetage des Stadtmuseums einschiffte. Seit 1997 bot das neu etablierte Hafenfest ein neues Podium zur Selbstdarstellung, und verschiedene Festlichkeiten auf dem Areal der neuen Kai-City führten den Oldtimer in neuer Rolle als schwimmendes Café sogar an die – wenn auch nur noch am Namen Germaniahafen erkennbare und ansonsten gewandelte – Geburtsstätte zurück.

Mit Idealismus in die Zukunft

Mit insgesamt weniger Sorgen als fünf Jahre zuvor konnte am 25. Mai 1999 der bislang letzte runde Geburtstag in Form eines „Open Ship" am Seegarten begangen werden. Die nunmehr 65-jährige Jubilarin erlebte ihn in guter Form. Eine Selbstverständlichkeit würde dies bei einem Schiffsmethusalem nie werden. Im Vorfeld hatte sich Dieter Böhm, einer der letzten Aktiven der ersten Generation, monatelang mit anderen Vereinsmitgliedern nach einem Schaden an der Hauptmaschine abplacken müssen. Schiffsingeneur Hans-Jürgen Löhndorf leitete die Arbeiten, in deren Verlauf der Diesel als erstes komplett zu zerlegen war. Danach musste geprüft werden, was an Teilen noch aufzuarbeiten und bei welchen ein kompletter Ersatz vonnöten war. „Zwischendurch haben wir uns gewundert, dass wir trotz einiger Rückschläge immer noch Lust an der Arbeit hatten", bilanzierte der 63-Jährige hinterher, doch als Lohn der Mühen konnte er am Ende sagen: „Sie schnurrt jetzt wie eine Nähmaschine", und dabei fast zärtlich über die mächtige Maschine streichen[45]. Ungeachtet aller Eigenleistung kostete der reine Materialeinsatz 80 000 DM. Dies zeigte umso deutlicher, dass die Existenz der *Stadt Kiel* trotz lukrativer Geschäftsideen nur durch das gleichzeitige hohe Engagement ihrer Freunde zu sichern war. „Ein solcher Einsatz an freiwilliger Arbeit ist wohl einmalig. Täglich kommen vier bis fünf Mitglieder an Bord, um notwendige Arbeiten zu verrichten. Für den Werftaufenthalt in Rendsburg haben sogar einige ihren Urlaub geopfert und die Malerarbeiten übernommen", so das Lob des Vereinsvorsitzenden Beckmann. Diese Kombination – ehrenamtlicher Einsatz gepaart mit gewerblichen Einnahmen, 1998 z. B. standen 26 Trauungen und 30 andere Charterfahrten auf dem Programm – ermöglichte die Balance zwischen Betriebskosten von jährlich einer runden Viertelmillion DM und der Erhaltung des Schiffes. Ein gutes Zeichen für die Zukunft mochte nicht zuletzt die wachsende Anzahl von Vereinsmitgliedern sein. Im 65. Lebensjahr der *Stadt Kiel* bekannte sich eine Rekordmenge von 220 Mitgliedern zu ihr, davon ein rundes Fünftel aktiv.

Unablässig scheint in den letzten Jahren die Schar der restaurierten Oldtimer unter Segeln, mit Dampfmaschinen oder Dieselmotoren zu wachsen, ob sie nun *Wal*, *Stettin*, *Alexandra*, *Hydrograph*, *Alexander von Humboldt*, *Thor Heyerdahl*, *Scharhörn* oder *Stadt Kiel* heißen. Wo auch immer es auf oder am Wasser etwas zu feiern gibt, sind sie meist nicht weit und bringen die Menschen zum Staunen als bunt gemischtes Oldie-Ballett mit leuchtenden Segeln, röhrenden Typhonen, zischendem Dampf und übers Meer wabernden Rauchfahnen. Allein das „Dampf-Rundum" vom 9. bis 11. Juli 1999 brachte 200 000 Menschen entlang der Flensburger Förde auf die Beine. Sie konnten den Kampf ums „Blaue Brauerband" miterleben, das, nebenbei bemerkt, die *Stettin* souverän vor der *Stadt Kiel* gewann. Wenn diese nach solcherlei Spektakel an die Seegartenbrücke zurückkehrt, können die angeketteten Museumsschiffe *Bussard* und *Hindenburg* an ihren Stahlfesseln nur quietschend protestieren, dass ihnen diese heutige Wertschätzung vorenthalten bleibt. Und es sieht, nach allen Abenteuern und Krisen der Vergangenheit, jetzt so aus, als habe die *Stadt Kiel*, Veteranin der Fördeschifffahrt, den gebührenden Platz in der Geschichte, aber auch eine vitale Gegenwart und Perspektive in ihrer Heimatstadt und der Region gefunden. Es bleibt jedoch zu wünschen, dass das Schiff zukünftig häufiger in dem Sinne eingesetzt wird, für den es ursprünglich gedacht war, nämlich einer breiten Öffentlichkeit zugänglich zu sein. Es ist zwar heutzutage überaus populär, in rein wirtschaftlichen Kategorien zu denken und zu agieren, und in diesem Sinne bringen Charter- und Hochzeitsfahrten gewiss das meiste Geld in die Kasse. Es sollte dem Verein aber auch ein Anliegen sein, die *Stadt Kiel* verstärkt im Sinne des § 2 seiner Satzung einzusetzen, in dem sie ihre Bedeutung in der Geschichte des Hafens und der Stadt gewann – als ein Schiff, zu dem ein generationsübergreifender Bezug besteht, und mit dem möglichst viele Menschen Erlebnisse zu verbinden wissen. Die originäre Aufgabe des Schiffes war, Menschen zu transportieren. Der Denkmalswert besteht nicht darin, aus dem einstmaligen Arbeitsschiff eine Art schöner denn je herausgeputzten „Luxusliner" zu machen und dazu z. B., wie in Maschinenraum und Kombüse geschehen, kurzerhand historische Anlagen gegen moderne Aggregate auszutauschen. Genauso wenig wie dieses den Beifall der Denkmalspflege fände, entspricht es auch nicht der Ursprungsidee des Vereins, die *Stadt Kiel* lediglich einer begrenzten, zahlungskräftigen Klientel zugänglich zu machen, von der die geringste Abnutzung befürchtet wird. Eine Wiederaufnahme der Tradition von Kaffee- und Tanzfahrten würde gerade nach dem Ende der Butterfahrten am 30. 6. 1999 gewiss eine gute Resonanz finden. Als gutes Beispiel könnte auch das „Backen und Banken", das im Frühjahr 2000 auf dem Lübecker Museumsfeuerschiff *Fehmarnbelt* initiiert wurde, dienen – dank dieses „Events" mit Frühschoppen und Musik wurde manchem Einheimischen überhaupt erst bewusst, dass dieses Museumsschiff nicht nur so auf der Untertrave herumliegt, sondern auch zugänglich ist.

Wer die *Stadt Kiel* jedenfalls in diesen Tagen über die Förde schippern sieht, sollte an den unermüdlichen Einsatz der Menschen denken, die für diesen schönen Anblick in der Vergangenheit ihre Kraft, ihren Idealismus, ihre Träume und ihren Mut unermüdlich unter Beweis stellen mussten. Hätten sie nicht an das unmöglich Scheinende geglaubt, wäre die Existenz des Schiffes schon lange Jahre nurmehr abstrakte Geschichte. Sie alle beim Namen zu nennen, war im Rahmen des vorliegenden Textes leider nicht möglich. Die Personen, die sich hier konkret wiederfinden, stehen stellvertretend für jeden einzelnen Menschen, der bis zum heutigen Tage mithalf, diesen Traum zu verwirklichen.

Anhang

Satzung des „Fördervereins MS ‚Stadt Kiel‘ e. V.“

§ 1 (Name)
Der Verein führt den Namen „Förderverein MS ‚Stadt Kiel‘ e. V.“ und hat seinen Sitz in Kiel. Er wurde am 26. Oktober 1983 in das Vereinsregister des Amtsgerichts Kiel eingetragen.

§ 2 (Zweck)
Der Verein hat die Aufgabe, das Motorschiff „Stadt Kiel“ als fahrendes Museumsschiff zu erhalten, als technisches Kulturdenkmal der Öffentlichkeit zugänglich zu machen und für Kultur-, Jugend- und Sozialarbeit zu nutzen.

§ 3 (Gemeinnützigkeit)
1) Der Verein verfolgt ausschließlich und unmittelbar gemeinnützige Zwecke im Sinne der Abgabenordnung. Er ist selbstlos tätig und verfolgt nicht in erster Linie eigenwirtschaftliche Zwecke.

2) Die Mittel des Vereins dürfen nur für satzungsgemäße Zwecke verwendet werden. Die Mitglieder erhalten keine Zuwendungen aus Mitteln des Vereins. Es darf keine Person durch Ausgaben, die den Zwecken des Vereins fremd sind, oder durch unverhältnismäßig hohe Vergünstigungen begünstigt werden.

§ 4 (Mitgliedschaft)
1) Mitglied kann jede natürliche oder juristische Person sowie nicht rechtsfähige Personenvereinigungen werden.

2) Über die Aufnahme entscheidet der Vorstand.

3) Die Mitgliedschaft endet durch Tod, Austritt oder Ausschluss.

4) Der Eintritt in den Verein erfolgt durch schriftliche Erklärung gegenüber dem Vorstand. Der Austritt ist jeweils zum 31. Dezember eines jeden Jahres möglich. Die Mitgliedschaft muss sowohl vom Mitglied als auch vom Verein schriftlich zu diesem Termin gekündigt werden.

5) Über den Ausschluss entscheidet der Ehrenrat nach Anhörung der Betroffenen mit Dreiviertelmehrheit. Der Ehrenrat setzt sich zusammen aus einem Vorstandsmitglied und drei von der Hauptversammlung zu wählenden Mitgliedern.

6) Die Mitglieder zahlen Beiträge.

§ 5 (Organe)

Organe des Vereins sind die Mitgliederversammlung und der Vorstand und der Ehrenrat.

§ 6 (Mitgliederversammlung)

1) Die Mitgliederversammlung ist mindestens jährlich vom Vorstand mit einer Frist von drei Wochen schriftlich einzuberufen. Sie muss einberufen werden, wenn mindestens ein Viertel der Mitglieder es verlangt. Jede ordnungsgemäß einberufene Mitgliederversammlung ist beschlussfähig.
2) Jedes Mitglied hat eine Stimme.
3) Die Mitgliederversammlung
– beschließt über die Satzung mit Dreiviertelmehrheit
– wählt den Vorstand mit einfacher Mehrheit für die Dauer von einem Jahr
– wählt die Kassenprüfer mit einfacher Mehrheit für die Dauer von zwei Jahren im Wechsel
– genehmigt den vom Vorstand vorzulegenden Etat
– beschließt den Mitgliedsbeitrag
4) Über die Beschlüsse ist ein Protokoll zu führen, das vom Vorsitzenden und dem Schriftführer zu unterzeichnen ist.

§ 7 (Vorstand)

1) Der Vorstand besteht aus
– dem Vorsitzenden   – zwei stellvertretenden Vorsitzenden
– dem Schatzmeister   – dem Schriftführer
2) Je zwei Vorstandsmitglieder können den Verein gemeinsam gerichtlich und außergerichtlich vertreten.
3) Der Vorstand führt die Beschlüsse der Mitgliederversammlung aus.
4) Nach Ablauf der Wahlperiode bleibt der Vorstand im Amt, bis ein neuer Vorstand gewählt ist.

§ 8 (Kassenprüfer)

Die Kasse des Vereins ist mindestens jährlich von jeweils zwei gewählten Kassenprüfern zu prüfen, die dem Vorstand nicht angehören dürfen.

§ 9 (Auflösung)

1) Über die Auflösung des Vereins beschließt die Mitgliederversammlung mit Dreiviertelmehrheit.
2) Im Falle der Auflösung/Aufhebung des Vereins oder bei Wegfall des bisherigen Zweckes fällt das Vereinsvermögen an das Schifffahrtsmuseum in Kiel.

Quellenverzeichnis und Auswahlliteratur

Alexander von Humboldt – vom Feuerschiff zum Windjammer für die Jugend, Clas Broder Hansen/Hans Jürgen Hansen, Urbes Verlag 1988

Alexandra: Die Geschichte des letzten Flensburger Fördedampfers, Gerhard Moltsen, Hg.: Landesarbeitsgemeinschaft Kunst Schleswig-Holstein 1992

Dampfeisbrecher Stettin, Hans Georg Prager, Christian Ostersehlte, H. G. Prager-Verlag 1987

Dem Erdboden gleichgemacht, Otto K.W. Neuerburg (Hg.), Kiel 1961

Der Orkan an der Ostsee, Andreas Kling, DSV-Verlag GmbH, Bremen 1989

Die Geschichte des Kieler Handelshafens, K. Ziemann, Hg.: Hafen- und Verkehrsbetriebe der Stadt Kiel, Karl Wachholtz Verlag 1991

Die gute Tat (DRK-Zeitung), 4/84

Die Kieler Hansekogge, Uwe Baykowski, Rolf Kelling-Enscheid-Verlag 1991

DGzRS-Jahrbuch 1976, Hg.: Deutsche Gesellschaft zur Rettung Schiffbrüchiger, Bremen 1976

Feuerschiffe der Welt, Friedrich K. Zemke, Koehlers Verlags GmbH 1995

Grüne Blaue Schwarze Weiße Dampfer, Bruno Bock, Koehlers Verlags GmbH 1978

Hamburger Abendblatt, diverse

125 Jahre Kieler Howaldtswerke, Hellmut Kleffel, Hg.: Kieler Howaldtswerke AG, Kiel 1963

Kiel im Luftkrieg 1939–45, Aus dem Tagebuch des Alarmpostens Detlef Boelck, Gesellschaft für Kieler Stadtgeschichte Bd. 13, 1980

Kiel so wie es war, Bd. 2, Jörg Talanow, Droste-Verlag 1978

Kiel so wie es war, Bd. 3, Jörg Talanow, Droste-Verlag 1980

Kieler Nachrichten, diverse

Kieler Neueste Nachrichten, diverse

Kieler Verkehr im Wiederaufbau, Hg.: Kieler Verkehrs-AG 1949, Kieler Stadtarchiv Nr. 6534

Kriegsschauplatz Kiel, Hg.: Jürgen Jensen, Karl Wachholtz Verlag 1989

Morgenpost, diverse

Retter ohne Ruhm, Hans Georg Prager, Koehlers Verlags GmbH 1978

Seenot – Opfer – Siege, Hans Würz, Carl Schünemann Verlag 1969

Seestadt Kiel – Geschichte und Gegenwart, Jürgen Jensen, Karl Wachholtz Verlag 1975

Spuren in Kunst und Gesellschaft, Hg.: Karola Bloch, Prometh Verlag 1984

Staatsdampfer Scharhörn, Joachim Kaiser, Ernst Kabel Verlag 1998

Stern Nr. 33/1982-36/1982, Nr. 38/1982-45 1982

Thor Heyerdahl – Dreimast-Toppsegelschoner, Eckard Wetzel, E. Wetzel Schwedeneck 1993

Veteranen und Museumsschiffe, Gert Uwe Detlefsen, Verlag G. U. Detlefsen 1997

Anmerkungen

[1] Kieler Neueste Nachrichten, 27. 5. 1934

[2] Kieler Neueste Nachrichten, 30. 6. 1934

[3] Kieler Zeitung, 26. 5. 1934

[4] Die neuen Doppeldeck-Motorschiffe der Hafenrundfahrt AG in Kiel, V.d.I.1934

[5] Für viele Kinder war es eine große Attraktion, wenn die Maschine von Voraus auf Zurück bzw. umgekehrt umgesteuert wurde und die Kolben für einen Moment innehielten. „Jetzt kommt er", hieß es, wenn danach wieder Leben in die Stößelstangen der Ventile kam.

[6] Aus dem Tagebuch des Alarmpostens Detlef Boelck, in: Kiel im Luftkrieg 1939–45, 1980

[7] Bruno Bock, Grüne Blaue Schwarze Weiße Dampfer, S. 106

[8] Horn gehörte zuvor u. a. zu einer Crew von 40 Spezialisten, die 1957 mit Hilfe der Kranschiffe *Energie* und *Ausdauer* für die Reederei Schuchmann den Suez-Kanal von Blockadeschiffen räumten, die Ägypten während des Suez-Kriegs 1956 versenkt hatte. Direkt nach dem Zweiten Weltkrieg hatte Horn sich in Kiel zum Taucher und Sprengmeister ausbilden lassen. Zu seinen ersten Aufträgen gehörte die Bergung eines vor Kitzeberg versenkten Schwimmdocks. Als die *Stadt Kiel* Museumsschiff wurde, kehrte er auf ihre Brücke als Kapitän zurück.

[9] Kieler Nachrichten, 8. 6. 1972

[10] Handschriftliche Ergänzung zum Bordtagebuch

[11] Auf diesem Schiff fuhr damals ein 17-jähriger Moses namens Werner von Unruh mit. Elf Jahre später wurde er einer der Mitbegründer des Fördervereins MS *Stadt Kiel*.

[12] Fritz Marth stammte, wie auch andere unserer Protagonisten, aus einer traditionsreichen Seefahrerfamilie, die ihre Wurzeln im pommerschen Kolberg hatte und nach Ende des Zweiten Weltkriegs in Möltenort eine neue Heimat fand. Sein Vater war nach drei Generationen der Erste, der nicht als Fischer auf See blieb. Fritz Marth selbst hätte dieses Schicksal schon im Alter von einem Jahr fast ereilt, als sein älterer Bruder ihn mit zwei Freunden in einem Ruderboot mitnahm, das bei ablandigem Sturm auf See abtrieb. Ein Fischkutter sah die „Schiffbrüchigen", die – mittlerweile ihrer Riemen verlustig – verzweifelt mit einem Hemd winkten, und rettete sie. Fast wäre der kleine Fritz aber in der Aufregung im Boot vergessen worden. Trotzdem oder genau deswegen war er von klein auf mehr in Booten als auf Land zu finden. 1959 ließ er sich mit seinem Bruder einen Kutter bauen, mit dem er vier Jahre später vor Polen unter dem Vorwurf der Spionage aufgebracht wurde. Nach siebenjähriger Haft kehrte er ohne den beschlagnahmten Kutter 1970 nach Deutschland zurück, machte in Lübeck sein Kapitänspatent und bewarb sich nach einigen Jahren Handelsschifffahrt 1975 bei der KVAG. Sein ökonomischer Umgang mit den knappen Pressluftvorräten prädestinierte ihn nach Einsätzen mit dem Schlepper *Strande* für den Posten auf der *Stadt Kiel*. Marth ließ es sich trotz der Empfindlichkeiten seiner Brötchengeber nicht nehmen, sein altes Schiff nach dessen Rückkehr von den neuen Fördedampfern aus stets mit „drei lang" zu grüßen. 1999 ging er in den Ruhestand und verstarb im Jahr darauf. Trotz Vertreibung und Inhaftierung war es Marth stets ein Anliegen gewesen, die Menschen in Polen ohne ein Wort der Verbitterung in ihren Notzeiten mit Hilfssendungen zu unterstützen.

[13] Plietscher waren manche der Jungs gewesen, wenn es ums Ergattern einer Frei-
fahrt ging. Beim Verlassen des Schiffes sammelte ein Matrose zwar die Billets
von den Passagieren ein, warf sie aber anschließend in diesen ökologisch unsen-
sibleren Zeiten kurzerhand über Bord. Die Schnipsel wurden von den auf der
Brücke lauernden Heranwachsenden umgehend aufgelesen und als Fahrausweis bei der nächsten Fahrt einfach „recycled".

[14] Die *Tom Kyle* wurde im September 1976 wegen Unrentabilität an die ostfriesi-
sche Reederei Warrings verkauft, fuhr jedoch bis zur Abschaffung des Duty-
Free-Einkaufs am 30. 6. 1999 noch sehr erfolgreich als *Harlekin* auf der Ems.

[15] Kieler Nachrichten, 7. 2. 1975

[16] Durch das Einschlagen dieser Laufbahn setzte Jacobi in 3. Generation die See-
fahrttradition in seiner Familie fort, ebenso wie drei seiner vier Brüder, die alle-
samt Kapitän wurden. Im Sommer 1999 machte mit 26 Jahren auch sein Sohn
Heiko Jacobi das Offizierspatent. Bereits im zarten Alter von fünf Jahren hatte
man ihn mit dem Decksschlauch auf dem Butterdampfer seines Vaters herum-
hantieren sehen, nach dem Abitur begann er sogleich ein Seeverkehrs-Studium.

[17] Kieler Nachrichten, 24. 5. 1974

[18] Kieler Nachrichten, 14. 8. 1976

[19] 1936 folgten die ähnlichen, aber etwas kleineren Zwillinge *Kitzeberg* und *Möltenort*. Die *Kitzeberg* liegt heute als Clubschiff *Nordertor* in Husum, die *Möltenort* wurde, nunmehr unter dem Namen *Hai*, 1974 verschrottet.

[20] Kieler Nachrichten, 31. 12. 1976

[21] Kieler Nachrichten, 19. 8. 1982

[22] Tom Bardenhagen, Jürgen Bohne, Jens Brenne, Frank Krajewski, Thomas Leh-
mann, Hubert Seifert.

[23] Die frühe „Indoktrinierung" schon auf dem Schlepper *Strande* und später der
Stadt Kiel scheint den weiteren Werdegang Jürgen Marths entscheidend geprägt
zu haben: Er wurde wenig später das jüngste Mitglied in deren Förderverein
und nahm tatkräftig an den ersten Renovierungsarbeiten im Ostuferhafen teil.
Wenn er anschließend in das Elternhaus in Wellingdorf zurückkehrte, trug er
nicht selten eine markante Duftschleppe von Bilgenöl mit sich, vielleicht als
Vorwegnahme des Geruchs der großen weiten Welt: 17 Jahre später wurde Jürgen Marth junior Kapitän der *Norasia Shanghai*, einem hochmodernen 3000-
TEU-Containerfrachter.

[24] Das 1906 erbaute Schiff wurde nach der Außerdienststellung 1986 zwei Jahre
lang zur Bark *Alexander von Humboldt* umgerüstet, die durch Bierwerbung
und grüne Segel großen Bekanntheitsgrad erlangte. Sein Feuerturm steht heute
vor dem Kieler Schifffahrtsmuseum.

[25] Gemeint ist natürlich der Tonnenleger *Bussard*. Geschlagene eineinhalb Jahrzehnte später begannen in Privatinitiative Arbeiten an diesem Schiff mit dem
Ziel, die Maschinenanlage eines Tages wieder in Betrieb zu nehmen.

[26] Aus: Claus Döpper, Christiane Fröhling, Mins Minssen: „Über das Leben der
Dinge in ihren alten Tagen und danach", in: Spuren in Kunst und Gesellschaft,
Zeitschrift des Spuren e. V. in Zusammenarbeit mit der Hochschule für bilden-
de Künste Hamburg, 1984, S. 20–22.

[27] Dieser erhielt seinen Namen nach dem Dampfer *Athabaska*, der im 2. Weltkrieg
bei einem Luftangriff hier versenkt wurde und dessen Reste bei den Bauarbeiten
für den Terminal wiedergefunden wurden.

[28] International Congress of Maritime Museums

[29] Kieler Nachrichten, 9. 10. 1984

30 Der frühere schleswig-holsteinische Ministerpräsident, Bundesminister und Bundestagspräsident Kai Uwe von Hassel war zusammen mit Frau und Sohn gelegentlicher Gast auf der *Stadt Kiel* und idealler Förderer der Sache. „Mein prominentester Festmacher" kam einmal der Kommentar des Kapitäns von der Brücke, als von Hassel einen Tampen, der beim Anlegen abzurutschen drohte, selbst schnell über die Klampe warf.

31 Die 1991 erlassenen Traditionsschiffs-Richtlinien gem. § 1 Schiffssicherheitsverordnung, die inzwischen Grundlage der Sicherheitsbestimmungen der historischen Schiffe sind, lagen zur Zeit der Restaurierung der *Stadt Kiel* noch nicht vor, sodass die rechtliche Grundlage für die Infahrtsetzung eines Kulturdenkmals fehlte.

32 siehe Abschnitt „Versenkt im Dock"

33 Bild-Zeitung 9. 3. 1990

34 Wertgutachten W 6/90, Ingenieurbüro Weselmann 12. 1. 1990

35 Kieler Nachrichten, 4. 5. 1990

36 Joachim Kaiser, Staatsdampfer Scharhörn, Ernst Kabel-Verlag 1998, S. 216

37 Kieler Nachrichten, 23. 5. 1990

38 Was die Verhandlungsführer damals nicht ahnen konnten: 1995 wurde Schwarzenberg Vorsitzender des Bundesoberseeamtes und einer seiner ehrenamtlichen Vertreter der inzwischen am Fachbereich Seefahrt in Elsfleth lehrende Fachhochschuldozent Dr. Werner von Unruh.

39 Die schwergängige Kettensteuerung des Schiffes machte das Manövrieren faktisch zu einem mühseligen Geschäft, das dem Rudergänger vor allem bei langsamer Fahrt ein hohes Maß an Kraft und Geschick abverlangte. Die Widerspenstigkeit des Systems und gelegentlich daraus resultierende Missgeschicke brachten der *Stadt Kiel* auch den Spitznamen „Brückenkiller" ein.

40 Hier irrte der Gutachter: Die originale Hauptmaschine war vom Typ Krupp S II 6 gewesen.

41 Beim Maschinenpersonal stand das Kürzel B & K mehr für „Bums und Krach", denn dieser Diesel machte erheblich größeren Lärm als die Hauptmaschine.

42 Kieler Nachrichten, 3. 6. 1994

43 Kieler Nachrichten, 5. 7. 1994

44 Kieler Nachrichten, 18. 4. 1995

45 Kieler Nachrichten, 11. 5. 1999

Inhaltsverzeichnis